# JUSTIÇA CONSTITUCIONAL FRANCESA

DOMINIQUE ROUSSEAU

*Introdução e tradução*
Thomas Passos Martins

*Prefácio*
Anderson Vichinkeski Teixeira

# JUSTIÇA CONSTITUCIONAL FRANCESA

Belo Horizonte
FÓRUM
CONHECIMENTO JURÍDICO
2021

© 2021 Editora Fórum Ltda.

É proibida a reprodução total ou parcial desta obra, por qualquer meio eletrônico, inclusive por processos xerográficos, sem autorização expressa do Editor.

Conselho Editorial

Adilson Abreu Dallari
Alécia Paolucci Nogueira Bicalho
Alexandre Coutinho Pagliarini
André Ramos Tavares
Carlos Ayres Britto
Carlos Mário da Silva Velloso
Cármen Lúcia Antunes Rocha
Cesar Augusto Guimarães Pereira
Clovis Beznos
Cristiana Fortini
Dinorá Adelaide Musetti Grotti
Diogo de Figueiredo Moreira Neto (*in memoriam*)
Egon Bockmann Moreira
Emerson Gabardo
Fabrício Motta
Fernando Rossi
Flávio Henrique Unes Pereira

Floriano de Azevedo Marques Neto
Gustavo Justino de Oliveira
Inês Virgínia Prado Soares
Jorge Ulisses Jacoby Fernandes
Juarez Freitas
Luciano Ferraz
Lúcio Delfino
Marcia Carla Pereira Ribeiro
Márcio Cammarosano
Marcos Ehrhardt Jr.
Maria Sylvia Zanella Di Pietro
Ney José de Freitas
Oswaldo Othon de Pontes Saraiva Filho
Paulo Modesto
Romeu Felipe Bacellar Filho
Sérgio Guerra
Walber de Moura Agra

Luís Cláudio Rodrigues Ferreira
Presidente e Editor

Coordenação editorial: Leonardo Eustáquio Siqueira Araújo
Aline Sobreira de Oliveira

Av. Afonso Pena, 2770 – 15º andar – Savassi – CEP 30130-012
Belo Horizonte – Minas Gerais – Tel.: (31) 2121.4900 / 2121.4949
www.editoraforum.com.br – editoraforum@editoraforum.com.br

Técnica. Empenho. Zelo. Esses foram alguns dos cuidados aplicados na edição desta obra. No entanto, podem ocorrer erros de impressão, digitação ou mesmo restar alguma dúvida conceitual. Caso se constate algo assim, solicitamos a gentileza de nos comunicar através do *e-mail* editorial@editoraforum.com.br para que possamos esclarecer, no que couber. A sua contribuição é muito importante para mantermos a excelência editorial. A Editora Fórum agradece a sua contribuição.

Dados Internacionais de Catalogação na Publicação (CIP) de acordo com a AACR2

---

R864j     Rousseau, Dominique

             Justiça constitucional francesa / Dominique Rousseau; Thomas Passos Martins (Trad.).– Belo Horizonte : Fórum, 2021.

             205 p.; 14,5 cm x 21,5cm
             ISBN: 978-65-5518-261-3

             1. Direito Constitucional. 2. Direito Público. I. Rousseau, Dominique. II. Martins, Thomas Passos. III. Título.

                                                                       CDD 341.2
                                                                       CDU 342

---

Elaborado por Daniela Lopes Duarte - CRB-6/3500

---

Informação bibliográfica deste livro, conforme a NBR 6023:2018 da Associação Brasileira de Normas Técnicas (ABNT):

ROUSSEAU, Dominique; MARTINS, Thomas Passos (Trad.). *Justiça constitucional francesa*. Belo Horizonte: Fórum, 2021. 205 p. ISBN 978-65-5518-261-3.

# SUMÁRIO

PREFÁCIO
Anderson Vichinkeski Teixeira ..................................................................9

APRESENTAÇÃO
Dominique Rousseau ..................................................................................13

INTRODUÇÃO
O OLHAR DE DOMINIQUE ROUSSEAU SOBRE A
FUNCIONALIDADE DEMOCRÁTICA DA JUSTIÇA
CONSTITUCIONAL NA FRANÇA
Thomas Passos Martins ..............................................................................15
1 Constitucionalismo clássico e democracia pela lei:
  o povo tutelado pelos representantes ...........................................17
2 Neoconstitucionalismo e democracia pela Constituição: a
  autonomização do povo pelo juiz constitucional .......................28

## PARTE I
## DIREITO E DEMOCRACIA NA JUSTIÇA CONSTITUCIONAL

CAPÍTULO 1
UMA RESSUREIÇÃO: A NOÇÃO DE CONSTITUIÇÃO .....................41
1.1 A Constituição, uma carta jurisprudencial dos direitos e
  liberdades dos cidadãos ..................................................................42
1.2 Uma releitura do art. 16 da Declaração de 1789 ........................43
1.3 A consagração de um espaço separado em prol dos governados....45
1.4 A Constituição, a oficialização de uma "ideia de direito" .......47
1.4.1 A consagração dos princípios da economia de mercado ..........48
1.4.2 A consagração dos princípios de uma democracia política
  moderada ...........................................................................................50
1.5 A Constituição, um espaço vivo ....................................................53

1.5.1 A lógica do trabalho jurisdicional..................................................54
1.5.2 Um espaço aberto à criação contínua de direitos ........................57

CAPÍTULO 2
RUMO À DEMOCRACIA CONTÍNUA.......................................................63
2.1 O juiz constitucional, uma nova figura da democracia....................63
2.1.1 A consagração de um espaço separado em proveito dos governados......................................................................................63
2.1.1.1 Uma nova leitura do art. 16 da Declaração de 1789....................64
2.1.1.1.1 O declínio da Constituição-separação dos poderes.....................64
2.1.1.1.2 O surgimento da Constituição-garantia dos direitos dos governados......................................................................................66
2.1.2 A ruptura da identificação governados-governantes ......................67
2.1.2.1 O processo de ruptura ..................................................................67
2.1.2.2 O Conselho Constitucional, instituição do "espaço público"?.........69
2.2 A consagração de uma nova figura da democracia............................70
2.2.1 O declínio das figuras tradicionais da democracia ........................71
2.2.1.1 A crise do Estado legal e o declínio da figura do representante......71
2.2.1.2 A crise do Estado-Providência e o declínio da figura do tecnocrata......................................................................................73
2.2.2 A reivindicação da razão ética e o surgimento da figura do juiz....74
2.2.2.1 A exigência moderna de valores ..................................................74
2.2.2.2 A promoção da figura do juiz.......................................................76
2.3 A legitimidade do poder do juiz constitucional...............................77
2.3.1 As respostas positivistas e jusnaturalistas .....................................77
2.3.1.1 A resposta positivista ...................................................................78
2.3.1.1.1 O controle de constitucionalidade como controle processual..........78
2.3.1.1.2 O controle de constitucionalidade como controle dos poderes constituídos ..................................................................................79
2.3.1.2 A resposta jusnaturalista...............................................................81
2.3.1.2.1 O controle de constitucionalidade como controle da transcendência dos direitos humanos...............................................81
2.3.1.2.2 O controle de constitucionalidade como garantia contra o absolutismo majoritário ................................................................82
2.3.2 A título de proposição: uma legitimidade baseada na nova noção de democracia .....................................................................83
2.3.2.1 A crítica dos pressupostos positivistas e jusnaturalistas.................84
2.3.2.1.1 O pressuposto do Conselho, "boca da Constituição".....................84

2.3.2.1.2 O pressuposto democrático ..................................................................85
2.3.2.2 A democracia constitucional, fundamento da legitimidade
do papel do Conselho Constitucional ..................................................87
2.3.2.2.1 O Conselho, produtor de uma forma democrática que o legitima .87
2.3.2.2.2 O Conselho, ator de um regime de enunciação concorrencial
da vontade geral ..........................................................................................90

CAPÍTULO 3
A DEMOCRACIA CONTÍNUA: ESPAÇO PÚBLICO E JUIZ
CONSTITUCIONAL ................................................................................................97
3.1 Legitimidade do direito e democracia representativa ......................98
3.2 O modelo da democracia contínua ......................................................101
3.3 Democracia contínua e espaço público ..............................................103
3.4 Democracia contínua e juiz constitucional ........................................109

CAPÍTULO 4
A JURISPRUDÊNCIA CONSTITUCIONAL:
QUAL NECESSIDADE DEMOCRÁTICA? ......................................................119
4.1 Uma necessidade para a representação da soberania do povo ......121
4.2 A ruptura da unidade do corpo do soberano. Uma consequência
da jurisprudência constitucional .........................................................121
4.3 A ruptura da unidade do corpo do soberano. Uma condição da
representação da soberania do povo ..................................................124
4.4 Uma necessidade para o acionamento da soberania do povo ........126
4.4.1 O terceiro poder, uma condição da visibilidade do soberano .......127
4.4.2 O terceiro poder, uma condição da normatividade da palavra
do soberano ..............................................................................................130

PARTE II
CASOS PARADIGMÁTICOS DA JURISPRUDÊNCIA
CONSTITUCIONAL

1 Liberdade de associação ........................................................................137
   Análise crítica ..........................................................................................138
2 Princípio de igualdade ............................................................................140
   Análise crítica ..........................................................................................141
3 Interrupção voluntária da gravidez .....................................................145
   Análise crítica ..........................................................................................146

| | | |
|---|---|---|
| 4 | Liberdade de imprensa | 150 |
| | Análise crítica | 152 |
| 5 | Exceções ao princípio da igualdade | 154 |
| | Análise crítica | 156 |
| 6 | Bioética | 159 |
| | Análise crítica | 160 |
| 7 | Emenda constitucional | 163 |
| | Análise crítica | 163 |
| 8 | Identidade constitucional e União Europeia | 168 |
| | Análise crítica | 169 |
| 9 | Aplicação no tempo das decisões do Conselho Constitucional | 172 |
| | Análise crítica | 173 |
| 10 | Custódia policial | 175 |
| | Análise crítica | 177 |
| 11 | Controle da constitucionalidade das interpretações jurisprudenciais de uma lei conferidas pela Corte de Cassação e pelo Conselho de Estado | 180 |
| | Análise crítica | 181 |
| 12 | Questão prejudicial ao Tribunal europeu | 185 |
| | Análise crítica | 186 |
| 13 | Casamento para todos | 190 |
| | Análise crítica | 191 |
| 14 | Fraternidade | 193 |
| | Análise crítica | 195 |
| 15 | Meio ambiente | 197 |
| | Análise crítica | 198 |

**REFERÊNCIAS** ............................................................. 201

PREFÁCIO

A obra *Justiça constitucional francesa* nasce com o desiderato de, por um lado, preencher a lacuna existente no mercado editorial brasileiro acerca da temática em questão, enquanto sintetiza, por outro lado, contribuições críticas de seu autor sobre a relação entre democracia e jurisdição. De autoria do célebre jurista francês Dominique Rousseau, traduzida e introduzida pelo seu antigo doutorando Thomas Passos Martins, a obra em comento não encontra versões em outros idiomas: trata-se de uma contribuição feita pensando no público brasileiro.

Inicialmente, teçamos algumas brevíssimas considerações sobre a biografia do autor. Jurista de seu tempo, Dominique Rousseau doutorou-se no final dos anos 1970 e logo inicia um percurso que viria a se tornar marcante na Universidade de Montpellier. Nesta inicia suas reflexões sobre a teoria da democracia e o direito constitucional, as quais culminam não apenas em publicações, mas também na criação do Centro de Estudos e Pesquisas Comparatistas Constitucionais e Políticas (Cercop), que consolida muito rapidamente Montpellier como uma referência internacional na formação de doutores em Direito com visão transdisciplinar e crítica do fenômeno constitucional. Depois de sua ida para a Universidade Paris 1 Panthéon-Sorbonne, nos anos 1990, Dominique assume funções como a de vice-diretor da Faculdade de Direito e, nos anos 2000, diretor do mais importante centro de pesquisas dessa instituição: o Instituto de Ciências Jurídicas e Filosóficas da Sorbonne (ISJPS).

Sem receios, podemos afirmar que desde Georges Vedel, um constitucionalista que marcou a história como defensor de teorias políticas vanguardistas na França de seu tempo, como o federalismo e a integração europeia, somente com Dominique Rousseau o direito constitucional francês encontrou um pensador que fosse além do dogmatismo e estabelecesse suas raízes intelectuais nos reais problemas da política e da vida social. Não sem razão muito rapidamente ele logra o merecido reconhecimento por suas originais contribuições: membro honorário do Instituto Universitário da França e do Conselho Superior da Magistratura, Cavaleiro da Ordem Nacional da Legião de Honra da

República, juiz constitucional em Andorra são algumas das atribuições que demonstram que Dominique Rousseau ultrapassou as fronteiras que o próprio dogmatismo jurídico-constitucional estabeleceu aos juristas que enveredavam pelas entranhas do direito constitucional francês e, quase nunca, conseguiam sair dos limites da interpretação da letra fria da Constituição. Mais do que um intérprete – fortemente crítico – da Constituição, podemos ver em a *Justiça constitucional francesa* que seu autor é um atento observador dos problemas da vida social e das democracias contemporâneas, concebendo o direito, antes de tudo, como um instrumento de transformação social. Podemos afirmar, igualmente sem receios, que a reforma constitucional de 2008, por meio da qual fora introduzida a possibilidade de controle judicial de constitucionalidade por qualquer jurisdicionado, teve em Dominique Rousseau a sua maior influência no meio acadêmico, sobretudo por se tratar de uma reforma que ia ao encontro de teses suas acerca da ampla democratização do acesso à justiça e ao debate político.[1]

Passando para uma análise da obra em questão, é importante recordar que a democracia costuma ser sintetizada na máxima de que todo poder emana do povo e por este deve ser exercida. Por outro lado, o direito tem uma origem individualista, i.e., de tutela de interesses subjetivos meramente individuais, mas que, quando pensado do ponto de vista institucional, exerce uma função normatizadora e estrutural para a vida social, de modo a estabelecer as regras de conduta para a melhor convivência entre os indivíduos. Colocadas nesses termos, tais ideias poderiam parecer até mesmo complementares. Entretanto, no mundo real, essas mesmas ideias costumam estar na origem de inúmeros conflitos entre indivíduos, grupos sociais, partidos políticos, empresas e, até mesmo, poderes do Estado.

O aumento da complexidade das relações sociais gerou uma série de desequilíbrios no que concerne a concepções de bem e de justiça, inviabilizando uma sonhada harmonia entre democracia e direito. O surgimento das constituições, como documentos de natureza político-jurídica que limitam o exercício do poder soberano do Estado, fez brotar incontáveis novos direitos de cláusulas constitucionais de textura aberta, cuja interpretação faz-se necessária para sua aplicação. Assim, verifica-se

---

[1] Para uma maior análise de suas teses sobre a relação entre jurisdição e democracia, há nesta obra toda a Parte I, mas referimos também o seu: ROUSSEAU, D. *Radicalizar a democracia*: proposições para uma refundação. Tradução Anderson Vichinkeski Teixeira. São Leopoldo: Editora Unisinos, 2019.

que, ao limitar o poder político, a própria democracia encontra-se limitada pela Constituição. Isso se chama constitucionalismo. Os Estados que aderem a esta noção são as chamadas democracias constitucionais. Como se pode ver, aquela aparente harmonia que existiria entre democracia e direito encontra no Estado constitucional estruturas e espaços para inúmeras divergências.

Em uma democracia constitucional o povo permanece como detentor do poder. Ocorre que a França possui longo histórico de dissociar democracia enquanto sufrágio, deliberação política, de democracia enquanto acesso à justiça constitucional. Nesse sentido, a Parte I da obra examina os mecanismos de interação entre democracia e justiça constitucional, restando toda a Parte II dedicada à análise-crítica de alguns dos mais importantes casos julgados pelo Conselho Constitucional francês. Destaque-se o fato de que, após a reforma de 2008, a grande parte dos casos mais relevantes e polêmicos tem sua origem não em poderes estatais, mas sim no próprio jurisdicionado que busca suscitar a inconstitucionalidade de determinada lei que está sendo aplicada ao seu caso concreto. Em outras palavras, analisando a partir da perspectiva do indivíduo, a democracia constitucional é, antes de tudo, a mais importante salvaguarda dos direitos fundamentais, mesmo quando tenha que se insurgir contra a vontade da maioria materializada na lei.

Pergunta fundamental: a quem caberá a tutela da democracia constitucional? Na maioria dos países democráticos, esta missão foi atribuída ao Poder Judiciário, sobretudo ao Tribunal Constitucional – naqueles países que adotam esta instituição. São os intérpretes constitucionais, ao compor a jurisdição constitucional, que decidirão quando a vontade da maioria é ofensiva a direito fundamental de dado indivíduo ou grupo social. A clássica separação dos poderes, idealizada por Montesquieu, durante um período histórico em que o absolutismo monárquico atribuía quase todos os poderes a um único indivíduo, dá lugar a uma ideia de equilíbrio entre poderes, mediante controles recíprocos e garantias institucionais. Todavia, quem decidirá um eventual conflito entre poderes não será mais um indivíduo, mas a justiça constitucional.

Por certo, muito já se falou sobre os perigos de um governo de juízes ou, mais modernamente, de uma juristocracia. Ativismo judicial é tema amplamente explorado pela doutrina nas Américas e na Europa há mais de meio século. Será neste espectro que a presente obra buscará abordar a tensão entre direito e democracia, mas sob a ótica do direito constitucional e da teoria da democracia. Quais os limites democráticos da atuação do juiz? Quais os mais adequados instrumentos para uma decisão judicial constitucionalmente legítima? São perguntas cujas respostas o leitor poderá buscar neste livro.

Enfim, é com grande honra que encerramos este prefácio desejando que Brasil e França, duas nações historicamente amigas, possam ter no direito constitucional um espaço acadêmico para profícuo debate e enfrentamento de problemas cada vez mais graves e profundos, como as crises de representação política, os populismos, a ascensão dos extremismos, entre outras mazelas tão marcantes nesse ainda jovem século XXI.

Porto Alegre, julho de 2021.

**Anderson Vichinkeski Teixeira**

Doutor em Teoria e História do Direito pela Universidade de Florença/IT. Pós-Doutor em Direito Constitucional pela mesma universidade. Coordenador e Professor do Programa de Pós-Graduação em Direito da Universidade do Vale do Rio dos Sinos (Unisinos). Membro permanente do Colegiado de Docentes do Doutorado em Direito da Universidade de Florença/IT. Professor visitante do Instituto de Ciências Jurídicas e Filosóficas da Sorbonne. Membro permanente da Association Française de Droit Constitutionnel. Advogado e consultor jurídico.

# APRESENTAÇÃO

A introdução do controle de constitucionalidade das leis transformou profundamente o direito constitucional. Este foi e continua a ser o direito das instituições políticas. Foi e ainda é o saber das ideias e filosofias políticas. Todavia, tornou-se o direito dos direitos e liberdades constitucionais e tutor de sua garantia por um juiz em particular: o Conselho Constitucional.

Demorou muito para a França concordar em estabelecer, na Constituição de 1958, um mecanismo de controle de constitucionalidade da lei. E seria preciso ainda esperar até a decisão de 16.7.1971 para que esse controle viesse a se afirmar e se desenvolver. Desde esta célebre decisão, que conferiu um valor constitucional, isto é, superior à lei, à Declaração de 1789 e ao Preâmbulo de 1946, desde o desenvolvimento da propositura parlamentar de ação de constitucionalidade a partir de 1974 e mais ainda desde a emenda constitucional de 2008, que concedeu ao litigante o direito de questionar a constitucionalidade da lei que lhe foi aplicada durante o julgamento, os princípios constitucionais e os direitos e liberdades garantidos pela Constituição irrigam todas as atividades humanas e sociais. Assim, ao longo das decisões do Conselho tem ocorrido uma constitucionalização dos ramos do direito. Ou, dito de outra forma, o direito privado e o direito público estão hoje vinculados aos princípios estabelecidos pela Declaração de 1789 e pela Constituição, a ponto de se tornar comum falar em direito constitucional penal, em direito constitucional dos contratos, em direito constitucional tributário, em direito constitucional da empresa, em direito constitucional das pessoas, em direito constitucional local...

É impossível conhecer o direito constitucional sem conhecer a jurisprudência constitucional. Desde quando cada artigo da Declaração de 1789, cada artigo do Preâmbulo de 1946, cada artigo da Constituição e cada artigo da Carta Ambiental tem sido objeto de várias decisões do Conselho Constitucional, desde quando certas interpretações jurisprudenciais evoluíram e podem sempre evoluir, qualquer estudante e, mais amplamente, todos aqueles que fazem uso da Constituição devem conhecer as "grandes decisões" que estruturam o conhecimento constitucional.

Também é impossível ignorar a jurisprudência constitucional para avaliar a qualidade democrática de um país. Os direitos fundamentais são um dos elementos do processo de civilização, um dos instrumentos pelos quais as sociedades saem da barbárie, do estado selvagem para caminhar para um estado civilizado. Um filósofo francês, um tanto quanto esquecido, Alain, cujo verdadeiro nome é Émile Chartier, disse certa vez: "Se um tirano é eleito por sufrágio universal, o fato de ser eleito por sufrágio universal não o impede de ser um tirano". O que é importante, disse ele, para definir a democracia não é a origem do poder, mas o controle contínuo e efetivo dos governados sobre os governantes. No entanto, precisamente, a função de um Tribunal Constitucional é fazer com que os eleitos exerçam as suas competências no respeito dos direitos constitucionais constitutivos da cidadania. O juiz constitucional não mina a democracia ao controlar leis ou decisões judiciais; pelo contrário, ele a salva verificando se elas respeitam os direitos e as liberdades que constituem o cidadão.

Não se trata de proteger o Conselho Constitucional e a sua jurisprudência de todas as críticas; trata-se apenas, mas não é algo essencial, de reconhecer a contribuição das decisões do Conselho para a qualidade da ordem política.

Dentro desse espírito crítico que tenho a honra e o prazer de publicar em português uma edição especialmente preparada ao público brasileiro. Dividida em duas partes, a primeira, que se concentra em retomar conceitos centrais daquilo que denominei direito constitucional contínuo, é uma rearticulação de ideias previamente publicadas em quatro artigos originalmente em francês. Já a segunda parte, que se constitui de forma por completo inédita, é uma seleção de 15 casos que entendo paradigmáticos na jurisprudência constitucional francesa. Na segunda parte, optei por selecionar as passagens mais relevantes das decisões e tecer meus comentários em uma análise crítica muito pontual.

Boa leitura!

**Dominique Rousseau**
Paris, dezembro de 2020.

INTRODUÇÃO

# O OLHAR DE DOMINIQUE ROUSSEAU SOBRE A FUNCIONALIDADE DEMOCRÁTICA DA JUSTIÇA CONSTITUCIONAL NA FRANÇA

A *Justiça constitucional francesa* vai além de uma mera exposição do sistema francês de garantia jurisdicional da Constituição.[1] Busca oferecer ao leitor, por meio da experiência francesa, uma reflexão sobre as mutações da noção de democracia nos países que preveem o controle jurisdicional de constitucionalidade das leis. Essa problemática essencial, que, diante do crescimento do papel do juiz constitucional, atinge muitas das sociedades políticas atuais, foi objeto de uma profunda análise do constitucionalista francês Dominique Rousseau, o qual elaborou a conhecida tese da "democracia contínua".[2]

---

[1] É com muita honra que entrego para o leitor brasileiro este texto dedicado ao pensamento do Professor Dominique Rousseau, por quem tive a sorte e o privilégio de ser orientado durante minha tese de doutorado. A reflexão de Dominique Rousseau foi basilar no desenvolvimento da minha trajetória intelectual e nunca deixou de me acompanhar. É, portanto, uma grande satisfação para mim poder compartilhar com o público brasileiro esta estrutura teórica de grande relevância para a compreensão dos desafios que as democracias têm de enfrentar. O intercâmbio intelectual entre a França e o Brasil não é recente. Na área jurídica, tivemos a oportunidade de observar que, nestes últimos anos, diante do novo protagonismo assumido tanto pelo STF como pelo Conselho Constitucional, cresceu a necessidade de diálogo entre esses dois países. É assim, nesta perspectiva, que Dominique Rousseau passou a tecer relações cada vez mais densas com a comunidade jurídica brasileira. Uma parceria nasceu, a qual ensejou a produção de trabalhos científicos, valendo aqui mencionar a publicação, em 2019, no Brasil de *Radicalizar a democracia: proposições para uma refundação*, traduzida pelo Professor Anderson Vichinkeski Teixeira. Assim, o livro ora apresentado pretende alimentar esta parceria franco-brasileira que, eu espero, possa se tornar cada vez mais estreita, rica e dinâmica. Parceria esta que contou com a colaboração do Professor Anderson Vichinkeski Teixeira, a quem agradeço profundamente pela amizade, generosidade e pelo investimento intelectual na consecução da presente obra que ele contribuiu para viabilizar.

[2] Ver ROUSSEAU, D. (Dir.). *La démocratie continue*. Paris: LGDJ, 1997. p. 165.

Consoante se verifica nos textos apresentados na primeira parte dessa obra, Dominique Rousseau propõe uma nova compreensão do modelo democrático francês com base na evolução do constitucionalismo naquele país, sustentando que o desenvolvimento da justiça constitucional propiciou um aprimoramento democrático.[3] Num viés interdisciplinar que faz dialogarem a história constitucional, a teoria do direito, a filosofia e os estudos jurisprudenciais, o pensamento teórico de Dominique Rousseau – que esse livro tende a prestigiar ao publicar parte de sua produção científica junto com as principais decisões do Conselho Constitucional acompanhadas de comentários – insere-se plenamente no debate nacional sobre o papel do Supremo Tribunal Federal no fortalecimento democrático do sistema político brasileiro, permitindo-nos assim, por meio desta nova perspectiva conceitual, refletir sobre a nossa própria realidade institucional.

O propósito desta parte introdutória é trazer breves considerações sobre o sistema francês, estruturando-as de acordo com o desdobramento lógico da ideia de "democracia contínua" desenvolvida por Dominique Rousseau, de sorte a facilitar a compreensão dessa obra no seu conjunto, que muitas vezes se refere a noções, institutos e contextos com os quais parcela do público brasileiro é pouco familiarizada.

Um ponto relevante que caracteriza a especificidade do caso francês é que desde o período revolucionário se consolidou uma visão "mecanicista" da função judicante que impregnou por muito tempo a tradição constitucional daquele país, dando assim primazia aos órgãos legislativo e executivo na formação da vontade geral. Nesse contexto, em que a atividade do juiz é voltada para a fria aplicação da lei, não sendo o Judiciário considerado um verdadeiro poder, a lógica democrática se desenvolveu com base no que podemos chamar de "democracia pela lei".[4] Esta concepção do juiz explica a tardia implementação da justiça constitucional na França, que, conforme será

---

[3] Para uma visão mais ampla sobre o tema, remetemos o leitor a outros textos de autoria de Dominique Rousseau que traduzimos para o português: ROUSSEAU, D. O direito constitucional contínuo: instituições, garantias de direitos e utopias. *Revista de Estudos Constitucionais, Hermenêutica e Teoria do Direito*, v. 8, n. 3, p. 261-271, 2016; ROUSSEAU, D. Pensar o direito com Habermas? Entrevista de Dominique Rousseau com Jürgen Habermas. *Revista de Estudos Constitucionais, Hermenêutica e Teoria do Direito*, v. 10, n. 2, p. 219-224, 2018; ROUSSEAU, D. Constitucionalismo e democracia. *Revista de Estudos Constitucionais, Hermenêutica e Teoria do Direito*, v. 10, n. 2, p. 228-237, 2018; ROUSSEAU, D. O processo constitucional francês. *Revista do Programa de Pós-graduação em Direito da UFC*, v. 38, n. 1, p. 419-428, 2018; ROUSSEAU, D. Viva a QPC! Viva o quê? *Revista Interesse Público*, v. 20, n. 110, p. 139-150, 2018.

[4] Cap. 2 – Rumo à democracia contínua, *infra*.

a seguir explicitado, só veio a se realizar a partir de 1971.[5] Esta data constitui um marco histórico para o constitucionalismo francês, pois propiciou o surgimento de "uma nova ideia da Constituição"[6] que, como leciona Dominique Rousseau, resultou em uma emancipação do povo em relação aos seus representantes, inserindo o sistema político numa nova configuração democrática, a de "democracia pela Constituição".[7]

## 1 Constitucionalismo clássico e democracia pela lei: o povo tutelado pelos representantes

O constitucionalismo francês dito clássico, que nasce na época revolucionária através da elaboração da Constituição de 1791, é caracterizado por uma concepção da Constituição que valoriza a separação dos poderes como técnica constitucional capaz de garantir a liberdade dos cidadãos. Sob esta ótica, basta, para que a liberdade seja assegurada, que um texto escrito organize o funcionamento do Estado por meio de um sistema de limitação do poder político. Trata-se de um constitucionalismo que prioriza o mecanismo de freios e contrapesos em detrimento da garantia jurisdicional dos direitos como forma de evitar abusos de poder e assim preservar a liberdade de todos.

A este propósito, interessante citar o art. 16 da Declaração dos Direitos do Homem e do Cidadão, segundo o qual: "A sociedade em que não esteja assegurada a *garantia dos direitos* nem estabelecida a *separação dos poderes* não tem Constituição". Ao mencionar este importante texto, Dominique Rousseau sustenta que a noção tradicional de Constituição na França, ao enfatizar a segunda parte do referido artigo, define-se como uma "Constituição-separação dos poderes",[8] isto é, uma "Constituição política"[9] que é principalmente voltada para as relações entre poderes públicos.

Outrossim, conforme esclarece Michel Troper, convém ressaltar que esse constitucionalismo é baseado numa concepção bipartite da separação dos poderes – abrangendo tão somente o Parlamento e o chefe do Executivo – que não contempla o Judiciário como elemento de freio

---

[5] Ver a decisão comentada nesta obra, Parte II: Decisão 71-44 DC, de 16.7.1971 (Liberdade de associação), *infra*.
[6] Cap. 1 – Uma ressureição: a noção de Constituição, *infra*.
[7] Cap. 2 – Rumo à democracia contínua, *infra*.
[8] Cap. 1 – Uma ressureição: a noção de Constituição, *infra*.
[9] Cap. 3 – A democracia contínua: espaço público e juiz constitucional, *infra*.

e contrapeso. Com efeito, os revolucionários arquitetaram a limitação do poder de modo a "especializar" o Judiciário na sua função típica de dirimir conflitos aplicando a lei nos casos concretos, restando-lhe defeso interferir na órbita legislativa e administrativa.[10]

Essa "especialização" do Judiciário encontra fundamento jurídico na lei de 16-24.8.1790 sobre a organização judiciária, ainda hoje em vigor. Conforme consta no seu art. 10, "os Tribunais não podem participar direta ou indiretamente do exercício do poder legislativo, nem impedir ou suspender a execução dos decretos do Corpo legislativo sancionados pelo Rei, sob pena de prevaricação". Logo, numa perspectiva que privilegia o princípio da legalidade, resta induvidosa a subordinação da função jurisdicional à função legislativa, restringindo a atividade judiciária à aplicação da lei por meio de um processo rígido de subsunção silogística.

O art. 12 da lei acima mencionada, que veda a atividade interpretativa dos juízes, reforça essa ideia, já que interpretar é criar o direito, isto é, exercer o poder legislativo. Desta forma, com a finalidade de conter o trabalho hermenêutico do juiz, os revolucionários estabeleceram o procedimento, não mais hoje em vigor, do *référé législatif*, que obrigava os Tribunais a solicitar a intervenção do Parlamento no intuito de interpretar um texto obscuro de determinada lei. Por conseguinte, verifica-se que a concepção francesa do Judiciário difere daquela adotada nos Estados Unidos, que considera caber ao juiz aplicar o *direito* (não apenas a lei em sentido formal), admitindo assim o controle jurisdicional de constitucionalidade das leis.

Interessante também mencionar o art. 13 desta mesma lei, que proíbe os juízes de processar e julgar casos que envolvem a Administração Pública, inaugurando o sistema do contencioso administrativo ou de dupla jurisdição. Conforme reza o aludido dispositivo:

> As funções judiciárias são distintas e permanecerão sempre separadas das funções administrativas. Os juízes não poderão, sob pena de prevaricação, perturbar de qualquer maneira as atividades administrativas, nem citar diante de si os administradores em razão das suas funções.

---

[10] Ver TROPER, M. La notion de pouvoir judiciaire au début de la Révolution française. *In*: TROPER, M. *La théorie du droit, le droit, l'État*. Paris: Presses Universitaires de France, 2001.

Observa-se, portanto, que a "especialização" do Judiciário também se realiza em relação à função administrativa, o que explica a instauração na França de uma ordem jurisdicional administrativa que coexiste ao lado da ordem judiciária. Embora inicialmente competisse à própria Administração, por meio de órgãos especificamente criados com essa finalidade, conhecer dos conflitos administrativos (tratava-se do *sistema de justiça retida*), as instâncias incumbidas de resolver os litígios administrativos passaram a adquirir um novo estatuto que garantisse a sua independência, de modo a se tornarem verdadeiras jurisdições: as jurisdições administrativas.[11]

À vista do exposto, forçoso é perceber que o modelo revolucionário da separação dos poderes acima descrito, que circunscreveu as atividades do juiz no estrito cumprimento das funções jurisdicionais, resultou na impossibilidade da implantação da justiça constitucional na França.

A bem dizer, esse desígnio dos revolucionários de enclausurar o Judiciário dentro de um esquema institucional que lhe impedisse de fiscalizar os atos do legislador revela certo receio em relação à figura do juiz, o qual se justifica por razões históricas. Com efeito, durante o Antigo Regime, não raros foram os conflitos desencadeados pelo Poder Judiciário no intuito de limitar o poder arbitrário do monarca (em prol muitas vezes dos próprios interesses da classe a que pertenciam os magistrados), revelando a inegável natureza política da atividade das jurisdições na fiscalização da legislação real.

Embora nessa época não existisse um texto constitucional escrito, havia uma Constituição no sentido material composta de certas regras relativas à transmissão da coroa. O próprio rei era assim submetido às ditas *leis fundamentais do Reino*, que definiam os critérios de sucessão ao trono (como a masculinidade, a primogenitura, a catolicidade e a legitimidade do monarca). Mas é também em virtude dessas *leis fundamentais* que os Tribunais de então, chamados de *Parlamentos*,[12]

---

[11] No ápice da ordem administrativa e da ordem judiciária encontram-se, respectivamente, o Conselho de Estado e a Corte de cassação. No âmbito de suas atribuições jurisdicionais, compete precipuamente a essas duas Cortes supremas, que só examinam as questões de direito, garantir a unidade da jurisprudência no plano nacional. Ademais, como será exposto a seguir, desde a introdução da reforma de 2008, elas também exercem um papel importante em sede do contencioso constitucional, já que lhes cabe apreciar a admissibilidade das questões de constitucionalidade suscitadas em casos concretos antes que estas sejam levadas à avaliação do Conselho Constitucional.

[12] Importante enfatizar que no Antigo Regime chamavam-se Parlamentos os Tribunais Superiores de cada região francesa, não podendo estes ser definidos com base na noção moderna de parlamentos, isto é, de câmara legislativa.

desafiavam as decisões do rei por meio do *direito de remonstrância*, o qual se assimilava, em certa medida, a um controle de constitucionalidade. De fato, além de atribuições judiciais, esses Tribunais detinham prerrogativas políticas, já que as *ordenações reais* só entravam em vigor após o seu registro pelos Parlamentos de cada província, podendo este registro ser indeferido se porventura julgassem que determinada lei fosse incompatível com as *leis fundamentais*, devendo neste caso remeter ao rei a lei contestada para lhe cientificar dos vícios apontados.

Destarte, os Parlamentos judiciários, conforme salientou Alfred Gautier, pretendiam sedimentar o entendimento de que "sua aprovação era necessária para a validade e a execução das leis".[13] Assim, embora a última palavra fosse do rei, que poderia instar os Parlamentos a confirmar as suas leis por meio do *lit de justice* ou das *lettres de jussion*, há de se reconhecer que esse controle exercido pelos Tribunais do Antigo Regime lhes permitia "participar de alguma maneira do exercício do poder legislativo", sendo que as suas atribuições eram revestidas de uma marcante dimensão política.[14] Vale ainda recordar que esta imissão pelos Tribunais na esfera legislativa era consolidada pela possibilidade de eles editarem *arrêts de règlement* (uma espécie de súmula ou precedente com efeito vinculante), permitindo-lhes, desta forma, consignar enunciados com força vinculante a respeito da interpretação das leis.

Essa pretensão de os Parlamentos usarem de suas atribuições com a finalidade de participar da função legislativa ocasionou inúmeros conflitos, até mesmo uma guerra civil que ameaçou o absolutismo real,[15] evidenciando a incontestável força política dos magistrados; força política esta que os revolucionários buscaram reprimir ao transformar o juiz em um mero aplicador de uma lei que, agora expressão da vontade geral, só podia ser criada pelos representantes da nação.

Como vimos, a ideia de Constituição era uma realidade do direito do Antigo Regime. Contudo, é importante ressaltar que as *leis fundamentais do Reino* e a atuação dos parlamentares (isto é, dos magistrados), muito mais preocupados em usar de suas prerrogativas

---

[13] GAUTIER, A. *Précis de l'histoire du droit français*. Paris: L. Larose et Forcel, 1886. p. 352.

[14] GAUTIER, A. *Précis de l'histoire du droit français*. Paris: L. Larose et Forcel, 1886. p. 350.

[15] Trata-se do conhecido episódio da *Fronda parlamentar*, que foi uma revolta da nobreza francesa contra a autoridade real. Insatisfeitos com as reformas fiscais empreendidas por Mazarin, os membros dos Parlamentos judiciários – pertencendo todos à nobreza francesa e atingidos por estas reformas – protestaram contra o poder real de modo a deflagrar um conflito violento que durou dois anos.

para defender os seus próprios privilégios, não visavam a garantir o respeito das liberdades individuais. Diferente, portanto, da ideia de Constituição implementada pelos revolucionários, que consideravam o direito constitucional como "uma técnica da liberdade das pessoas".[16] Nesse sentido, a técnica adotada inicialmente – e que permeou a história do constitucionalismo francês durante quase dois séculos – tinha como foco essencial o princípio da separação dos poderes configurado de modo a excluir o Judiciário de sua dinâmica.

Ademais, neste novo contexto constitucional, o rei perdeu a titularidade da soberania, que passou a pertencer à nação, cuja vontade se materializa pela lei por meio da representação política. Deveras, o sistema representativo que veio a ser adotado pelos constituintes de 1791 se fundamenta no princípio da soberania *nacional*, o qual implica a unidade da nação e a indivisibilidade de sua soberania.[17] Sendo a *nação* uma entidade abstrata, uma "coletividade indivisível e extraindividual",[18] que não pode, portanto, querer *por* e *para* si própria, ela permanece num estado de "incapacidade" que necessita da formação de um grupo de representantes constituído com a finalidade de expressar a vontade nacional, isto é, a vontade geral. Nessa lógica, a lei, que conforme o art. 6 da Declaração dos Direitos do Homem e do Cidadão "é a expressão da vontade geral", configura um "ato de soberania"[19] que cabe exclusivamente aos representantes da nação produzir. Obra dos delegados do soberano, a lei é assim alçada a uma posição quase sacramental que impossibilita a sua apreciação por órgãos despidos de qualidade representativa, tal como os juízes.

Sobre esse tópico, esclarecedora é a análise de Alexis de Tocqueville na muito conhecida obra *Da democracia na América*, em que o autor francês vê com suspeição a importância "política" do juiz americano, o que se deve ao fato de que lhe foi reconhecido o direito de sustentar suas decisões com base na Constituição antes mesmo do que na lei.[20] Tocqueville explica que tal competência não foi outorgada ao juiz francês, já que interpretar o teor da Constituição equivaleria a conferir aos tribunais o poder constitucional, colocando-os, deste

---

[16] AMSON, D. *Histoire constitutionnelle française*. De la prise de la Bastille à Waterloo. Paris: LGDJ, 2010. p. 27.
[17] SIEYÈS, E.-J. *Qu'est-ce que le tiers-état?* Paris: Flammarion, 2009. p. 188.
[18] MALBERG, R. C. *Contribution à la théorie générale de l'État*. Paris: Dalloz, 2004. p. 223.
[19] ROUSSEAU, J.-J. *Du contrat social*. Paris: Flammarion, 1966. p. 64.
[20] TOCQUEVILLE, A. *De la democracia en la América del Norte*. Paris: Rosa, 1837. p. 190.

modo, no lugar da nação e acima da sociedade.[21] Assim, segundo ele, seria preferível conferir o poder de mudar a Constituição aos "homens que representam imperfeitamente as vontades do povo" – ou seja, os representantes – "do que a quem só representa si próprio" – os juízes.[22]

Raymond Carré de Malberg, ao evidenciar a diferença entre o constitucionalismo francês e o estadunidense, ensina que nos Estados Unidos só a Constituição foi concebida como obra da vontade geral, conforme consta do seu preâmbulo, que explicita ser o texto constitucional de autoria do povo ("Nós, povo dos Estados Unidos, promulgamos e estabelecemos a Constituição para os Estados Unidos da América"). Desta forma, leciona Carré de Malberg que "as leis ordinárias não configuram a obra do povo, e sim a criação da Legislatura, isto é, a obra de uma autoridade simplesmente constituída, exercendo a sua competência em virtude de delegação feita pelo povo por meio da Constituição".[23] Disso decorre uma diferença radical entre a lei constitucional que emana do soberano e a legislação ordinária, gerando, portanto, a subordinação do corpo legislativo à Constituição. Logo, o jurista francês salienta que, de acordo com a concepção estadunidense, "há de se entender que as leis adotadas pela Legislatura são válidas, desde que conforme à Constituição, devendo o juiz aplicá-las só depois de ter examinado a sua constitucionalidade", e que "a Legislatura e os juízes encontram-se, perante a Constituição, que é a fonte comum e única dos seus poderes respectivos delegados, em situação de igualdade".[24] Por conseguinte, como bem salientou Léon Duguit, "o poder conferido aos tribunais americanos é a consequência lógica e direta do princípio da separação dos poderes", o qual foi concebido em 1789 de forma diferente na França e nos Estados Unidos.[25]

Em suma, conforme foi dito acima, a tradição revolucionária francesa, ao determinar a superioridade da lei, bem como a preeminência

---

[21] TOCQUEVILLE, A. *De la democracia en la América del Norte*. Paris: Rosa, 1837. p. 192.
[22] TOCQUEVILLE, A. *De la democracia en la América del Norte*. Paris: Rosa, 1837. p. 192.
[23] MALBERG, R. C. *La loi expression de la volonté générale*. Paris: Economica, 1984. p. 109.
[24] MALBERG, R. C. *La loi expression de la volonté générale*. Paris: Economica, 1984. p. 110.
[25] DUGUIT, L. *Traité de droit constitutionnel*. Tome troisième: La théorie générale de l'État, suite et fin. Paris: Fontemoing, 1928. p. 676. Em igual sentido, Maurice Hauriou esclarece que "foi em virtude tanto do princípio da limitação de todos os poderes delegados, quanto do princípio da superioridade da lei constitucional sobre a lei ordinária, que o controle de constitucionalidade das leis foi estabelecido nos Estados Unidos da América. Os Americanos dão muito importância à ideia de limitação do Parlamento" (HAURIOU, M. *Précis élémentaire de droit constitutionnel*. Paris: Sirey, 1930. p. 266).

dos representantes da nação, conferiu uma imunidade absoluta às decisões legislativas, as quais ficaram isentas, durante séculos, de qualquer tipo de impugnação jurisdicional, ainda quando supostamente eivadas do vício de inconstitucionalidade. Este legado constitucional propiciou assim, conforme assevera Dominique Rousseau, uma "identificação" entre representantes e representados, uma "confusão" entre governantes e governados, uma "assimilação" da vontade do povo com a vontade dos parlamentares, a qual se acentuou com a universalização do sufrágio, gerando dessa forma uma democracia "unilateral",[26] "monista",[27] "unidimensional";[28] isto é, uma democracia em que a voz do povo, silenciada pelo ruidoso coro da representação, acabou por se fundir na expressão monolítica da vontade representativa.

Porém, o sistema representativo, que prendeu o povo no conceito de nação, encontra os seus limites democráticos no princípio de soberania nacional que o fundamenta. O estudo da teoria da representação política revela que, em direito público, os princípios do sistema representativo não são ontologicamente vinculados à democracia, à eleição, tampouco à representação. A terminologia engana, já que o sistema dito "representativo" em nada implica uma verdadeira representação. Prova disso é o fato de os representantes "representarem" a *nação* (e não o povo),[29] pois se beneficiam de um mandato *livre*.[30] Ademais, as Constituições modernas concederam a qualidade

---

[26] Cap. 3 – A democracia contínua: espaço público e juiz constitucional, *infra*.
[27] MARTINS, T. P. Da democracia reflexiva: Estado de Direito e vontade geral. *Revista de Estudos Constitucionais, Hermenêutica e Teoria do Direito*, v. 10, n. 3, p. 264-277, 2018. p. 267.
[28] ROSANVALLON, P. *La légitimité démocratique*. Impartialité, réflexivité, proximité. Paris: Points Essais, 2010. p. 384.
[29] Em direito privado, a representação exige a subordinação da vontade do representante à do representado. Trata-se de uma representação contratual que cria a obrigação, para o representante, de agir em nome e por conta do representado, respeitados os limites fixados no contrato. Observa-se, portanto, uma sequência de duas vontades, sendo que a vontade do representado antecede, condiciona e se estende ou perdura na do representante. Em direito público, por outro lado, a lógica do sistema representativo funciona em sentido oposto. Haja vista a impossibilidade para a nação de manifestar por si própria qualquer tipo de vontade, não se pode induzir que a vontade do representante decorreria da vontade preexistente do representado. Para bem dizer, a vontade nacional não é representada, mas sim "criada" *ex nihilo* pelos supostos representantes (a quem portanto não assiste se sujeitar a uma vontade anterior). Disto resulta que o poder representativo se define como o poder de emitir a vontade nacional, em virtude da Constituição, de maneira inicial e soberana.
[30] Cabe lembrar que, de um ponto de vista jurídico, o mandato dos deputados não é imperativo, não sendo obrigados, os representantes eleitos, a se aterem à vontade dos seus eleitores.

representativa a órgãos despidos de qualquer vínculo direto com o voto popular.[31]

O advento da eleição popular não alterou os fundamentos teóricos da representação política – quer dizer, não criou um vínculo verdadeiramente representativo entre eleitos e eleitores –, já que, conforme explicita Pierre Brunet, a qualidade representativa de um órgão não decorre do seu modo de designação, mas sim da natureza do poder exercido por ele, isto é, *o poder de querer para a nação*.[32] A representação política é, portanto, uma ficção jurídica que permitiu legitimar o poder das assembleias deliberativas, sendo que a extensão do sufrágio acabou por realçar ainda mais a importância política do Parlamento na percepção democrática das instituições francesas, a ponto de ele ter se assenhorado da soberania.[33]

Entretanto, a história constitucional francesa mostrou que nem sempre imperou o sistema de "soberania parlamentar". Houve com efeito vários regimes em que se tencionava enfraquecer e subordinar o Parlamento, como foi o caso do Diretório (1795-1799),[34] do Consulado (1799-1804),[35] do Primeiro Império (1804-1814) e do Segundo Império (1852-1870). Assim, é interessante notar que durante os períodos imperiais foram de fato criados mecanismos de controle de constitucionalidade. No entanto, as instâncias políticas instituídas para exercer a fiscalização da lei não tinham outra função senão a de manter a atividade legislativa das assembleias sob o domínio do imperador.[36]

---

[31] Não é a eleição que confere ao governante a sua qualidade representativa. A representação origina-se de um ato *constituinte* e não de um ato *eleitoral*. Com efeito, o sistema representativo pressupõe que, por meio da Constituição, a nação delegue o exercício da soberania em proveito dos representantes. Desse modo, não há que se considerar o representante como um órgão necessariamente eletivo. Neste sentido, vale recordar o art. 2º do Título III do texto constitucional francês de 1791, em que o Rei foi alçado, conjuntamente com o Corpo Legislativo, à condição de representante da nação.

[32] Ver BRUNET, P. *Vouloir pour la nation*. Le concept de représentation dans la théorie de l'État. Paris: LGDJ, 2004. p. 396.

[33] Cap. 3 – A democracia contínua: espaço público e juiz constitucional, *infra*.

[34] Regime político que sucede ao período do terror. O Executivo era exercido por cinco membros, denominados diretores.

[35] Regime autoritário que sucede o Diretório e durante o qual Napoleão foi proclamado imperador. Sendo o Executivo fortalecido, este é dirigido por três cônsules, embora a realidade do poder fosse exercida por Napoleão.

[36] O *Senado conservador*, órgão político (e não jurisdicional) criado no intuito de controlar a constitucionalidade dos atos normativos, constituiu-se, na prática, em um "instrumento dócil nas mãos do Imperador com o objetivo de emendar a Constituição, suspendê-la, bem como anular ou manter ao talante do mestre os atos legislativos, judiciários ou administrativos" (DUGUIT, L. *Traité de droit constitutionnel*. Tome troisième: La théorie générale de l'État, suite et fin. Paris: Fontemoing, 1928. p. 666). De fato, o Senado

Ou seja, até mesmo nas fases constitucionais que privilegiavam o Executivo, o princípio da separação de poderes sempre se enquadrou numa visão bipartite, numa clara negação do Judiciário como um poder apto a corrigir os excessos do legislador.

Por sinal, é importante salientar que o próprio Conselho Constitucional, quando criado pela Constituição atual da Quinta República de 1958, também não se destinava a desempenhar as funções de uma Corte Constitucional. Fora na verdade criado como instrumento do "parlamentarismo racionalizado",[37] visando a fortalecer o Executivo e conter a atuação das assembleias, sobretudo no propósito de evitar a instabilidade governamental constante nos regimes anteriores (da Terceira e da Quarta Repúblicas)[38] provocada pela predominância das câmaras legislativas.

Como é sabido, no parlamentarismo, o governo responde politicamente perante o Parlamento. Contudo, os dois sistemas parlamentares que antecederam o regime vigente da Quinta República se caracterizavam por um desequilíbrio institucional em detrimento do Executivo; sendo que, sustentados por uma base de apoio sujeita às permanentes disputas parlamentares, os governos com muita frequência eram derrubados, sempre que conflitos políticos ameaçavam a coalizão parlamentar, a qual cada vez precisava se recompor com base em novos ajustes geralmente frágeis e precários. Essa forte rotatividade governamental privava assim o Executivo das condições necessárias para implementar uma política de governo que fosse coerente no longo prazo.

É, portanto, nesse contexto que deve ser entendida a institucionalização na França, em 1958, do controle de constitucionalidade das leis; isto é, como um instrumento que se insere dentro de uma ampla remodelação do funcionamento do sistema parlamentar com vista a revigorar o Executivo. Conforme salientou Michel Debré (o principal idealizador da Constituição de 1958 que a delineou de acordo com os desígnios do General De Gaulle), o novo texto constitucional resulta

---

conservador estava sob influência do chefe do Executivo e servia o controle da lei segundo os interesses dele, a fim de verificar se a atuação das câmaras não destoava dos desígnios do imperador.

[37] ROUSSEAU, D.; VIALA, A. *Droit constitutionnel*. Paris: Montchrestien, 2004. p. 178.

[38] A Terceira República vigorou entre 1870 e 1940. A Quarta República, por sua vez, foi inaugurada pela Constituição de 27.10.1946, e durou até 1958. Ambas se caracterizam por um parlamentarismo exacerbado que levou parcela da doutrina a definir esses dois regimes como "regime de assembleia".

desta vontade de "refazer o regime parlamentar" com base na figura central do Presidente da República, o qual foi erigido como a *clef de voûte* (a pedra angular) deste sistema.[39] Conforme foi dito, tratava-se, para os constituintes de 1958, de sanar os vícios do sistema parlamentar que comprometiam a estabilidade governativa, isto é, de proceder a um reequilíbrio institucional em prol do Executivo, sendo necessário "racionalizar" ou "enquadrar"[40] o regime parlamentar francês – ou seja, enquadrar a atividade parlamentar, impondo limites à sua atuação, de forma a tornar o funcionamento do regime político mais eficaz. Entre os vários institutos e mecanismos previstos na Constituição de 1958 no intuito de realizar este objetivo, cabe assim destacar o Conselho Constitucional, cuja função era verificar se a atividade do Parlamento não excedia a esfera de atuação delimitada pelo texto constitucional.[41]

Com efeito, diferentemente das Constituições anteriores – como as da Terceira República (1875-1946) e Quarta República (1946-1958), por exemplo – em que a lei poderia versar sobre qualquer assunto, o constituinte de 1958 adotou uma concepção material da constituição, determinando de forma exaustiva as matérias de competência do Legislativo, cabendo ao Executivo, por meio dos "regulamentos autônomos", regulamentar as demais, isto é, todas as matérias que não foram constitucionalmente reservadas ao Parlamento.[42] Logo, sendo o Presidente da República e o Primeiro-Ministro legitimados para provocar o Conselho Constitucional, o controle de constitucionalidade objetivava verificar, sob pena de ser declarada inconstitucional, se a lei

---

[39] O discurso de Michel Debré proferido em 27.8.1958 perante o Conselho de Estado está disponível em ROUSSEAU, D.; VIALA, A. *Droit constitutionnel*. Paris: Montchrestien, 2004. p. 167-178.

[40] CONSTANTINESCO, V.; PIERRE-CAPS, S. *Droit constitutionnel*. Paris: PUF, 2004. p. 361.

[41] Símbolo da resistência francesa, o General De Gaulle, ao sair da Segunda Guerra Mundial, não havia conseguido impor sua visão das instituições. A estrutura da Constituição de 1946 restou amparada por um desequilíbrio institucional em benefício do Parlamento, levando De Gaulle a se retirar da vida política. Contudo, diante da intensificação das crises políticas e de descolonização que os sucessivos governos da Quarta República haviam de enfrentar – sobretudo no que diz respeito ao grave conflito relativo ao processo de independência do povo argelino –, a classe política resolveu, em 1958, fazer apelo ao General De Gaulle. Embora tenha aceitado assumir o comando do poder para a França sair desses impasses políticos, exigiu para tanto que a nova Constituição a ser adotada fosse conforme à sua concepção das instituições.

[42] Ver os arts. 34 e 37, Constituição de 1958. Art. 37, alínea 1: "Assuntos diferentes dos que estão no âmbito da lei têm um caráter regulamentar". O leitor encontrará no *site* do Conselho Constitucional uma versão traduzida para o português da Constituição de 1958 (Disponível em: https://www.conseil-constitutionnel.fr/sites/default/files/as/root/bank_mm/constitution/constitution_portugais.pdf).

não extrapolava os limites da competência legislativa.[43] Desta forma, cabia ao Conselho Constitucional exercer um controle exclusivamente formal e preventivo, uma vez que deveria aferir apenas a conformidade da elaboração das proposições de lei com os pressupostos e procedimentos relativos à sua formação. Nesta perspectiva, a arguição de inconstitucionalidade formal por violação às normas de competência permitia ao governo controlar a atuação legislativa para garantir que o Parlamento não interferisse no âmbito de competência do Executivo. Daí a expressão "cão de guarda do Executivo" cunhada para evidenciar o fato de o controle de constitucionalidade ter sido criado como um instrumento em prol do Executivo para refrear os impulsos legislativos do Parlamento.

Por conseguinte, como se percebe, o Conselho Constitucional, instituído como órgão de regulação dos poderes públicos para realizar um controle "institucional", não foi pensado, a princípio, no intento de exercer a função de uma jurisdição constitucional. No entanto, como será melhor comentado adiante, o Conselho Constitucional decidiu, de forma progressiva, tomar seu destino institucional em suas próprias mãos no sentido de se tornar uma instância garantidora dos direitos e liberdades, contribuindo assim para que a sociedade política francesa seguisse para um novo rumo democrático.

No funcionamento democrático que antecede o surgimento da justiça constitucional, a representação política acabou por tutelar o povo, cuja vontade se funde na vontade dos representantes e com ela se assimila. A Quinta República acentuou essa tendência, sendo que, além da racionalização do parlamentarismo que mencionamos acima, o chamado "fato majoritário" (ver *infra*) centralizou ainda mais o poder em prol do Presidente da República, que, eleito pelo sufrágio universal desde 1962, passou a encarnar a nação. A eleição popular, associada à representação política, levou assim a uma democracia em que o povo, sem outra perspectiva senão aquela traçada pelos seus representantes, acabou sendo absorvido pelo espaço político. Porém, conforme explica Dominique Rousseau, a justiça constitucional vai romper com esse paradigma, abrindo um novo horizonte democrático em que o povo, que passa a ser um "maior constitucional"[44] (isto é, um cidadão capaz

---

[43] Convém ressaltar que, até a reforma de 2008, o controle de constitucionalidade das leis era apenas *preventivo*, aplicando-se exclusivamente aos *projetos* (da iniciativa do governo) e às *proposições* (da iniciativa dos parlamentares) de lei.

[44] ROUSSEAU, D. *Sur le Conseil constitutionnel. La doctrine Badinter et la démocratie*. Paris: Descartes & Cie, 1997. p. 91.

de manifestar sua vontade por meio de outras formas de expressão que não aquela atinente ao sistema representativo), é restabelecido na sua condição de soberano.

## 2 Neoconstitucionalismo e democracia pela Constituição: a autonomização do povo pelo juiz constitucional

É a partir de uma decisão histórica proferida pelo Conselho Constitucional em 1971 que o constitucionalismo na França entrou numa nova fase que teve como impacto de alterar, de forma paulatina, o funcionamento democrático daquele país. Essa decisão, conhecida como *liberdade de associação*,[45] iniciou um processo de reconfiguração da ideia de Constituição, bem como da noção de democracia, processo este que foi se consolidando tanto por uma jurisprudência voltada para os interesses dos indivíduos, quanto por reformas processuais visando a incentivar o diálogo hermenêutico com a sociedade civil acerca dos significados constitucionais.

Em 16.7.1971, o Conselho Constitucional, mediante seu poder interpretativo, trouxe uma nova compreensão da Constituição vigente de 1958, incluindo nela um conjunto de direitos e liberdades que se adensou progressivamente por meio de sua jurisprudência. Com efeito, o Conselho, ao se julgar competente para efetuar um controle substancial, e não somente formal, do texto de lei impugnado, inaugurou uma revolução jurídica que contribuiu a redefinir o seu papel dentro do sistema político francês.

Neste ponto, convém enfatizar que o corpo textual da Constituição francesa, cujo conteúdo é de baixo teor axiológico, cuida quase que exclusivamente da organização dos poderes públicos, não constando nele nenhum catálogo de direitos e liberdades. Assim, para os constituintes, as garantias individuais e os direitos sociais previstos pelos textos a que a alude o preâmbulo da Constituição de 1958 (isto é, a Declaração de 1789 e o preâmbulo da Constituição de 1946)[46] não passavam de meras declarações jurídicas desprovidas de qualquer valor

---

[45] Ver a decisão comentada nesta obra, Parte II: Decisão 71-44 DC, de 16.7.1971 (Liberdade de associação), *infra*.

[46] Conforme determina o preâmbulo da Constituição francesa de 1958: "O povo francês proclama solenemente o seu compromisso com os direitos humanos e os princípios da soberania nacional, conforme definido pela Declaração de 1789, confirmada e completada pelo Preâmbulo da Constituição de 1946 [...]".

jurídico. Logo, para que o Conselho Constitucional pudesse sindicar os vícios de inconstitucionalidade material, foi-lhe necessário estender a base do seu parâmetro de controle, integrando nele os direitos e liberdades a que se refere indiretamente a Constituição na sua parte preliminar. É, de fato, o que ele empreendeu por meio dessa arrojada decisão de 1971.

A partir de então, o Conselho começaria a criar o que Dominique Rousseau chamou de "Carta jurisprudencial dos direitos e liberdades",[47] forjando o seu conteúdo com base nos direitos insculpidos na Declaração de 1789 e no Preâmbulo de 1946, bem como nos denominados "princípios fundamentais reconhecidos pelas leis da República".[48]

Embora lançadas as primeiras pedras do "bloco de constitucionalidade", ainda em 1971 a reduzida lista de autoridades legitimadas a propor uma ação de inconstitucionalidade prejudicava o avanço desse novo protagonismo que o Conselho Constitucional tinha decidido endossar. Naquele momento, o rol dos legitimados ativos limitava-se ao Presidente da República, ao Primeiro-Ministro, ao Presidente da Assembleia Nacional e ao Presidente do Senado, obstando, portanto, o desenvolvimento de uma jurisprudência ativa capaz de submeter de forma efetiva o legislador ao respeito dos direitos e liberdades constitucionais dos cidadãos. Tendo o Conselho assumido a função de guardião dos direitos fundamentais, fazia-se necessário expandir o número de legitimados a provocar o controle de constitucionalidade da lei no intuito de estimular o contencioso constitucional. Assim, em 29.10.1974, a aprovação da Emenda Constitucional nº 74-904 alterou o art. 61 da Constituição no sentido de ampliar o leque de legitimados ativos para o manejo do controle de constitucionalidade das leis, estendendo essa faculdade a sessenta deputados ou sessenta senadores.[49]

De um ponto de vista político, tal reforma possibilitou abrir o contencioso constitucional à oposição parlamentar e dinamizá-lo, permitindo a fiscalização da agenda legislativa impulsionada pelo

---

[47] Cap. 2 – Rumo à democracia contínua, *infra*.
[48] Esta categoria jurídica permitiu ao Conselho Constitucional elevar ao nível de princípios constitucionais os direitos e liberdades consagrados pelo legislador ordinário durante a Terceira e Quarta Repúblicas.
[49] Art. 61, alínea 2, Constituição de 1958: "as leis podem ser submetidas ao Conselho Constitucional, antes da sua promulgação, pelo Presidente da República, Primeiro-Ministro, Presidente da Assembleia Nacional, Presidente do Senado *ou por sessenta deputados ou sessenta senadores*" (grifos nossos).

governo dentro de um contexto político de bipolarização em torno de dois partidos dominantes provocada pelo dito "fato majoritário".

A ideia de fato majoritário merece ser brevemente apresentada para melhor entender o propósito da reforma acima mencionada e a relevância do papel do Conselho Constitucional que dela decorre.

O fato ou "fenômeno" majoritário é um fato político que surgiu em decorrência da emenda constitucional de 1962, a qual instaurou a eleição do Presidente da República no sufrágio universal direto. Esta reforma gerou na prática um alinhamento dos resultados eleitorais nos planos presidencial e legislativo. Assim, na prática, a vida política francesa, em âmbito nacional, passou a pautar-se de acordo com o resultado das eleições presidenciais, sendo o desfecho das eleições dos deputados vinculado àquele.

Desta forma, ao ocorrer logo após o pleito presidencial, é praxe que as eleições legislativas sempre resultem na vitória do partido a quem pertence o recém-designado chefe de Estado. Logo, o mesmo partido poderá estar no comando da Presidência, da Assembleia e, por via de consequência, do governo; situação esta, portanto, caracterizada pela supremacia do Presidente, a quem se submete a maioria parlamentar, bem como os Ministros e Primeiro-Ministro que, pelo fato de o chefe de Estado ser também o chefe do partido vencedor das eleições, pode ele escolher a seu talante sem encontrar grande resistência da câmara. Neste contexto, possuindo o Primeiro-Ministro o direito de iniciativa, a lei passa a ser elaborada pelo Executivo – o chefe do governo apresenta os projetos de lei de acordo com as diretrizes formuladas pelo Presidente – com a anuência quase que automática de uma assembleia nacional composta em sua maioria por deputados pertencentes ao mesmo partido daquele. Em outras palavras, apesar de a letra da Constituição prever um regime parlamentar, a prática institucional consolidou um regime presidencialista ou, em caso de coabitação,[50] "primoministerial", cuja atividade legislativa é determinada e norteada pelo Executivo.

---

[50] A coabitação designa uma situação política em que o Presidente da República e o Primeiro-Ministro pertencem a dois partidos opostos. Ocorreram três coabitações durante o regime da Quinta República: 1986-1988, 1993-1995, 1997-2002. A coabitação ocorre por ocasião de eleições legislativas realizadas durante o mandato do Presidente da República, e cujo desfecho é favorável ao partido de oposição que se torna, portanto, majoritário na assembleia nacional. Sendo o regime político francês de caráter parlamentar, o Presidente é levado a nomear como Primeiro-Ministro o chefe do partido que venceu as eleições, perdendo o chefe de Estado o comando do Executivo em detrimento deste. Estas eleições, que geram a coabitação, decorreram da dissolução (quando, manejado no intuito de fortalecer a sua base parlamentar, surge um resultado eleitoral diferente do esperado,

Assim, a eleição popular do chefe de Estado redundou em uma bipolarização da vida política e partidária (fundada na clássica dicotomia maioria/oposição), pondo fim à fragmentação partidária das Terceira e Quarta Repúblicas. O que permite à agremiação vencedora das eleições dispor dos meios necessários para realizar o seu programa político sem os empecilhos da outrora instabilidade ministerial.

Entretanto, como se percebe, o fenômeno majoritário teve o efeito de concentrar o poder, concentração esta que a reforma de 1974 buscou limitar. Ao estender o direito de propositura aos parlamentares, não é mais o Parlamento que se trata de controlar, mas o governo. Portanto, o controle de constitucionalidade tornou-se um instrumento que favorece a atividade da oposição contra a maioria política, isto é, um contrapoder servindo como "garantia contra o absolutismo majoritário".[51]

Outra consequência da abertura da propositura da ação de inconstitucionalidade à oposição parlamentar foi a dinamização da jurisprudência constitucional, permitindo ao Conselho Constitucional solidificar a "carta dos direitos e liberdades". Isto resultou em uma nova compreensão da Constituição que, diferentemente da concepção tradicional que prestigiava a primeira parte da Declaração de 1789 (isto é, a *separação dos poderes*), passou a ser definida com base na sua segunda parte, dando ênfase à *garantia dos direitos*. Dito de outra forma, a "política jurisprudencial do Conselho Constitucional" levou a uma "inversão de perspectiva" constitucional, a uma "transição da Constituição-separação dos poderes para a Constituição-garantia dos direitos".[52]

Enfim, a última etapa do processo de reconfiguração do constitucionalismo francês se deu em 2008, com a adoção de uma reforma processual – a questão prioritária de constitucionalidade – que, ao instituir o controle de constitucionalidade *concreto* e *repressivo*, permitiu integrar os indivíduos e a sociedade civil ao debate constitucional, realçando assim o povo na sua qualidade de "cidadão jurisdicionado".[53]

---

já que favorável à oposição) e da diferença de duração dos mandatos presidencial e legislativo (7 anos para o Presidente, e 5 anos para os deputados). No entanto, desde a emenda constitucional de 2000, diminuindo o mandato presidencial para 5 anos (no intuito de alinhar a duração do mandato presidencial à do mandato dos deputados), esta situação tem hoje pouca chance de ocorrer novamente.

[51] Cap. 2 – Rumo à democracia contínua, *infra*.
[52] Cap. 2 – Rumo à democracia contínua, *infra*.
[53] ROUSSEAU, D. *Radicalizar a democracia*: proposições para uma refundação. Tradução de Anderson Vichinkeski Teixeira. São Leopoldo: Editora Unisinos, 2019. p. 61-69.

A questão prioritária de constitucionalidade (QPC) foi introduzida na França pela emenda constitucional de 23.7.2008, e entrou em vigor em 1º.3.2010. Este mecanismo se insere na reforma das instituições da Quinta República, cujo teor foi fortemente influenciado pelo parecer emitido pelo *Comitê de reflexão e de proposição sobre a modernização e o reequilíbrio das instituições*, criado pelo então Presidente da República, Nicolas Sarkozy, e presidido pelo Ex-Primeiro-Ministro Édouard Balladur.

Não era a primeira vez, contudo, que se discutia a adoção na França da exceção de inconstitucionalidade, sobretudo porque já tinha sido instituído em dezembro de 1992, pelo Presidente Mitterrand, um comitê consultivo, presidido pelo Professor Georges Vedel,[54] no sentido de propor ao constituinte reformador formas de implementar o controle por via incidental. Assim, em seu parecer enviado ao Presidente da República, sugere o comitê que "o Conselho Constitucional poderia ser provocado, mediante pedido de um jurisdicionado, pelo Conselho de Estado ou pela Corte de Cassação, em virtude de uma questão prejudicial relativa à constitucionalidade de uma lei e arguida perante uma jurisdição".[55] No entanto, não logrou êxito esta primeira tentativa de reformar o sistema de justiça constitucional francês, o que apenas se concretizaria, como é notório, em 2008.[56]

Portanto, com a QPC (questão prioritária de constitucionalidade) o controle de constitucionalidade deixou de ser meramente preventivo. Doravante, qualquer litigante tem legitimidade para requerer que seja examinada a constitucionalidade da lei aplicável ao seu processo. Apesar de o controle permanecer concentrado, já que cabe exclusivamente ao Conselho Constitucional aferir a constitucionalidade da lei impugnada, pode esta ser atacada em qualquer momento e por qualquer cidadão por ocasião de um caso concreto. Logo, pode-se dizer que o controle se tornou *concreto*, em virtude de a questão constitucional suscitada emanar de um litígio envolvendo particular, e *subjetivo*, por

---

[54] Décret n. 92-1247 du 2 décembre 1992 instituant un comité consultatif pour la révision de la Constitution, JORF n. 281, de 3.12.1992, p. 16458.

[55] *Propositions pour une révision de la Constitution: rapport au Président de la République*, Comité consultative pour une revision de la Constitution presidé par le doyen Vedel, La Documentation française, Coll. "Collection des rapports officiels", février 1993.

[56] Ainda sobre o tema, em perspectiva histórica, ver FACCHINI NETO, E.; HENDGES, C. E. J. E a França piscou: a questão prioritária de constitucionalidade e o fim do controle exclusivamente prévio de constitucionalidade. *Revista de Direito Administrativo e Constitucional – A&C*, ano 17, n. 67, p. 153-183, 2017.

ser arguida por uma parte cuja pretensão é de proteger o seu próprio bem jurídico. No entanto, não há que se falar em controle *difuso*, tendo em vista que é vedado aos juízes e tribunais examinarem a constitucionalidade da lei; função esta, importante enfatizar, que compete tão somente ao Conselho Constitucional.[57]

Conforme preceitua o art. 61-1 da Constituição, cuja redação decorre da emenda constitucional de 2008:

> quando, no decorrer de um processo judicial, alega-se a contrariedade de um dispositivo legislativo com os direitos e liberdades garantidos pela Constituição, poderá o Conselho Constitucional ser provocado sobre esta questão, mediante remessa do Conselho de Estado ou da Corte de Cassação, devendo aquele se pronunciar dentro de um prazo determinado. (Tradução livre)

Verifica-se, em primeiro lugar, que o controle exercido por meio da QPC diz respeito apenas aos textos normativos adotados pelo Poder Legislativo – o art. 61-1 acima citado refere-se explicitamente a "dispositivo legislativo" – excluindo, portanto, do seu alcance os decretos e as decisões administrativas individuais – cabendo à justiça administrativa fiscalizar os atos administrativos. Ademais, não é qualquer lei que será suscetível de ser contestada por meio da questão prioritária de constitucionalidade, mas tão somente as que supostamente ofendem "os direitos e liberdades garantidos pela Constituição", e que abrangem o "bloco de constitucionalidade" – ou a "carta jurisprudencial de direitos e liberdades",[58] conforme expressão de Dominique Rousseau – ou seja, os direitos e liberdades contidos no texto constitucional em si, como também na Declaração dos Direitos do Homem e do Cidadão de 1789, no preâmbulo da Constituição de 1946, na Carta Ambiental de 2004, e os previstos nos princípios fundamentais reconhecidos pelas leis da República. Enfim, só poderá ser arguida a inconstitucionalidade de uma lei aplicável na lide em que esteja envolvida a parte suscitando a questão de constitucionalidade, consolidando aqui a dimensão subjetiva do controle de constitucionalidade exercido.

---

[57] Sobre o tema das modalidades de controle de constitucionalidade em perspectiva comparatista, ver CICCONETTI, S. M.; TEIXEIRA, A. V. *Jurisdição constitucional comparada*. 2. ed. Belo Horizonte: Fórum, 2018.
[58] ROUSSEAU, D. Constitucionalismo e democracia. *Revista de Estudos Constitucionais, Hermenêutica e Teoria do Direito*, v. 10, n. 2, p. 228-237, 2018. p. 232.

Salientou-se várias vezes que o controle de constitucionalidade da lei é competência exclusiva do Conselho Constitucional. Tal exclusividade, no entanto, não teve o condão de afastar o controle de "convencionalidade" da lei[59] perante as jurisdições ordinárias – judiciárias ou administrativas.[60] Tanto o juiz judiciário[61] quanto o juiz administrativo[62] consideraram-se competentes para examinar a compatibilidade da lei com os tratados e convenções internacionais. Daí a denominação de "questão *prioritária* de constitucionalidade", devendo o juiz priorizar a questão de constitucionalidade quando houver pedidos concomitantes, em um mesmo processo, relativos à constitucionalidade e à convencionalidade da lei impugnada.

Cumpre ressaltar que o incidente de inconstitucionalidade pode ser suscitado perante qualquer instância judiciária ou grau de jurisdição, tanto na justiça judiciária quanto na justiça administrativa. Pode a inconstitucionalidade ser arguida em primeira instância, em recurso de apelação e em recurso de cassação – perante o Conselho de Estado ou a Corte de Cassação. Única exceção a esta regra diz respeito a *Cour d'assises*, jurisdição penal perante a qual não se poderá suscitar uma questão *prioritária* de constitucionalidade.

Vale destacar a importância do papel desempenhado pelos juízes e tribunais dentro da lógica do controle de constitucionalidade trazida pela questão prioritária de constitucionalidade. Embora não seja de sua competência examinar a constitucionalidade da lei impugnada, devem eles proceder a um juízo de admissibilidade acerca do pedido de incidente de inconstitucionalidade formulado pela parte. Existe, assim, um "filtro" jurisdicional, de modo que o Conselho Constitucional não pode ser provocado diretamente pela parte que suscitou a questão de constitucionalidade. Este juízo de admissibilidade é exercido pelo juiz, tribunal ou instância de cassação onde fora suscitada a arguição

---

[59] O controle de convencionalidade é o controle pelo qual os juízes e os tribunais verificam a conformidade das leis e das normas nacionais para com os tratados internacionais e as normas comunitárias (isto é, das normas editadas pelas instâncias da União Europeia). Sobre esse tema, remetemos às seguintes decisões apresentadas na segunda parte desta obra: Decisão 74-54 DC, de 15.1.1975 (interrupção voluntária da gravidez); Decisão 2006-540 DC, de 27.7.2006 (identidade constitucional e União Europeia); Decisão 2013-314 QPC de 4.4.2013 (questão prejudicial ao Tribunal europeu).

[60] Importante lembrar que o sistema francês é de dualidade de jurisdição, existindo tribunais judiciários, competentes para dirimir conflitos de direito privado, e tribunais administrativos, encarregados de resolver litígios em que estejam envolvidas pessoas de direito público.

[61] Corte de Cassação, *Arrêt Société des Cafés Jacques Vabre*, 24.5.1975.

[62] Conselho de Estado, *Arrêt Nicolo*, 20.10.1989.

de inconstitucionalidade. Deverá o juiz analisar a jurisprudência do Conselho Constitucional para verificar se a norma legislativa contestada não foi declarada conforme a Constituição por este. Outro requisito de admissibilidade é o "caráter sério e relevante" da questão de constitucionalidade ora alegada. Enfim, último pressuposto é o de verificar se a lei contestada pela parte se aplica ao litígio em que esteja envolvida. Note-se que este mecanismo de "filtro" pode ser duplo, caso o incidente de inconstitucionalidade seja suscitado em primeira instância. Neste caso, haverá dois exames de admissibilidade, um exercido pela instância inferior, outro efetuado pela Corte de Cassação ou pelo Conselho de Estado – dependendo da ordem jurisdicional perante a qual a QPC foi suscitada.

Ademais, importante notar que o indeferimento do pedido não poderá ser objeto de recurso. O exame de admissibilidade pelos tribunais acaba por lhes outorgar certo poder em matéria de contencioso constitucional, já que poderão decidir sobre a conveniência de provocar ou não o Conselho Constitucional. Diante disso, o juízo de admissibilidade poderia acabar por conferir aos tribunais, de forma indireta, uma função de jurisdição constitucional, na medida em que, ao apreciar se a questão de constitucionalidade merece ser submetida ao Conselho Constitucional, eles têm a faculdade de impulsionar ou frear o contencioso constitucional, determinando, portanto, os assuntos e as matérias a serem dirimidos no âmbito do Conselho.

De resto, em virtude do art. 62, alínea 2 da Constituição,[63] o Conselho poderá modular os efeitos das suas decisões. Trata-se de uma novidade no processo constitucional francês que se justifica pelo fato de o controle versar doravante sobre leis já em vigor, que se aplicam sobre situações concretas. Até 2008, o exame do Conselho tinha somente por objeto textos de lei ainda não promulgados, desprovidos de qualquer efeito sobre a vida real.[64]

Por fim, ainda no que diz respeito à dimensão temporal, o direito francês estabeleceu um prazo de três meses, contados do pedido do incidente de inconstitucionalidade, para o Conselho Constitucional se pronunciar sobre ele. Enquanto isso, o tribunal perante o qual

---

[63] Art. 62, alínea 2, Constituição de 1958: "Uma disposição declarada inconstitucional com base no artigo 61-1 é revogada a contar da publicação da decisão do Conselho Constitucional ou de uma data posterior fixada por esta decisão".
[64] Sobre esse tema, ver na segunda parte desta obra a Decisão 2010-10 QPC de 2.7.2010 (aplicação no tempo das decisões do Conselho Constitucional).

foi suscitada a questão de constitucionalidade deverá suspender a tramitação do processo – *sursseoir à statuer* – até o Conselho proferir a sua decisão.

Expusemos de forma sucinta a evolução do constitucionalismo francês, que nestas últimas décadas passou por uma transformação fundamental, na medida em que o crescimento do papel do Conselho Constitucional como jurisdição constitucional garantidora dos direitos e liberdades permitiu evidenciar uma concepção da Constituição que não é apenas *política,* mas também *social*; sendo, portanto, a Constituição um texto que "se interessa mais aos direitos dos governados que ao estatuto dos governantes".[65]

Esse novo protagonismo assumido pelo Conselho Constitucional no controle dos atos do legislador à luz dos direitos fundamentais dos cidadãos redundou em uma evolução do funcionamento democrático que levou a uma autonomização do povo em relação aos representantes eleitos. Com efeito, ao passo que a democracia tradicional (a *democracia pela lei*) desaguou numa assimilação entre os governados e os governantes, em uma confusão entre a vontade do povo e a vontade parlamentar, a *democracia pela Constituição* contribuiu para uma "ruptura da identificação" dessas vontades.[66] Ao permitir um controle social permanente da atividade legislativa, quer dizer, que se realiza fora dos momentos eleitorais e durante a legislatura, a justiça constitucional favoreceu a ideia de que a democracia é *contínua* e não se resume, portanto, ao ato pontual da eleição (que é o momento no qual se exaure a vontade popular para somente se expressar no término do mandato dos eleitos). Ao corrigir a verdade eleitoral, o Conselho Constitucional (instituição de vigilância constitucional) exerce assim uma funcionalidade democrática ao lado da eleição, pois, conforme sustenta Jeremy Bentham, a democracia não é só a "voz do povo", é também o "olho do povo".

A Constituição é a "expressão suprema da vontade geral e da soberania".[67] É esse texto que se estabelece numa perspectiva de "tempo longo", abrigando a memória do povo acerca dos princípios que estruturam a sociedade em que vive[68] para lembrar ao legislador, que age na lógica do "tempo curto", que ele deve pautar os seus

---

[65] Cap. 1 – Uma ressureição: a noção de Constituição, *infra*.
[66] Cap. 2 – Rumo à democracia contínua, *infra*.
[67] Cap. 2 – Rumo à democracia contínua, *infra*.
[68] Cap. 4 – A jurisprudência constitucional: qual necessidade democrática?, *infra*.

atos de acordo com os desígnios do "povo-*princípio*"[69] (o dos direitos fundamentais). O propósito da democracia é a discussão permanente desses princípios fundadores, de tal modo que o trabalho interpretativo sobre o significado dos enunciados constitucionais não é livre e arbitrário (construído de forma unilateral pelo juiz constitucional), mas fruto de uma "mediação hermenêutica"[70] que garante a participação da comunidade de intérpretes, revitalizando assim o "espaço público",[71] esse lugar de construção das demandas e pretensões do corpo social. Assim, é por meio do "agir jurisdicional",[72] levando em conta a pluralidade das interpretações com base no "princípio de discussão",[73] que o Conselho Constitucional resgata a vontade constitucional, vontade esta produto da conjugação de várias formas de expressão, e que não se resume à expressão parlamentar. Verifica-se, portanto, um "deslocamento democrático"[74] que desprendeu o povo das amarras do espaço político e da unilateralidade da soberania parlamentar para dilui-lo na pluralidade de uma "soberania complexa",[75] contribuindo dessa forma para que a palavra do soberano "se torne uma palavra ativa e contínua".[76]

**Thomas Passos Martins**
Doutor em Direito Público pela Universidade de Montpellier (FR). Graduado em Direito pela Universidade de Toulouse. Ex-Professor assistente em Direito Público e Direito Constitucional na Universidade de Versailles Saint-Quentin-en-Yvelines (2010-2012). Ex-Assessor na Presidência do Supremo Tribunal Federal (2013-2014). Advogado em Brasília/DF.

---

[69] ROSANVALLON, P. *La légitimité démocratique*. Impartialité, réflexivité, proximité. Paris: Points Essais, 2010.
[70] Cap. 4 – A jurisprudência constitucional: qual necessidade democrática?, *infra*.
[71] Cap. 3 – A democracia contínua: espaço público e juiz constitucional, *infra*.
[72] Cap. 3 – A democracia contínua: espaço público e juiz constitucional, *infra*.
[73] Cap. 3 – A democracia contínua: espaço público e juiz constitucional, *infra*.
[74] ROSANVALLON, P. *La légitimité démocratique*. Impartialité, réflexivité, proximité. Paris: Points Essais, 2010.
[75] ROSANVALLON, P. *La légitimité démocratique*. Impartialité, réflexivité, proximité. Paris: Points Essais, 2010.
[76] Cap. 4 – A jurisprudência constitucional: qual necessidade democrática?, *infra*.

PARTE I

# DIREITO E DEMOCRACIA NA JUSTIÇA CONSTITUCIONAL

CAPÍTULO 1

# UMA RESSUREIÇÃO: A NOÇÃO DE CONSTITUIÇÃO[77]

A Constituição é, originariamente, um documento escrito. A primeira reivindicação do movimento constitucional que emerge no decorrer do século XVIII é, com efeito, a da redação num texto solene das regras de organização do Estado. A forma escrita constitui, portanto, uma garantia de segurança: isto porque torna públicas e codifica de antemão as condições de exercício e de acesso ao poder, bem como desempenha, ou é presumido desempenhar, uma função garantidora, na medida em que todos, e em primeiro lugar os constitucionalistas, mestres e guardiões da Carta, podem a qualquer momento comparar os textos com a prática e, se necessário, lembrar aos governantes o teor da ordem escrita constitucional, limitando assim sua liberdade de ação. A escrita "serve como um mecanismo prático de prevenção dos conflitos".[78] Nesta lógica, não há lugar para a jurisprudência. Segundo Robespierre, "em um Estado que tem uma Constituição, uma legislação, a jurisprudência dos tribunais nada mais é do que a lei; a palavra jurisprudência deve ser suprimida de nosso idioma".[79]

É a mesma convicção que encontramos em Montesquieu, para quem "dos três poderes, o de julgar é, de alguma forma, nulo [...]", sendo apenas "os juízes da nação a boca que pronuncia as palavras da lei".[80]

---

[77] Versão largamente revista e ampliada de artigo anteriormente publicado como ROUSSEAU, D. Une résurrection: la notion de constitution. *Revue du droit public*, n. 1, p. 5-22, 1990.
[78] LACROIX, B. *Le constitutionnalisme aujourd'hui*. Paris: Economica, 1984. p. 197.
[79] Sessão do 18.11.1790, *Archives Parlementaires*, 1e serie, tomo XX, p. 516.
[80] MONTESQUIEU. *De l'Esprit des lois*. Paris: Firmin Didot frères, fils et Cie, 1857. Livre XI, chap. 6.

Entretanto, desde os anos 1971-1974, todos os observadores concordam em constatar que a Constituição tem se tornado cada vez mais jurisprudencial; um documento que continua escrito, mas que passou a ser escrito pelo juiz constitucional. Qual é o significado desta reviravolta, desta transformação? É este o canto do cisne constitucional? Chegou a hora predita por Georges Burdeau da morte da noção de Constituição?[81] A ordem constitucional construída pelo Constituinte não escapa, com efeito, das críticas tradicionalmente endereçadas a todo sistema jurisprudencial: tornar-se incerto e instável, uma vez que submetido às inevitáveis evoluções da jurisprudência; dificuldades em assegurar, por conseguinte, a segurança jurídica e uma verdadeira garantia dos direitos; distanciar-se da opinião, ao se tornar, para retomar a expressão de René Capitant, "o segredo dos poderosos"[82] e a coisa dos especialistas.[83] O que resta, ao fim dessas críticas, da Constituição, concebida, pela graça da codificação solene e prévia, como o instrumento da transparência do poder, o ponto de ancoragem fixo, público e estável da vida política e jurídica de um país?

O direito constitucional jurisdicional significaria o fim da noção de Constituição? De uma certa ideia dela, sim; da noção em si de Constituição, com certeza, não. Mais especificamente, o Conselho Constitucional propiciou uma nova ideia da Constituição que se baseia num tríplice fundamento: a garantia dos direitos dos governados, a oficialização de uma ideia de direito, a criação de um espaço aberto ao reconhecimento indefinido de direitos e liberdades. Trata-se, portanto, nem de declínio, nem de morte, nem mesmo de sobrevivência, mas de um verdadeiro Lázaro constitucional!

## 1.1 A Constituição, uma carta jurisprudencial dos direitos e liberdades dos cidadãos

No período entre guerras, o decano Maurice Hauriou defendia a tese da existência de duas constituições, uma política, relativa

---

[81] BURDEAU, G. *Une survivance*: la notion de Constitution. Paris: Sirey, 1956. p. 53.
[82] René Capitant afirmava: "O direito deve ser escrito vez que deve ser publicado. Não deve ser o segredo dos poderosos senão a regra pública e comum, pois a regra é tirânica enquanto é previsível, e a codificação é a condição de um direito justo e de uma obediência livremente consentida" (CAPITANT, R. La coutume constitutionnelle. *Revue du Droit Public*, n. 4, p. 959-970, 1979. p. 959).
[83] Para uma crítica do sistema jurisprudencial, ver, por exemplo, LINOTTE, D. Déclin du pouvoir jurisprudentiel et ascension du pouvoir juridictionnel en Droit administratif. *Actualité Juridique. Droit Administratif*, I, p. 631-639, 1980.

à organização e ao funcionamento do Estado, e uma outra social, expressando, por meio do reconhecimento de direitos e liberdades para os cidadãos, a filosofia política da sociedade.[84] Com pouco êxito, já que parecia tão evidente, sob o império das leis constitucionais de 1875, que o Estado é, antes de tudo, definido pela sua "constituição política". A atividade do Conselho Constitucional permite, hoje, uma reapreciação desta tese, na medida em que propiciou uma extensão da noção de Constituição, que compreende, doravante, além dos artigos concernentes aos poderes públicos, a declaração de 1789 e os dispositivos do preâmbulo de 1946. Desta forma, a Constituição, constantemente modificada em seu equilíbrio interno pelo desenvolvimento de uma jurisprudência que multiplica os princípios constitucionais, apresenta-se mais como um pacto social que garante os direitos dos governados, reconhecendo-lhes um espaço separado dos governados.

## 1.2 Uma releitura do art. 16 da Declaração de 1789

Sobre a definição da Constituição que figura no art. 16 da Declaração do Homem e do Cidadão do 26.8.1789,[85] a doutrina, durante muito tempo, considerava apenas a segunda parte do enunciado que dele consta: uma Constituição é a organização da separação dos poderes. A garantia dos direitos e liberdades dos cidadãos, sem dúvida, não havia sido esquecida; mas, influenciados pelo pensamento de Montesquieu, os homens de 1789 e, posteriormente, os constituintes, consideravam esta proteção como uma consequência necessária de uma limitação do poder obtida pela/por sua divisão: tudo estaria perdido para a liberdade dos cidadãos, escreve Montesquieu, "se o mesmo homem ou o mesmo corpo dos principiais, ou dos nobres, ou do povo, exercesse esses três poderes, o de fazer leis, o de executar as resoluções públicas e o de julgar os crimes ou as divergências entre os indivíduos".[86] O direito constitucional foi assim dominado por uma discussão acerca da modalidade de separação dos poderes que seria mais favorável à liberdade política dos indivíduos. E mesmo que os constitucionalistas estivessem divididos sobre os respectivos vícios e virtudes dos regimes

---

[84] HAURIOU, M. *Précis élémentaire de droit constitutionnel*. Paris: Sirey, 1930. p. 624.
[85] "Toda sociedade na qual a garantia dos direitos não é assegurada, nem a separação dos poderes determinada, não tem Constituição".
[86] MONTESQUIEU. *De l'Esprit des lois*. Paris: Firmin Didot frères, fils et Cie, 1857. Livre XI, chap. 6.

parlamentar e presidencial, todos concordavam no postulado de que a liberdade dependia da organização constitucional das relações entre os poderes públicos. Esta concepção permanecerá como discurso legítimo até que a doutrina reconheça, com base nos estudos de Michel Troper, que, "tomado em todo o seu rigor, o princípio da separação dos poderes não inspirou nenhuma de nossas Constituições";[87] e observe-se que, na prática, qualquer que seja a qualidade do texto constitucional, a unidade do poder de Estado acabava por reconstituir-se em virtude da graça da lógica majoritária, atribuindo ao campo vitorioso o controle do poder normativo.

Tendo superado o desespero jurídico,[88] esta "descoberta" nos convida a repensar a ideia de Constituição com especial ênfase para os termos da primeira parte do art. 16 da Declaração de 1789. Não sendo possível que "pela disposição das coisas, o poder pare o poder", mostrando-se a separação dos poderes incapaz, na prática, de assegurar a liberdade política dos cidadãos, mas permanecendo viva a crença na virtude democrática e cívica de um texto constitucional, torna-se necessário então que a Constituição se interesse mais pelos direitos dos governados do que pelo estatuto dos governantes. Em outras palavras, é necessário mudar de posição, de ponto de vista; partir do cidadão e não dos poderes públicos, da sociedade civil e não do Estado; continuar buscando a garantia dos direitos tendo em vista não a melhor forma de organizar os poderes, mas a elaboração de uma carta das liberdades que os cidadãos poderão impor aos governantes. Compreendida neste sentido, a Constituição não é mais como era antes, a definição das relações entre instituições, a separação dos poderes; a Constituição passou a ser a definição das relações entre os cidadãos e o Estado, a carta dos direitos e das liberdades cuja garantia é assegurada pelo estabelecimento de um mecanismo de desaprovação dos órgãos do Estado.[89]

Na França, esta inversão de perspectiva é recente. Ainda em 1958, a antiga concepção constitucional prevalecia: em sua lei de 3.6.1958, a Assembleia Nacional lembrava com insistência a necessidade de

---

[87] TROPER, M. *La séparation des pouvoirs et l'histoire constitutionnelle française*. Paris: LGDJ, 1980. p. 205.

[88] Ver, por exemplo, BURDEAU, G. *Une survivance*: la notion de Constitution. Paris: Sirey, 1956. p. 53.

[89] Toda Constituição compreende essas duas dimensões, "política" e "social", para usar a fórmula de Maurice Hauriou. No entanto, na conjuntura atual, a segunda tende a prevalecer sobre a primeira.

o poder constituinte respeitar a separação dos poderes. Os autores desta lei dedicaram a maior parte de sua energia a regular pormenorizadamente as relações entre os poderes; e quando criaram o Conselho Constitucional esperavam que ele fosse um regulador adicional dos poderes públicos! Como é cediço, foi preciso esperar 1971, e até mesmo 1974, para que a Constituição-separação dos poderes estourasse a si mesma e, em seu lugar, eclodisse a Constituição-carta dos direitos e das liberdades. Ao referir-se diretamente ao Conselho Constitucional, estas datas revelam que a transição de uma Constituição para outra se dá por meio de uma transformação na forma como os direitos são consagrados, transformação esta que, por sua vez, alterou profundamente o funcionamento constitucional e, particularmente, as condições em que o trabalho governamental se realiza.

## 1.3 A consagração de um espaço separado em prol dos governados

Os dois tipos de Constituição não são, de fato, elaborados do mesmo modo: enquanto a primeira se apresenta na forma de um escrito instituído, a segunda, por sua vez, se realiza por meio de um escrito jurisdicional. A redação prévia dos direitos em uma declaração solene não é o que institui uma Constituição, carta dos direitos e das liberdades; o que a faz ser assim é a redação feita por uma instituição adequada para tal fim: o Conselho Constitucional. Quando o constituinte se limita a enunciar direitos, o respeito a eles depende essencialmente do jogo político, do equilíbrio de poder entre as diferentes instituições, da atenção crítica dos juristas ou, para citar uma disposição da Constituição de 3.9.1791, da "vigilância dos pais de família, das esposas e mães, dos jovens cidadãos e de todos os franceses".

Por outro lado, quando os direitos são enunciados por uma jurisdição suprema, esta é, ao mesmo tempo, o instrumento de sua promoção constitucional e de sua proteção. Assim, pelo fato de a escrita jurisdicional dos direitos prever a sanção das violações desses mesmos direitos, é razoável, sob um ponto de vista jurídico, considerá-la uma garantia superior àquela assegurada pelo escrito instituído. Neste sentido, as recentes proposições de redação de uma nova "tábula da lei", por mais atraentes que possam parecer, apenas revelam a persistência da antiga concepção, já que a Constituição-carta dos direitos e liberdades é inseparável do seu modo de consagração jurisdicional, ou seja, da existência e da política jurisprudencial do Conselho Constitucional.

Em virtude disso, o funcionamento constitucional resulta profundamente alterado. Este, segundo a antiga concepção, baseava-se na identificação dos governados com os governantes, na confusão, desde 1789, da vontade geral com a vontade parlamentar, tornando assim o Parlamento igual ao soberano ou, ainda, conforme escreveu Carré de Malberg, erigindo-o efetivamente como soberano.[90] A atividade legislativa dos representantes era diretamente atribuída à vontade do povo sem que este pudesse protestar, uma vez que, por definição constitucional, o povo não existe de forma separada, independente, não possuindo ele outra vontade além daquela expressa pelos representantes. Este funcionamento é semelhante ao descrito em 1766 por Luís XV: os direitos e liberdades são necessariamente associados com os dos representantes e repousam em suas mãos; seria perturbar a harmonia constitucional ousar fazer dos direitos e liberdades um corpo separado do Parlamento. É, no entanto, o que Conselho Constitucional vai ousar fazer: ele efetuou uma diferenciação entre governados e governantes, constituindo os direitos dos primeiros em um corpo separado dos direitos dos segundos. Com efeito, a construção jurisprudencial de uma carta das liberdades define gradualmente uma barreira cada vez mais ampla ou, mais exatamente, um verdadeiro espaço que garante a autonomia dos representados em relação aos representantes. E é, precisamente, esta distância que faz da Constituição o que ela é, um instrumento de limitação dos poderes, na medida em que coloca os governados numa posição de exterioridade em relação aos governantes. O Conselho Constitucional inaugura assim um novo funcionamento constitucional: antes dele, a vontade dos representantes prevalecia sobre a do povo, devido à confusão, à identificação, e, pois, à substituição daqueles por estes; com ele, a soberania popular está em posição de prevalecer porque dispõe de um meio, o Conselho, precisamente, que lhe permite expressar sua vontade contra as pretensões dos representantes. Assim, em sua famosa decisão de 16.1.1982, o Conselho, a fim de conferir pleno valor constitucional ao direito de propriedade, atua, contra a vontade dos representantes, como intérprete do povo: é ele, afirma o Conselho, que, "no referendo de 5 de maio de 1946, rejeitou uma nova Declaração dos Direitos do Homem contendo, notadamente,

---

[90] MALBERG, R. C. *La loi expression de la volonté générale*. Paris: Economica, 1984.

o enunciado de princípios diferentes daqueles proclamados em 1789 pelos artigos 2 e 17"; é ainda "o povo francês que, nos referendos de 13 de outubro de 1946 e de 28 de setembro de 1958, aprovou textos que deram valor constitucional aos princípios e direitos proclamados em 1789".[91] Sob este aspecto, verifica-se que a Constituição-carta dos direitos e das liberdades é de fato um ato que se preocupa menos com a organização do Estado do que com as relações entre os cidadãos e o Estado, estabelecendo o princípio de sua diferenciação e, sobretudo, dando a cada uma das "partes" as instituições apropriadas para fazer essa diferença ganhar vida: ao Estado, à sociedade política, os órgãos parlamentares e governamentais; aos cidadãos, à sociedade civil, o Conselho Constitucional. Certamente, podem ser lançadas dúvidas sobre a encarnação e a expressão da soberania popular pelo Conselho; certamente, pode-se denunciar uma nova identificação governados-Conselho que, como a primeira, resulta na substituição da vontade deste (do Conselho) pela vontade daqueles (dos governados). No entanto, de um ponto de vista jurídico, a relação constitucional que se estabelece é a de um Conselho que impõe aos órgãos da sociedade política o respeito pelos direitos dos governados. E, por meio deste trabalho, o Conselho está estabelecendo ao mesmo tempo as bases sociais e filosóficas da comunidade nacional.

## 1.4 A Constituição, a oficialização de uma "ideia de direito"

Ao lamentar a proliferação de disposições filosóficas vagas e contraditórias nos textos constitucionais, Georges Burdeau afirmou, em 1956, que "só há uma Constituição com base em uma opção política firme".[92] No decorrer de suas decisões, o Conselho vai articular, harmonizar essas disposições, reduzindo as contradições, e assim produzir uma "ideia de direito", no sentido de uma representação de uma ordem social, que configura a Constituição, base jurídica de um projeto político específico e preciso.

---

[91] Conselho Constitucional (CC, a partir deste momento), 16.1.1982, R., p. 18.
[92] BURDEAU, G. *Une survivance*: la notion de Constitution. Paris: Sirey, 1956. p. 60.

### 1.4.1 A consagração dos princípios da economia de mercado

O primeiro elemento constitutivo deste projeto é a consagração da economia de livre mercado, do regime capitalista, como princípio de organização econômica da sociedade francesa. A decisão de 16.1.1982 é, neste ponto, inequívoca.[93] Embora o Conselho, ao examinar a lei que transfere empresas privadas para o setor público, pudesse legitimamente ter se apoiado no princípio das nacionalizações previsto na alínea 9 do Preâmbulo de 1946, ele decidiu lembrar ao legislador que a propriedade privada é um direito "inviolável e sagrado" nos termos do art. 17 da Declaração de 1789. Longe de interpretar este "à luz" daquele, recusando-se até mesmo a levar em conta o que ele próprio reconhece, isto é, a evolução das finalidades e das condições de exercício do direito de propriedade, cujas limitações podem, aliás, ser justificadas por motivo de interesse geral, o Conselho, em vez disso, consagrou a concepção mais tradicional do direito de propriedade: apesar da história, este direito continua tendo, a expressão é significativa desta negação do tempo, "pleno valor constitucional", este direito deve ser consagrado como direito "fundamental", isto é, se as palavras têm algum significado, como fundamento, e, particularmente, como fundamento da organização econômica da sociedade francesa.[94]

A firmeza da opção adotada pelo Conselho pode ser sentida na constitucionalização do outro princípio em que se assenta a economia de mercado, isto é, a livre iniciativa, que, na sua decisão, é constantemente associada ao direito de propriedade, do qual parece ser o complemento indispensável. Independentemente da opinião predominante da doutrina, bem como da constante jurisprudência do Conselho de Estado, que reconhece esta liberdade, no máximo, como princípio geral do direito que o legislador poderia, em qualquer caso, deixar de aplicar,[95] o Conselho Constitucional a vincula diretamente aos arts. 2 e 4 da Declaração de 1789, último dispositivo este, como é sabido, prevendo apenas que a liberdade consiste em fazer tudo o que

---

[93] CC, 16.1.1982, R., p. 18. Para uma crítica desta decisão, ver SAVY, R. La Constitution des juges. *Dalloz-Sirey*, Chronique XIX, p. 105-110, 1983.

[94] Em sua obra, o Presidente François Luchaire bem analisou as duas dimensões do direito de propriedade, instituição econômica, por um lado, e direito sobre as coisas, por outro lado. Ver LUCHAIRE, F. *La protection constitutionnelle des droits et libertés*. Paris: Economica, 1987. p. 270-271. A presente reflexão é apenas sobre o primeiro aspecto.

[95] Ver por exemplo, as notórias conclusões do comissário do governo FOURNIER, no acordão *Syndicat des Ingénieurs-Conseils*, CE, 26.6.1959, *RDP*, 1959, p. 1004.

não prejudique o próximo! A finura do fio constitucional que liga a livre iniciativa a este artigo, embora fragilize a argumentação do Conselho, revela, por subtração, a solidez do seu compromisso em favor dos princípios da economia de mercado.

Talvez se possa objetar que o Conselho não exclui, desde que não sejam arbitrárias nem abusivas, restrições ao princípio da livre iniciativa; que ele autorizou, apesar do rigor de sua posição doutrinária, a nacionalização de 95% do setor bancário, de toda a produção de alumínio, da química fina, de eletrônica etc. Melhor ainda: não se poderia inferir da decisão de 25 e 26.6.1986[96] que o Conselho, ao analisar as nacionalizações e privatizações – duas operações de ideologias políticas diferentes – com base nos mesmos princípios, não privilegia nenhuma ordem econômica em particular? Apesar de atraente, especialmente quando apresentado por Jean Rivero, este paralelismo não deixa de ser discutível. Com efeito, a decisão de 1982 não define a nacionalização como um direito constitucional que teria que ser conciliado, por exemplo, com o direito de propriedade, mas como uma exceção, estreitamente circunscrita e controlada, a esse direito e ao seu corolário, o princípio da livre iniciativa.[97]

Por outro lado, a decisão de 1986, que em seus fundamentos não faz nunca da privatização uma exceção, não estabelece nenhum limite real à transferência de empresas para o setor privado. A referência aos "serviços públicos constitucionais" não pode, obviamente, desempenhar esse papel, quando se sabe que ela remete à noção administrativa de serviço público por natureza, noção esta elaborada durante o caso *Bac d'Eloka*[98] para expressar a hostilidade dos liberais às intervenções do Estado em outros setores que não sejam restritos à justiça, ao ensino, ao poder de polícia etc., sendo os demais serviços "naturalmente" relacionados à iniciativa privada, de natureza privada, de modo que, conforme escreveu o comissário do governo Matter, "se eles são prestados pelo Estado, é apenas ocasionalmente, acidentalmente". Portanto, para esses serviços, a nacionalização (1981) é a exceção, o acidente, ao passo que a privatização (1986) é o retorno à ordem

---

[96] CC, 25 e 26.6.1986, *JO*, 27.6.1986, p. 7978; *AJDA*, 1986, p. 575, nota Jean Rivero.
[97] O legislador, considera o Conselho, não pode, sem/sob pena de incorrer na sanção de inconstitucionalidade, tomar medidas de nacionalização "que restringiriam a esfera da propriedade privada e da liberdade/livre de iniciativa a ponto de desconsiderar/violar/ofender as disposições da Declaração de 1789" (CC, 16.1.1982).
[98] TC, 22.1.1921, *Société Commerciale de l'Ouest*, R., p. 91; LACHAUME, J. F. *Les Grandes Décisions de la jurisprudence*: Droit Administratif. Paris: PUF, 1993. p. 157.

"natural" das coisas; de resto, e de forma significativa, em 1986 o Conselho Constitucional falou em "retorno ao setor privado". Se de 1982 a 1986 houve continuidade, ela está no reconhecimento e na proteção constitucionais da propriedade privada e da livre iniciativa, isto é, as regras fundamentais da economia de mercado como "Constituição econômica"[99] da nossa sociedade.

### 1.4.2 A consagração dos princípios de uma democracia política moderada

O segundo elemento constitutivo da "ideia de direito" promovida pelo Conselho é a consagração de uma democracia política moderada, mais preocupada com os indivíduos do que com os grupos, mais aberta. Sobre os chamados problemas "de sociedade", o Conselho adota de fato posições que, embora não sejam progressistas, são de qualquer forma menos conservadoras ou rígidas do que em matéria econômica, mais em sintonia com a evolução das mentalidades sociais.

Esta tendência se manifesta em primeiro lugar por meio de uma política jurisprudencial que aceita o espírito do tempo. Assim, ao admitir a constitucionalidade da lei relativa à interrupção voluntária da gravidez,[100] o Conselho se recusa a ser o último guardião de uma moralidade que a maioria dos próprios crentes não mais compartilha, e reconhece e acompanha a evolução das consciências e dos comportamentos individuais; ao interpretar de forma extensiva a noção de "controle administrativo", prevista no art. 72 da Constituição, para se opor às leis de descentralização,[101] ele se recusa a ser o guardião intransigente da tradição jacobina francesa, e aceita uma mudança nas estruturas e no funcionamento da democracia local de acordo com as aspirações da população e as novas exigências de um Estado moderno; ao estender a incidência do art. 53 da Constituição aos casos de secessões de partes do território nacional para não se opor à lei relativa à independência das Comores,[102] ele se recusa a ser o tímido garante da República Francesa, e aceita abrir seus olhos para as mudanças das situações locais e internacionais; ao admitir a constitucionalização da atribuição à jurisdição judiciária da competência de apelação para

---

[99] SAVY, R. La Constitution des juges. *Dalloz-Sirey*, Chronique XIX, p. 105-110, 1983. p. 109.
[100] CC, 15.1.1975, *R.*, p. 19.
[101] CC, 25.2.1982, *R.*, p. 38; 41.
[102] CC, 30.12.1975, *R.*, p. 26.

conhecer dos recursos contra as decisões de um órgão administrativo,[103] ele se recusa a ser o intérprete ignorante, ou fiel, de uma leitura rígida da separação de poderes oriunda de 1789, e leva em conta as exigências modernas de uma boa administração da justiça...

Poderíamos continuar a análise de decisões que mostram até que ponto o Conselho tem o cuidado de não ficar fixo ou basear-se em interpretações tradicionais, historicamente determinadas, de princípios para não contrariar as necessidades, as realidades dos tempos modernos, e as mudanças das crenças coletivas que cabe ao Parlamento, por meio de suas leis, materializar.

Embora permaneça prudente e moderada, a abertura de espírito do Conselho nestas áreas expressa-se ainda mediante uma abordagem jurisdicional específica. Em vez de afirmar, como em matéria econômica, a primazia de um direito constitucional, de modo a sujeitar ou privar princípios concorrentes de efeito útil, o Conselho evita, aqui, referir-se a uma única disposição. Usando o método de sempre invocar vários princípios, busca ele os conciliar a fim de definir um justo equilíbrio constitucional, cuja observância pelo legislador será por ele verificado. Não faltam exemplos jurisprudenciais de tão comumente utilizado que é este procedimento: conciliação entre o direito de greve e o princípio de continuidade do serviço público;[104] entre a liberdade de consciência e a salvaguarda do caráter próprio dos estabelecimentos de ensino privado, elemento do princípio da liberdade de ensino;[105] entre a liberdade de ir e vir e "a defesa dos direitos e do valor constitucional" como a segurança dos bens e das pessoas;[106] entre a liberdade de comunicação e "os objetivos de valores constitucionais que são a salvaguarda da ordem pública, o respeito pela liberdade do outro e a preservação do caráter pluralista das correntes de expressão socioculturais";[107] entre as exigências da liberdade individual e da inviolabilidade do domicílio e as da necessidade do imposto para o combate à sonegação fiscal.[108]

---

[103] CC, 23.1.1987, R., p. 8, a declaração de não conformidade com a Constituição, pronunciada, no caso em apreço, pelo Conselho, não se baseia na transferência para a jurisdição judicial do contencioso das decisões do Conselho da Concorrência, mas na impossibilidade para o Tribunal de Apelação de pronunciar uma suspensão da execução.
[104] CC, 25.7.1979, R., p. 33.
[105] CC, 23.11.1977, R., p. 42.
[106] CC, 19 e 20.1.1981, R., p. 15.
[107] CC, 27.7.1982, R., p. 30.
[108] CC, 29.12.1983, R., p. 67.

É possível surpreender-se com a facilidade com a qual o Conselho distribui o selo constitucional ao discutir o caráter verdadeiramente equilibrado das conciliações realizadas, bem como o valor normativo muitas vezes concedido aos direitos de 1789. Também é possível criticar a qualidade política dessa sorte de conciliação interpretativa, mas se deve reconhecer que o Conselho se baseia nela como método para evitar depender de um único texto que a distanciaria das evoluções ou as tornariam mais difíceis: ao manejar princípios que ele considera como contraditórios, dota-se dos meios para adaptar sua jurisprudência ao tempo.

Por fim, a concepção democrática do sistema político consagrada pelo Conselho está inteiramente contida neste simples e firme considerando: "o pluralismo das correntes de expressão socioculturais é em si mesmo um objetivo de valor constitucional, enquanto o respeito a este pluralismo é uma das condições da democracia".[109] Esta fórmula, que, depois de um lento trabalho jurisprudencial, soa hoje como um lema, revela a crença do Conselho nas virtudes do diálogo, da discussão e do debate como signos distintivos e fundadores da democracia política. Uma convicção idêntica àquela manifestada em 1982 em defesa do regime de economia de mercado levou o Conselho a fundamentar não só todos os outros direitos e liberdades, mas também a *soberania nacional*, no exercício de um dos mais preciosos direitos humanos: a livre comunicação dos pensamentos e das opiniões.

A importância deste princípio constitucional não se mede apenas pelo modo como é formulado: é avaliada sobretudo pelas condições estabelecidas e controladas pelo juiz para que o princípio seja efetivo. Adotando a posição do público, seja leitor, ouvinte ou telespectador, o Conselho impõe ao legislador uma ação positiva para permitir ao público "exercer sua escolha de forma verdadeiramente livre e, assim, formular um juízo informado sobre os meios de informação disponíveis". Mais especificamente, esta ação legislativa, para ser conforme ao princípio estabelecido, deve atender a quatro requisitos: a transparência das condições de financiamento e dos dirigentes de empresas de jornalismo, a existência, e sua garantia, de um número suficiente de publicações ou programas de tendências e caráteres diferentes, a proibição, para a imprensa escrita, do sistema de autorização prévia ou de um sistema com efeitos equivalentes, e, por fim, a obrigação do legislador de só intervir para aperfeiçoar ou tornar mais efetivo

---

[109] CC, 18.9.1986, *R.*, p. 141.

o exercício da liberdade de comunicação dos pensamentos e das opiniões.[110] Não há dúvida de que essas quatro regras jurisprudenciais não são as menos importantes para garantir o caráter democrático da sociedade política francesa.

Em suma, o Conselho Constitucional constrói uma Constituição-representação de uma ordem social capitalista em sua organização econômica e democrática em sua organização política. Podemos saudar esta "ideia de direito" como podemos vilipendiá-la; podemos também, mais simplesmente, pensar que com o Conselho a Constituição se torna um texto vivo e, portanto, contribui para sua evolução!

## 1.5 A Constituição, um espaço vivo

Em 1789, a representação da Constituição à qual os revolucionários aderiram está diretamente ligada às circunstâncias da época e à análise feita do absolutismo: considerando que a boa vontade do príncipe encontra fundamento na ausência de regras que limitam suas possibilidades de ação, basta, para pôr termo a isto, definir em um texto, *de uma vez por todas*, as condições de exercício do poder político. A Constituição passa a ser esse texto sagrado, intocável, que estabelece o quadro imutável dentro do qual a vida política deve se desdobrar; e, para reforçar ainda mais o sentimento de segurança definitiva, cinge-se o texto, proibindo durante os primeiros anos qualquer tipo de emenda constitucional e dificultando o seu exercício uma vez passado este prazo. As "verdadeiras" Constituições não são as Constituições "rígidas"?!

A nova Constituição, devido ao seu modo de escrita jurisdicional, modifica sobremaneira este padrão tradicional, que de resto é muito idealista.[111] Por definição, a jurisprudência não é estática; os *arrêts de règlement* não existem, e as inflexões e reviravoltas jurisprudenciais inscrevem-se na própria lógica do trabalho jurisdicional. Podemos lamentar isso; podemos também saudar que o Conselho Constitucional, por meio de seu poder de interpretação, esteja constantemente recriando a Constituição, inaugurando assim um espaço vivo de criação indefinida de direito.

---

[110] CC, 10 e 11.10.1984, *R.*, p. 73; CC, 18.9.1986, supracitado.

[111] Bernard Lacroix demostrou claramente que uma Constituição "não desempenha o mesmo papel em diferentes momentos de sua história, não tem o mesmo significado na data de sua promulgação e, posteriormente, quando ela se torna o alicerce de uma tradição constitucional" (LACROIX, B. *Le constitutionnalisme aujourd'hui*. Paris: Economica, 1984. p. 198).

## 1.5.1 A lógica do trabalho jurisdicional

A primeira e imediata consequência da jurisprudência do Conselho é produzir uma desvalorização do escrito constitucional, já que este não possui mais, em si mesmo e por si próprio, um significado que se impõe como obrigatório para os atores constitucionais. As disposições do texto são reduzidas à qualidade de meras palavras, que só adquirem sentido jurídico após realizado o trabalho jurisdicional de interpretação; melhor dizendo, antes da intervenção do Conselho podemos qualificá-las, conforme expressão usada por Michel Troper, como proposições subjetivas de norma. Assim, a doutrina acreditava que o art. 34 da Constituição havia limitado a esfera da lei e consagrado uma definição material da lei; ela estava enganada;[112] ela também estava enganada ao acreditar que a palavra "programa" tinha o mesmo significado no art. 38, alínea 1 e no art. 49, alínea 1;[113] ela ainda estava enganada ao acreditar que as expressões "nova deliberação da lei" – art. 10 da Constituição – e "nova leitura" – art. 23 da ordenança de 7.11.1958 – tinham um significado diferente.[114]

Se tivéssemos que ousar em uma explicação pela psicanálise, poderíamos de bom grado empregar o mito freudiano do pai para dizer que o Conselho "mata" o texto constitucional e depois o devora para melhor apropriar-se dele, para tomar seu lugar e fazê-lo reviver pela sua voz, sua ação jurisprudencial! *Desvalorização – revalorização: a indiscutível ressureição contemporânea da noção de Constituição como ato jurisprudencial devia sem dúvida realizar-se pela supressão da noção de Constituição como ato escrito.* As decisões anteriores mostram claramente que o Conselho primeiro destrói, por exemplo, a concepção material da lei, para depois dar vida, por meio de um trabalho de interpretação-criação, à concepção formal. Nada de escandaloso ali, exceto para quem se surpreende ao ver uma jurisdição cumprir aquilo que é simplesmente sua missão. O papel do Conselho, com efeito, é de dizer o direito, fórmula esta que não deve ser entendida como limitando o juiz a um papel secundário, por mais brilhante que seja, de porta-voz de um texto possuindo um significado já existente e que a ele se impõe. Pelo contrário, dizer o direito é dar um significado a esta ou àquela disposição da Constituição ou das declarações por meio de um trabalho de interpretação das palavras, cuja lógica é colocar o juiz, por um lado, diante de vários

---

[112] CC, 27.7.1982, R., p. 52.
[113] CC, 12.1.1977, R., p. 31.
[114] CC, 23.8.1985, R., p. 70.

significados possíveis e, por outro lado, na obrigação profissional de escolher um deles.

E é precisamente este trabalho jurisdicional que faz da Constituição um ato vivo, em contínua criação ou formação, uma vez que a escolha de um significado nunca é definitiva, sendo que a interpretação escolhida do texto em determinado momento pode sempre mudar. É algo bem conhecido no direito civil e no direito administrativo, pois o tempo permite hoje traçar as evoluções de significados, por vezes prodigiosas, que os juízes deram aos artigos do Código e aos princípios gerais do direito, e o mesmo é verdade em matéria constitucional. Isto por uma razão simples: assim como os tribunais judiciários e administrativos, o Conselho não tem o monopólio da interpretação. Esta, com efeito, resulta de um jogo que coloca vários atores em situação de concorrência: os parlamentares que, durante a discussão legislativa ou nos fundamentos das ações diretas de inconstitucionalidade provocadas por eles, dão suas interpretações do texto constitucional; os professores de direito que, em seus comentários, se empenham em encontrar o significado pertinente; as associações interessadas na lei em discussão – Liga dos Direitos do Homem, sindicatos da impressa (Lei Léotard), da magistratura, dos advogados (Lei "Segurança e Liberdade"), do mundo operário (lei limitando o direito de greve), agrícola (lei privatizando o crédito agrícola) – que dão sua própria leitura dos textos; os jornalistas, especializados ou não, que tentam avaliar as reações da opinião pública se esta ou aquela interpretação for escolhida etc. Neste mercado de oferta de significados, a concorrência entre os produtores de sentidos nunca é igual na medida em que cada um deles dispõe de uma autoridade diferente associada à sua posição, podendo esta autoridade e esta posição mudarem de acordo com as conjunturas políticas e legais da formação das quais participam. É verdade que a Constituição confere ao Conselho uma posição privilegiada que lhe permite sempre impor sua interpretação: apesar da força dada ao argumento jurídico que distingue o art. 10 da Constituição e o art. 23 da ordenança de 7.11.1958, em função da qualidade dos autores da ação de inconstitucionalidade proposta – um antigo Presidente da República, um Presidente do Senado e quatro antigos Primeiros-Ministros, incluindo um dos redatores da Constituição – o Conselho adota uma posição diferente.[115] Deve ele, no

---

[115] CC, 23.8.1985, supracitado.

entanto, sempre incorporar ou, pelos menos, levar em conta as exegeses concorrentes. Com efeito, sua legitimidade como intérprete depende, para além de seu fundamento constitucional, do reconhecimento de sua jurisprudência pela comunidade jurídica.[116] Porém, esse reconhecimento, para ser construído, pressupõe o estabelecimento de uma relação entre o Conselho e seus parceiros na qual estes, apesar da posição daquele, possam ter a real impressão de participar do processo de interpretação, encontrando, às vezes, nos fundamentos das decisões toda ou parte de sua argumentação; caso contrário, o Conselho corre o risco de despertar a hostilidade das instituições de que necessita para garantir sua legitimidade. Uma interpretação, minoritária dentro da comunidade, que o Conselho sustentaria ao longo do tempo, a despeito de uma oposição e de uma desaprovação reiteradas e sustentadas, minaria inevitavelmente, de imediato, a autoridade da decisão e, a longo prazo, o próprio órgão de interpretação, cuja existência poderia vir a ser contestada.[117]

Dito de outra forma, a interpretação, lógica do trabalho jurisdicional, é o produto não de uma escolha de significado feita livremente pelo Conselho, mas de uma relação de força entre instituições concorrentes. E é por isso que ela nunca é dada e adquirida de uma vez por todas; ela evolui e muda com as mudanças nas relações de força, ainda que os diferentes modos de funcionamento do Conselho e da "comunidade jurídica" expliquem que o processo não está se realizando simultaneamente. Uma análise do conteúdo, e das consequências de tal ou tal princípio constitucional, rejeitada pelo Conselho em determinada conjuntura de força, caso esta vier a ser modificada, pode vir a ser aceita por ele. Por que abdicar por exemplo de uma doutrina capaz de influenciar o Conselho, de lhe impor gradualmente sua interpretação ou, com base em comentários sobre decisões sucessivas, de levá-lo a mudar seu entendimento? Assim, não deveríamos considerar que a interpretação do Presidente Luchaire acabou convencendo o Conselho quando este, ao abandonar em 1985 sua jurisprudência de 1978, concordou com aquele que uma "lei promulgada pode ser utilmente contestada por ocasião da apreciação de disposições legislativas que a

---

[116] Seria mais exato falar de uma comunidade de profissionais interessados, como universitários, políticos etc. Sobre esse tema ver JESTAZ, P. *La jurisprudence*: réflexions sur un malentendu. Paris: Dalloz-Sirey, 1987. Cap. 3.

[117] Cada vez que a interpretação se afasta demasiado da *opinio juris*, o Conselho é alvo de ferozes contestações; ver, por ex., as reações dos Presidentes da Assembleia Nacional e do Senado depois da decisão *Amendement Seguin*, CC, 23.1.1987, R., p. 12.

modificam, a complementam ou afetam seu campo de incidência"?[118]
Que a tese do Professor René Capitant de estender o art. 53 da Constituição às hipóteses de secessão de territórios foi adotada por um Conselho satisfeito, no caso em apreço, de fundamentar sua reescrita do direito com base no trabalho da doutrina, que não podia, portanto, contestá-la?[119]

Em suma, a concorrência permanente entre diferentes interpretações impede que o texto esteja morto ou acabado no momento em que é produzido; o juiz constitucional, como órgão regulador desta concorrência, mantém-no vivo, adaptando-o constantemente às novas exigências que a vida política faz nascer depois de sua promulgação. Neste sentido, a lógica do trabalho jurisdicional faz da Constituição não mais um ato fechado, encerrado, mas um espaço aberto para a criação contínua de direitos.

### 1.5.2 Um espaço aberto à criação contínua de direitos

Quem acompanha a atividade do Conselho não se surpreende com essa ideia, regozijando-se regularmente a doutrina ao ver o juiz consagrar a cada ano uma nova liberdade constitucional e enriquecer constantemente a carta jurisprudencial dos direitos.[120] Esta criação contínua de princípios segue vias cujo interesse, no tocante ao desenvolvimento das liberdades, difere. A mais clássica é aquela que leva o Conselho a afirmar, dependendo da matéria discutida, o caráter constitucional de determinado artigo da Declaração de 1789 ou do Preâmbulo de 1946; no entanto, por essa via a fonte esgota-se rapidamente: a lista dos direitos é limitada, o espaço é fechado assim que cada disposição tenha sido constitucionalmente consagrada. O que é mais produtivo com relação a liberdades é o processo pelo qual o Conselho "estende" cada um de seus artigos inferindo deles novos direitos. Assim, com base na livre comunicação dos pensamentos e das opiniões, o Conselho reconhece ao mesmo tempo a liberdade de comunicar informações[121] e o pluralismo que ele estabelece como

---

[118] CC, 25.1.1985, R., p. 43.
[119] CC, 30.12.1975, R., p. 28.
[120] Entre as principais, decisão liberdade de associação (1971), direito à vida (1975), liberdade de ensino (1977). Qualquer lista seria necessariamente provisória, mas, para uma apresentação recente, ver LUCHAIRE, F. *La protection constitutionnelle des droits et libertés*. Paris: Economica, 1987.
[121] CC, 17 e 19.3.1964, R., p. 33.

objetivo de valor constitucional, o qual por sua vez implica o direito para o público de dispor "de um número suficiente de publicações e tendências e de características diferentes" e de conhecer "os verdadeiros dirigentes das empresas de jornalismo e as condições de financiamento dos jornais";[122] com base no direito de cessão previsto no art. 53 da Constituição, ele reconhece o direito de secessão;[123] com base na liberdade individual prevista no art. 66, a liberdade de ir e vir, a inviolabilidade de domicílio, dele incluindo o carro, a proteção à privacidade;[124] do poder de fazer tudo o que não prejudique outrem, a liberdade de iniciativa;[125] e, sobretudo, o Conselho despedaçou o princípio de igualdade, enunciado em termos gerais na Declaração de 1789 (arts. 1 e 6) e na Constituição de 1958 (art. 2), em todas as áreas, a ponto de fazer dele um "princípio *gigogne*".[126] [127]

Mais produtiva ainda é a invocação dos princípios fundamentais reconhecidos pelas leis da República, dos princípios particularmente necessários ao nosso tempo e, mais simplesmente, dos princípios de valor constitucional, que são fontes inesgotáveis de novos direitos,[128] os quais, por sua vez, podem gerar outros direitos. Se os princípios fundamentais reconhecidos pelas leis da República embasam, por exemplo, a constitucionalidade dos direitos de defesa,[129] estes implicam, segundo o Conselho, que seja reconhecido o valor constitucional do "direito, para o jurisdicionado que interpõe um recurso contra uma decisão, de pedir e obter, se necessário, a suspensão da execução da decisão impugnada".[130] Verifica-se, sem dúvida, uma menor utilização desses princípios e uma preferência para as disposições das declarações; mas é mais uma questão de circunstâncias do que de princípio: se, com base na não proibição da acumulação do mandato eletivo de parlamentar com os cargos de professores, prevista nas leis da Segunda, Terceira e Quarta Repúblicas, o Conselho foi capaz de

---

[122] CC, 10 e 11.10.1984, *R.*, p. 78; CC, 18.9.1986, *R.*, p. 141.
[123] CC, 30.12.1975, *R.*, p. 28.
[124] Ver por exemplo, CC, 12.1.1977, *R.*, p. 33; CC, 29.12.1983, *R.*, p. 67.
[125] CC, 16.1.1982, *R.*, p. 18
[126] NT: Diz-se *gigogne* em relação a um termo usado para descrever objetos que se encaixam uns nos outros.
[127] MICLO, F. Le principe d'égalité et la constitutionnalité des lois. *Actualité Juridique. Droit Administrif*, v. 38, n. 3, p. 115-131, 1982.
[128] É o caso do princípio de independência dos professores, reconhecido na decisão do 20.1.1984, *R.*, p. 30.
[129] CC, 19 e 20.1.1981, *R.*, p. 15.
[130] CC, 23.1.1987, *R.*, p. 8.

encontrar o princípio da independência destes, sempre poderá, caso necessário, encontrar outras leis para fundamentar o reconhecimento de uma nova liberdade!

De resto, a Declaração de 1789 e o Preâmbulo de 1946 são mais do que suficientes, uma vez que os textos, que ainda não produziram todos os seus frutos, trazem em si direitos que as circunstâncias – política, jurídica, intelectual, social – não permitiram ao Conselho reconhecer. Sendo a "segurança" um dos direitos naturais e imprescritíveis que toda associação tem por finalidade preservar (art. 2 da Declaração de 1789), e a "proteção da saúde" um direito garantido pela nação (Preâmbulo de 1946), não estaria em conformidade com estes princípios reconhecer como direito constitucional o direito dos indivíduos a um meio ambiente saudável que não ponha em risco suas vidas? De igual modo, o direito ao desenvolvimento não estaria incluído na alínea do Preâmbulo que afirma que "a Nação garante ao indivíduo e à família as condições necessárias ao seu desenvolvimento", seguindo a mesma linha de raciocínio do Conselho quando decidiu que "o princípio da igualdade perante a justiça está incluído no princípio da igualdade"?[131] O direito à paz também não estaria incluído na proclamação inscrita no Preâmbulo de 1946, que diz que a República francesa "não provocará nenhuma guerra com vistas à conquista e jamais usará suas forças contra a liberdade de nenhum povo"? Estes e outros exemplos que poderiam ser citados – são tantos os direitos que poderiam decorrer do direito à vida! – não se inscrevem no prolongamento "natural", lógico dos princípios já em vigor?[132]

É por isso que, ao contrário das Constituições fechadas, em que a afirmação de novos direitos se realiza muitas vezes por meio de profundas convulsões políticas e jurídicas, a existência de um Conselho Constitucional inaugura um espaço público que está constantemente aberto à recepção de novas liberdades. Com uma única condição, no entanto: que os parceiros do Conselho ocupem plenamente o espaço. A doutrina em particular não deve considerar, como parece desejar o Decano Favoreu, "que, uma vez proferida a decisão do juiz constitucional, a controvérsia se extingue".[133] Mesmo que o Conselho

---

[131] CC, 23.7.1975, R., p. 22.
[132] Ver a respeito, ROUSSEAU, D. Les Droits de l'Hommes de la troisième génération. *In*: AAVV. *Droit constitutionnel et Droits de l'Homme*. Paris: Economica, 1987. p. 125.
[133] FAVOREU, L. Actualité et légitimité du contrôle juridictionnel des lois en Europe occidentale. *Revue du droit public*, n. 5, p. 1147-1201, 1984. p. 1195.

pacifique a vida política, não deve ele a fazer adormecer! Os profissionais do direito – professores, advogados... – devem constantemente discutir com os cientistas políticos, os sociólogos, os historiadores, os filósofos, para descobrir na evolução das mentalidades sociais as aspirações ou as reivindicações que merecem ser reconhecidas como direitos; devem também eles, através de um trabalho de formulação jurídica destas reivindicações, facilitar a vinculação destes direitos à carta jurisprudencial das liberdades; devem ainda dialogar com o Conselho no intuito de ele inverter, abandonar ou modificar sua jurisprudência, para convencê-lo de reconhecer novos direitos, aduzindo a coerência ou a complementaridade destes com os princípios existentes; devem enfim e sobretudo continuar a refletir sobre os significados políticos da modernidade constantes nas declarações. Com efeito, além de uma enumeração de direitos, não marcam elas "um desentrelaçamento do poder", o nascimento e o reconhecimento do debate, do conflito de opiniões, como único "instrumento" legítimo para fundamentar doravante os direitos do homem? Em outras palavras, a filosofia dos direitos do homem, na qual o Conselho Constitucional quer basear sua legitimidade, é sempre um questionamento sobre o direito, pois ela elimina qualquer ideia de autoridade investida do poder de dizer, uma certeza definitiva, os direitos; estes últimos estão constantemente no centro das discussões pelas quais adquirem seu reconhecimento como direitos.

Somente sob esta condição, ou seja, se existir um debate sobre as interpretações adotadas em determinado momento pelo juiz, as conciliações de princípios realizadas, as reivindicações a serem reconhecidas como novos direitos etc., o Conselho pode contribuir para o aprofundamento da democracia, definindo um espaço aberto para a criação contínua de direitos; somente então, ao reconhecer nos textos fundadores o direito de ter direitos, o Conselho liberaria "uma aventura cujo curso é imprevisível".[134]

A Constituição está morta! Viva a Constituição! A Constituição, carta jurisprudencial dos governados, arcabouço jurídico de um projeto político e espaço vivo para a criação contínua dos direitos. No plano constitucional, ou seja, sem aqui levar em conta os outros aspectos da conjuntura que a explicam, esta "ressureição" é seguramente obra do Conselho Constitucional. Na medida em que toda Constituição

---

[134] LEFORT, C. *Essais sur la politique*. Paris: Seuil, 1986. p. 51.

busca expressar uma forma de democracia, resta saber qual foi hoje inaugurada. Talvez a "democracia jurídica", já que o Conselho contribui para fazer do ou dos direitos o terreno privilegiado do debate, da concorrência e da troca de convicções, da confrontação das opiniões, das interpretações e, a bem dizer, o terreno privilegiado do combate político pelo reconhecimento de novas liberdades. À espera algum dia da "democracia dos governados".

CAPÍTULO 2

# RUMO À DEMOCRACIA CONTÍNUA

A antiga representação da democracia poderia ser resumida pela fórmula "a democracia pela lei", já a nova pode ser expressa pela fórmula "a democracia pela Constituição". A tradução institucional deste deslocamento da lei para a Constituição é de colocar o juiz constitucional no centro do novo jogo institucional e, consequentemente, de levantar a inevitável questão de sua legitimidade.

## 2.1 O juiz constitucional, uma nova figura da democracia

A Constituição-carta jurisprudencial dos direitos e liberdades realiza uma nova representação da democracia na medida em que, em relação à antiga, ela propicia um duplo deslocamento: em proveito dos governantes, que adquirem um espaço separado e autônomo do dos governados (2.1.1), e em proveito do Conselho Constitucional, que se torna a figura simbólica da democracia constitucional (2.1.2).

### 2.1.1 A consagração de um espaço separado em proveito dos governados

Ao deslocar a questão constitucional de uma reflexão sobre a separação e organização dos poderes para uma reflexão sobre a garantia dos direitos dos cidadãos (2.1.1.1), o Conselho Constitucional provocou a ruptura da identificação governados-governantes (2.1.1.2).

## 2.1.1.1 Uma nova leitura do art. 16 da Declaração de 1789

### 2.1.1.1.1 O declínio da Constituição-separação dos poderes

Durante muito tempo a Constituição foi pensada apenas a partir da segunda parte do art. 16 da Declaração de 26.8.1789:[135] a Constituição é a determinação da separação dos poderes. Sem dúvida, a garantia dos direitos e liberdades dos cidadãos não foi esquecida; mas os homens de 1789 e, posteriormente, os constituintes, consideravam esta proteção como a consequência necessária de uma limitação do poder obtida por sua divisão. Tudo estaria perdido para a liberdade dos cidadãos, escreve Montesquieu, "se o mesmo homem ou o mesmo corpo dos principiais, ou dos nobres, ou do povo, exercesse esses três poderes, o de fazer leis, o de executar as resoluções públicas e o de julgar os crimes ou as divergências entre os indivíduos".[136]

O direito constitucional foi assim dominado, até recentemente, por uma reflexão acerca da modalidade de separação dos poderes a mais favorável à liberdade política dos indivíduos. E mesmo que os constitucionalistas estivessem divididos sobre os respectivos vícios e virtudes dos regimes parlamentar e presidencial, todos concordavam com o postulado de que a liberdade dependia da organização constitucional das relações entre os poderes públicos. Esta concepção não desapareceu completamente. A doutrina continua a buscar na tecnologia da separação dos poderes as soluções para um desequilíbrio institucional tido como desfavorável à liberdade. No intuito de deter a deriva monárquica das instituições e de "dar um passo decisivo para uma maior democracia", alguns propõem suprimir a responsabilidade ministerial e o direito presidencial de dissolução, outros retirar certas competências do Presidente ou definir com precisão as condições de seu exercício, outros, ainda, melhor garantir, no texto, a autonomia do Primeiro-Ministro.[137]

---

[135] Art. 16: "A sociedade em que não esteja assegurada a garantia dos direitos nem estabelecida a separação dos poderes não tem Constituição".

[136] MONTESQUIEU. *De l'Esprit des lois*. Paris: Firmin Didot frères, fils et Cie, 1857. Livre XI, chap. 6.

[137] Ver, por ex., as diversas contribuições relativas à pesquisa organizada pela revista *Débat* sobre o tema "a monarquia presidencial" (*Débat*, n. 55, 1989, p. 22).

Todas estas proposições remetem ao discurso constitucional tradicional, baseado na oposição entre regime de separação rígida dos poderes, regime de separação flexível dos poderes e regime de confusão dos poderes. Ao mesmo tempo, porém, a ideia de que a qualidade democrática de um regime depende de uma melhor escrita constitucional e de uma remodelação da organização e das relações entre os poderes está sendo cada vez mais contestada. Com efeito, parte da doutrina reconhece, com base nos estudos de Michel Troper, não só que Montesquieu é erroneamente considerado o pai da teoria da separação dos poderes, mas também que, "tomado em todo o seu rigor, o princípio da separação dos poderes não inspirou nenhuma de nossas Constituições".[138] Em outras palavras, no plano doutrinal, as classificações constitucionais baseadas em diferentes modalidades de separação de poderes não têm nenhum valor lógico, científico ou mesmo pedagógico.[139]

Esta crítica doutrinal reforça aquela que a observação da prática política leva a formular. Qualquer que seja a qualidade do texto constitucional, qualquer que seja a organização constitucional dos poderes públicos escolhida, o Estado reconstitui-se no Executivo pela graça da lógica majoritária, que atribui ao campo vitorioso e ao seu líder o controle do poder normativo. E este fenômeno não é especificamente francês; ele se encontra tanto em Portugal quanto na Suécia, como na Alemanha Ocidental, na Grã-Bretanha ou na Áustria, apesar de estes Estados terem Constituições diferentes. Nestes países, o titular do poder é, sem dúvida, o Primeiro-Ministro; mas onde está a diferença sendo que este, através da lógica majoritária, é de fato eleito pelo povo, decide tudo, impõe a seus Ministros e parlamentares a mesma disciplina ou lealdade, e transforma a Assembleia em uma câmara destinada a registrar suas vontades políticas?

Por fim, a concepção tradicional da Constituição-separação dos poderes como meio de garantir a democracia e a liberdade política dos cidadãos se desvanece em favor de uma outra concepção da Constituição.

---

[138] TROPER, M. *La séparation des pouvoirs et l'histoire constitutionnelle française*. Paris: LGDJ, 1980. p. 205.
[139] TROPER, M. Les classifications en droit constitutionnel. *Revue du Droit Public*, n. 4, p. 945-956, 1989.

## 2.1.1.1.2 O surgimento da Constituição-garantia dos direitos dos governados

O desvanecimento da Constituição-separação dos poderes convida a repensar a ideia de Constituição, redescobrindo os termos da primeira parte do art. 16 da Declaração de 1789: a Constituição é a garantia dos direitos. Garantir a liberdade política dos cidadãos requer não uma reflexão sobre a melhor forma de organizar os poderes públicos, mas a elaboração de uma carta das liberdades cujo respeito poderão os cidadãos impor aos governantes; reforçar a democracia implica que o texto constitucional deve se centrar mais nos direitos dos governados do que no *status* dos governantes, parte mais do cidadão e fala mais sobre ele do que sobre os poderes públicos.

Esta é, hoje, a realidade constitucional da França, mas também de muitos outros Estados. A Constituição, no sentido moderno do termo, é, por um lado (estável, mas que proporcionalmente está se reduzindo), a organização do Estado e, por outro lado (considerável e que está em constante crescimento em decorrência do trabalho do Conselho), o enunciado dos princípios constitucionais relativos aos direitos e liberdades dos cidadãos. O crescente desequilíbrio *quantitativo* entre a parte "organização" e a parte "garantia de direitos" leva assim a uma mudança *qualitativa* da noção de Constituição, que a doutrina agora expressa usando o termo "bloco de constitucionalidade", mas o qual se prefere chamar de "carta jurisprudencial dos direitos e liberdades".

Com efeito, esta inversão de perspectiva, esta transição da Constituição-separação dos poderes para a Constituição-garantia dos direitos, é diretamente vinculada à existência e à política jurisprudencial do Conselho Constitucional. Sem dúvida, a noção tradicional de Constituição também inclui o enunciado de direitos. Mas a redação prévia dos direitos numa declaração solene não é o que institui uma Constituição, carta dos direitos e liberdades; o que a faz como tal é a escrita dos direitos por uma instituição apropriada para este fim: na França, o Conselho Constitucional. Quando o constituinte enuncia os direitos, por um lado, a lista é fechada por sua enumeração, por outro, seu respeito depende essencialmente do jogo político, do equilíbrio de poder entre as diferentes instituições, da atenção crítica dos juristas ou, para citar uma disposição da Constituição de 3.9.1791, da "vigilância dos pais de família, das esposas e mães, dos jovens cidadãos e de todos os franceses".

Em contrapartida, quando os direitos são enunciados por uma instituição como o Conselho Constitucional, por um lado, a lista de direitos estende-se com cada decisão que consagra um novo princípio constitucional e, por outro lado, seu respeito é assegurado pela sanção jurisdicional. Assim, a máxima segundo a qual "o que uma lei pode fazer, outra lei pode desfazer" não é mais absoluta, uma vez que o Conselho coloca uma condição ao poder do legislador para modificar, revogar ou substituir uma lei: "que o exercício deste poder não acaba por tirar as garantias legais das exigências de caráter constitucional".[140] Se assim for, o Conselho deverá invalidar a disposição legislativa.[141]

Em outras palavras, o Conselho é o instrumento, ao mesmo tempo, da proteção e da promoção constitucional das liberdades. Como tal, a escrita jurisdicional dos direitos, por incluir a reprovação das violações contra estes direitos, representa, para a democracia e a liberdade dos cidadãos, uma garantia política superior àquela oferecida pela redação instituída. Neste sentido, as recentes proposições de redação de uma nova "tábua da lei", por mais atraentes que possam parecer, apenas revelam a persistência da antiga concepção, já que a Constituição-carta dos direitos e liberdades é inseparável do seu modo de consagração jurisdicional.

Portanto, a Constituição não é mais, como no passado, a definição das relações entre as instituições; ela é, doravante, mais a definição das relações entre os cidadãos e o Estado, a Carta dos direitos cuja garantia é assegurada pelo estabelecimento de um mecanismo de reprovação dos órgãos do Estado. E esta nova concepção, por sua vez, transforma profundamente as relações entre governados e governantes.

## 2.1.2 A ruptura da identificação governados-governantes

### 2.1.2.1 O processo de ruptura

O Conselho está na base de um novo modo de relação entre governantes e governados que leva a repensar o paradigma "clássico" da democracia.

---

[140] CC, 84-185 DC, 18.1.1985, R., p. 36; CC, 89-259 DC, 26.7.1989, R., p. 66; CC, 91-296 DC, 29.7.1991, R., p. 102.
[141] CC, 90-281 DC, 27.12.1990, R. p. 91.

Antes de 1958, e mais precisamente antes do desenvolvimento jurisprudencial da Carta dos direitos e liberdades, o "funcionamento" democrático baseava-se na identificação dos governados com os governantes, na confusão entre o povo e seus representantes, entre a vontade geral e a vontade parlamentar, tornando assim o Parlamento igual ao soberano, ou, ainda, conforme escreveu Carré de Malberg, erigindo-o efetivamente como soberano.[142] A atividade legislativa dos representantes é, neste caso, atribuída à vontade do povo sem que este possa protestar, uma vez que, por definição constitucional, o povo não existe de forma separada, independente, não possuindo ele outra vontade além daquela expressa pelos representantes.

Este tipo de funcionamento era, finalmente, muito semelhante ao descrito, em 1766, por Luís XV: os direitos e liberdades são necessariamente associados com os dos representantes e estão em suas mãos, e seria perturbar a harmonia constitucional ousar fazer deles (dos direitos e liberdades) um corpo separado do Parlamento.[143]

Com a concepção moderna da Constituição, esta harmonia foi rompida: por seu trabalho, o Conselho efetuou uma diferenciação entre governados e governantes, constituindo os direitos dos primeiros em um corpo separado dos direitos dos segundos. Com efeito, a construção jurisprudencial de uma Carta das liberdades define paulatinamente uma barreira cada vez mais larga ou, mais exatamente, um verdadeiro espaço que garante a autonomia dos representados em relação aos representantes. E é precisamente esta distância que faz da Constituição o que ela é: um instrumento de limitação dos poderes, na medida em que coloca os governados numa posição de exterioridade em relação aos governantes. O Conselho Constitucional inaugura assim um novo funcionamento "democrático": antes dele, a vontade dos representantes prevalecia sobre a do povo, devido à confusão, à identificação, e, pois, à substituição daqueles por estes; com ele, a soberania popular está em *posição* de prevalecer porque dispõe de um meio, o Conselho precisamente, que lhe permite expressar sua vontade contra as pretensões dos representantes.

---

[142] MALBERG, R. C. *La loi expression de la volonté générale*. Paris: Economica, 1984.
[143] Em 3.3.1766, Luís XV fez um discurso no Parlamento, no qual declarou: "Os direitos e os interesses da Nação, que se ousa fazer um corpo separado do monarca, estão necessariamente unidos aos meus e repousam somente nas minhas mãos. Não sofrerei se um corpo imaginário penetrar na monarquia, o que só poderia perturbar sua harmonia" (citado por GUIOMAR, J.-Y. *L'idéologie nationale*. Paris: Champ libre, 1974. p. 39).

O progresso democrático representado pelo controle de constitucionalidade consiste assim em reintroduzir, dentro da lógica da democracia representativa, o princípio de democracia direta: a impossibilidade prática da expressão direta da soberania popular levou à criação de instituições que a representam; porém, estas instituições podem tender a "trair" ou "mal" expressar a vontade do povo; portanto, ao verificar que as leis das instituições representativas respeitam a Constituição, expressão da vontade popular, o Conselho contribui para restabelecer a submissão da vontade representativa à soberania popular.

Este novo "modelo" democrático implica uma situação particular do Conselho no campo político.

### 2.1.2.2 O Conselho Constitucional, instituição do "espaço público"?

Uma das consequências da Constituição-carta dos direitos é produzir uma nova "geografia" constitucional. Com efeito, ela não apenas estabelece uma diferenciação entre governados e governantes, mas ela sobretudo implica que cada "parte" receba as instituições apropriadas para fazer essa diferença ganhar vida: aos governantes, os órgãos executivos e parlamentares; aos cidadãos, o Conselho Constitucional. Portanto, geograficamente, o Conselho não está nem na mesma linha nem ao lado das instituições parlamentar e executiva, mas em um outro espaço. Para retomar uma distinção em voga, o Parlamento e o Executivo fariam parte da sociedade política, e o Conselho, do espaço público. Mais precisamente, o Conselho estaria na junção, na articulação dos espaços político e público, seria ele a instituição de uma nova relação constitucional entre as duas "sociedades", impondo o respeito dos direitos dos governados aos órgãos do Estado.

Assim, em sua famosa decisão de 16.1.1982, o Conselho, ao fim de conferir pleno valor constitucional ao direito de propriedade, atua, contra a vontade dos representantes, como intérprete do povo: é ele (o povo), afirma o Conselho, que, "no referendo de 5 de maio de 1946, rejeitou uma nova Declaração dos Direitos do Homem contendo, notadamente, o enunciado de princípios diferentes daqueles proclamados em 1789 pelos artigos 2 e 17"; ainda, é "o povo francês que, nos referendos de 13 de outubro de 1946 e de 28 de setembro de 1958, aprovou textos que deram valor constitucional aos princípios e direitos proclamados em 1789". O Conselho se apresenta assim como a instituição através da qual a expressão da soberania popular se impõe aos órgãos do Estado, proibindo-os de colocar em questão os direitos e as liberdades a respeito dos quais o povo francês proclamou, solenemente e por referendo, seu compromisso.

Sem dúvida esta representação do Conselho como garante do respeito da soberania popular pelos representantes não deve levar a uma idealização democrática do Conselho. Alguns poderiam até sustentar que o novo esquema constitucional resulta na substituição da identificação governados-Parlamento pela identificação governados-Conselho e, no fim de contas, na substituição, como na antiga configuração, da vontade dos primeiros pela vontade do segundo. Se assim fosse, seria difícil sustentar que a jurisdição constitucional e sua jurisprudência correspondem a uma "necessidade democrática". No entanto, a questão jurisprudencial apresenta-se de modo diferente. Cada decisão, com efeito, retrata a mesma cena, na qual os governantes que falaram e decidiram em nome do povo são subitamente trazidos de volta à sua situação de meros delegados e confrontados, para ser finalmente ser submetidos a ela, à fonte de sua delegação. E esta cena produz, neste instante, a figuração do povo como soberano, pois é com base nos seus direitos que, em cada decisão, as ações normativas de seus representantes são julgadas. A figura do soberano é, assim, colocada em uma posição de controle.

Sem dúvida, esta afirmação da soberania do povo sobre seus representantes se realiza pela mediação de uma instituição, isto é, o juiz constitucional. Mas não é pecar por idealismo pensar que o povo pode ser transparente para si mesmo, que ele pode considerar-se diretamente como soberano? Da mesma forma que "para ter uma ideia da totalidade do nosso aspecto físico devemos recorrer a nossa imagem refletida num espelho",[144] é indispensável, para que o povo se "veja" como soberano, que um espelho reflita para ele sua imagem de povo soberano. O espelho é a carta jurisprudencial dos direitos e liberdades que o juiz apresenta ao povo.

## 2.2 A consagração de uma nova figura da democracia

A pintura, a literatura, a caricatura muitas vezes expressam a verdade política dominante de uma época sob a forma de uma figura

---

[144] BAUDRY, J-L. *Clémence et l'hypothèse de la beauté*. Paris: Seuil, 1996. p. 266.

particular. Ontem, por exemplo, a do representante, e, um pouco mais tarde, a do tecnocrata (*énarque*). Embora estas figuras ainda estejam presentes, hoje elas parecem estar em declínio (2.2.1) sob o efeito da recomposição da paisagem política que põe em evidência a figura do juiz (2.2.2).

## 2.2.1 O declínio das figuras tradicionais da democracia

### 2.2.1.1 A crise do Estado legal e o declínio da figura do representante

A primeira figura da democracia moderna é a do representante, do parlamentar. Corresponde ela a este momento peculiar da história política das sociedades em que o critério de ação legítima não é mais a vontade do príncipe "apoiada" no direito divino, mas a vontade geral "apoiada" na razão. O credo deste período está contido no art. 6 da Declaração de 1789: "a lei é a expressão da vontade geral. Todos os cidadãos têm o direito de concorrer, pessoalmente ou *através de seus representantes*, para a sua formação". A negação da democracia direta fez com que a responsabilidade da expressão da vontade geral fosse assumida apenas pelos representantes. Portanto, muito naturalmente, o valor democrático agora agregado à lei reflete-se sobre aqueles que a fazem; ao mesmo tempo em que a lei se tornou a noção central da democracia, o representante tornou-se sua figura mítica: encarregado pela nação de querer para a nação, o que ele decidia correspondia necessariamente à vontade geral.

Com efeito, a legitimidade da vontade geral como critério da ação democrática consiste no fato de que ela é, necessariamente e sempre, reta por ser ela um ato da razão. O que faz a vontade, geral, não é a soma das vontades ou interesses particulares nem o número ou a quantidade de pessoas que contribuem para sua formação, mas é o fato de que ela é uma atividade do conhecimento racional. A valorização da vontade geral corresponde assim ao momento da crença no valor absoluto da razão. Ela é compartilhada de forma igual entre os indivíduos, ela é a única fonte da qual o representante extrai o conteúdo das leis da cidade, ela funda uma organização racional do Estado – a separação dos poderes, por exemplo – e da deliberação legislativa. A soberania da lei se deve ao fato de que ela obedece aos imperativos da razão, de que é elaborada por um ser racional, e de acordo com um processo que toma emprestado suas características da lógica da razão: o debate contraditório, o diálogo organizado e a publicidade das assembleias representativas. O direito constitucional do primeiro período democrático dedica um culto à razão e, subsequentemente, ao representante que a expressa ao dizer a lei; ele é, nas palavras de Georges Burdeau, "um edifício racional erguido para seres racionais".[145]

Esta figura da democracia, que Roger Priouret chamou de República dos Deputados, está ultrapassada ou, pelo menos, em declínio. Com o tempo e a evolução social, a representante e a instituição a que pertence perderam credibilidade e prestígio. Todos sabem hoje[146] que ela expressa mais a vontade de seu partido do que a da nação, que a lei responde mais aos imperativos eleitorais do que aos da razão, que os sindicatos, as associações e os grupos de pressão são representantes muitas vezes mais eficazes e influentes do que os parlamentares, que a disciplina majoritária esteriliza a deliberação legislativa, e que o jornalismo exerce tão bem quanto certas funções que, outrora, Walter Bagehot reservava ao representante: expressar o estado de espírito do povo, informar e formar pelo debate público os cidadãos, e controlar a atividade dos governantes.[147] Assim, em agosto de 1988, o novo Presidente da Assembleia Nacional, Laurent Fabius, lamentou "o enfraquecimento das mídias de representação, incluindo o Parlamento, e a ascensão das mídias de comunicação".[148]

Este declínio da instituição parlamentar corresponde à desvalorização do conceito de vontade geral sobre o qual foi construída. Por diversos motivos – a crise econômica, as mutações sociais, a instabilidade e o imobilismo políticos –, a partir dos anos 1920, este conceito passou a não ser mais suficiente para fundamentar a legitimidade de uma decisão e a autoridade de quem decide. O critério da ação legítima deslocou-se para uma outra noção, a justiça social, colocando em cena um novo protagonista, o servidor público.

---

[145] BURDEAU, G. *Une survivance*: la notion de Constitution. Paris: Sirey, 1956. p. 53.
[146] Mesmo um sociólogo escrupuloso como Pierre Bourdieu reconhece que "o mundo político está se tornando cada vez mais diretamente acessível ao olhar do cidadão comum" (BOURDIEU, P. La vertu civile. *Le Monde*, 16 set. 1988).
[147] BAGEHOT, W. *La Constitution britannique*. Paris: Germer-Baillière, 1869.
[148] *Le Monde*, 24 ago. 1988.

## 2.2.1.2 A crise do Estado-Providência e o declínio da figura do tecnocrata

A segunda figura da democracia moderna é a do servidor público, do tecnocrata. Ela surgiu nos anos 1930, numa época em que a racionalidade democrática se redefine com base nas novas exigências de eficiência e de justiça social. E a valorização desses critérios leva, "naturalmente", à ascensão da Administração, instituição considerada a mais capaz de satisfazer estas novas aspirações democráticas. Organizar a economia, garantir um crescimento regular e contínuo, ordenar o território, prever e planejar o desenvolvimento do país, redistribuir as rendas, reduzir as desigualdades sociais, cobrir os riscos-doenças, todas essas missões que definem a nova exigência democrática não são esperadas da lei e/ou da instituição parlamentar; sua realização cabe a quem tem a competência técnica, o saber, aos especialistas, aos tecnocratas.

Ao Estado parlamentar, que adorava o culto da razão filosófica, sucedeu, segundo a fórmula consagrada, o Estado-Providência, que por sua vez promove o culto da razão científica. O desenvolvimento do bem-estar econômico, social e cultural para todos não levanta problemas políticos ou ideológicos, mas questões técnicas que somente os especialistas podem resolver. Em razão dos progressos e da utilização da ciência, o Estado-Providência, encarnado pela figura do tecnocrata, deve supostamente administrar a sociedade de forma cada vez mais eficiente, porque extrai das ciências exatas as leis de seu desenvolvimento. Consequentemente, a exigência política da democracia está sendo cada vez mais satisfeita, uma vez que o predomínio da razão científica despoja as decisões de todo elemento subjetivo e de toda influência ideológica, e garante aos cidadãos a neutralidade e eficácia que delas se espera.[149]

Mas, em meados dos anos 1970, esta figura da democracia moderna também entrou em crise. A crença na infalibilidade do Estado, guiada pela razão científica, vai caindo gradualmente com a conscientização de sua incapacidade de lidar com a crise econômica, de manter o crescimento e de garantir uma proteção social para todos. Os valores em que se baseava sua legitimidade à luz da exigência democrática se voltam contra ele: não é mais eficaz, tornou-se um fator de esclerose e de bloqueio da sociedade; não é mais protetor, paralisa

---

[149] Ver, por exemplo, BURDEAU, G. *L'État*. Paris: Seuil, 1970. p. 147 e ss.

a iniciativa e a responsabilidade dos indivíduos e dos grupos; não é mais o instrumento da democracia econômica e social – ao se apresentar como o mestre absoluto da sociedade, tornou-se o principal perigo para as liberdades dos indivíduos.[150]

Esta crise do Estado-Providência,[151] que causou o descrédito sobre o especialista, da mesma forma que seu sucesso havia contribuído para aumentar o seu prestígio, é também a crise da razão. O final do século XX é aquele momento da história política das sociedades em que a razão, que desde o século XVIII tem sido considerada pelos modernos como o alicerce para a reconstrução política, "assegurando-lhe a verdade de seu saber e garantindo o significado produzido por ela", se vê despojada de todas suas pretensões. Os excessos políticos aos quais a razão tem sido associada – os Estados totalitários por exemplo – contribuíram para pôr em causa, de forma radical e definitiva, a ideia de que a democracia como um todo é definida pelo advento e o exercício da razão. Mais uma vez, o critério da exigência democrática está se deslocando para uma outra noção, destacando um outro protagonista, o juiz, o sábio.

## 2.2.2 A reivindicação da razão ética e o surgimento da figura do juiz

### 2.2.2.1 A exigência moderna de valores

Após a morte de Deus, a morte da razão como fundamento e modo de organização e gestão das sociedades modernas abre uma *crise de legitimidade*.[152] Cada um à sua maneira, a função destes dois referenciais era dizer como e porque as instituições estabelecidas e a serem estabelecidas garantiam a identidade da sociedade, provocando assim o reconhecimento da ordem pública considerada justa, legítima. Portanto, a queda destas legitimações priva as sociedades de qualquer explicação, de qualquer justificação que possa sustentar a legitimidade da ordem política, que é assim desestabilizada.

Neste vácuo filosófico mergulham todas as "teorias do retorno": retorno à terra, retorno à Terceira República, retorno ao sagrado,

---

[150] Ver, por exemplo, CHEVALLIER, J. La fin de l'État-Providence". *Projet*, p. 262-274, mar. 1980.

[151] ROSANVALLON, P. *La Crise de l'État-Providence*. Paris: Seuil, 1981.

[152] Ver, por exemplo, HABERMAS, J. *Raison et Légitimité*. Paris: Payot, 1978.

ao irracional, retorno ao religioso... A queda da crença na razão, como indicador de sentido e instrumento do progresso contínuo das sociedades, fez assim ressurgir o passado como criador de significado, de verdade, no intuito de reconstruir as identidades coletivas. E isto, numa perspectiva muitas vezes antimoderna que desestabiliza a ordem política democrática: crítica do lugar conquistado pela mulher, defesa violenta e fanática do "seu" próprio grupo de referência, intolerância etc.

Uma outra saída para a crise de legitimidade diferente daquela proposta pelos "retornos" é, no entanto, possível. Qual é, neste final do século XX, a questão política? A de saber como a razão do Iluminismo, o *Aufklärung*, ideal portador de progresso e de emancipação, e regulador da modernidade, foi capaz de produzir o barbarismo, a alienação e a dominação; ou, de forma mais brutal, se este trágico destino da razão a condena definitivamente como fundamento da modernidade.

De todo o trabalho teórico suscitado por este questionamento,[153] uma resposta, que põe novamente em movimento a exigência democrática, parece impor-se. O que está em causa na desconstrução contemporânea das sociedades democráticas não é a razão, mas a razão positivista, a razão instrumental,[154] ou seja, aquela que não levanta o problema dos fins, dos valores, do significado, mas apenas o dos meios. É esta razão, *privada de sua dimensão simbólica*, que, ao confundir racional e real, saber e verdade, leva à servidão e ao esquecimento do homem. Ao não questionar o valor para o homem e a sociedade de suas descobertas, a razão instrumental torna-se, em si mesma, seu próprio valor de referência, de ação e de legitimidade: o que ela descobre é necessariamente um progresso, é necessariamente aplicável, é necessariamente justo e verdadeiro; contestá-lo seria dar mostras de obscurantismo. Na ordem política, o domínio da razão positivista tem o efeito de desqualificar qualquer crítica, na medida em que é tida como a única garantia de legitimidade e de verdade das leis. Sendo o Estado a encarnação da razão, seus atos e decisões estão necessariamente conformes com ela, e não pode existir um além legítimo para julgá-los; não há nenhuma razão além da razão instrumental e, portanto, não há nenhum direito além das leis positivas.

---

[153] Para uma apresentação deste trabalho vocacionada ao "público geral", ver as respostas dos intelectuais à pesquisa realizada em julho-agosto 1984 pelo *Le Monde* sobre o tema "les aventures de la Raison dans la pensée et la science contemporaine".

[154] Ver por ex., os trabalhos da Escola de Frankfurt, notadamente, HORKHEIMER, M.; ADORNO, T. *La dialectique de la Raison*. Paris: Gallimard, 1974 e, ainda, HORKHEIMER, M. *Éclipse de la Raison*. Paris: Payot, 1974.

Se tal diagnóstico estiver correto, não haveria necessidade de jogar fora o bebê – a razão – com a água do banho – a razão instrumental. A razão pode continuar a vincular-se à modernidade democrática desde que ela se torne (novamente) um questionamento sobre o significado e o valor da ação, e que se coloque como uma crítica da razão instrumental. A exigência democrática pode assim ser reconstruída com base na razão prática, na razão axiológica, ou seja, aquela que submete a legitimidade das ações à sua conformidade com os valores e a ética nos quais a sociedade se reconhece e se identifica.

Tal reconstrução da razão implica, na ordem política, uma reconstrução do equilíbrio entre as instituições que favorece e valoriza aquela que melhor corresponde ao novo imperativo ético-racional: a instituição jurisdicional.

### 2.2.2.2 A promoção da figura do juiz

O juiz é aquele por quem passa a crítica da razão instrumental. Se, de fato, a exigência democrática consiste em comparar constantemente os atos do poder com os valores com os quais a sociedade se identifica, segue-se naturalmente na ordem constitucional a ascensão da instituição que garante esta avaliação, este controle dos atos: a instituição jurisdicional. O juiz tornou-se assim aquele que é solicitado a exercer a função crítica, aquele que obriga os atores sociais e políticos a questionar a validade de suas decisões, a argumentar e a convencer constantemente o público da legitimidade de seus atos.

No período recente, houve muitos sinais desta nova dimensão esperada do papel do juiz e deste investimento generalizado na função jurisdicional: recurso perante o Conselho de Estado sobre o uso do véu religioso na escola, transferência do controle dos atos das coletividades locais para a jurisdição administrativa, projeto visando a estender aos cidadãos a possibilidade de provocar a ação do Conselho Constitucional com vistas a defender seus direitos fundamentais, ampliação dos recursos aos juízes franceses e até mesmo europeus. Também faz parte deste movimento a proliferação dos "comitês de sábios", cuja tarefa não é tanto encontrar soluções técnicas para os problemas da universidade, da seguridade social ou da nacionalidade, mas avaliar estas soluções à luz dos valores constitutivos da identidade social.

"A seleção é tecnicamente possível, logo, ela é necessariamente legítima" diz a razão instrumental. "A seleção é tecnicamente possível, mas, sua aplicação está de acordo com os valores nos quais a sociedade se reconhece?" – indaga a razão ética para encontrar uma resposta. Esta é a diferença que está ocorrendo e que caracteriza a exigência democrática contemporânea em relação ao Estado-Providência. E as sociedades hoje estão multiplicando os lugares onde o significado e o valor das ações políticas são refletidos, discutidos e apreciados. Nesta dinâmica, a figura do juiz surge como um espelho ou como a cena desta reflexão, como um terceiro por quem e perante quem são enunciados os princípios com base nos quais uma ação será julgada legítima ou não. Ele é promovido tanto como revelador quanto operador da qualidade democrática das decisões.

Esta valorização do papel do juiz nas democracias modernas suscita obviamente uma série de questões, em particular a da sua legitimidade em relação às instituições democráticas tradicionais, as quais gozam da legitimidade do sufrágio universal direto. Assim, esta recomposição política e institucional das democracias em torno da figura do juiz foi acompanhada por um despertar da filosofia política e jurídica que procurou e que ainda procura propor um sentido, uma legitimação para esta nova configuração democrática.

## 2.3 A legitimidade do poder do juiz constitucional

Antigo membro do Conselho, o Decano Vedel pergunta: "Como explicar que juízes não eleitos, designados por detentores de uma parte do poder político, possam se opor ao que é, na pessoa de seus representantes, a nação soberana?".[155] Para esta questão incontornável acerca da legitimidade democrática da justiça constitucional, vemos positivistas e jusnaturalistas oferecerem respostas contraditórias (2.3.1). Assim, com base em suas críticas, será proposto buscar a legitimidade democrática do Conselho na definição da democracia da qual ele contribui na produção (2.3.2).

### 2.3.1 As respostas positivistas e jusnaturalistas

Para a escola positivista, o papel do juiz constitucional é compatível com o princípio democrático, na medida em que seu controle é sempre baseado no direito positivo desejado e elaborado

---

[155] VEDEL, G. Le Conseil constitutionnel, gardien du droit positif ou défenseur de la transcendence des droits de l'Homme. *Pouvoirs*, n. 45, 1988. p. 149.

pelos representantes da nação (A). Para a escola do direito natural, pelo contrário, ele é legítimo porque obriga o legislador a respeitar os direitos naturais e imprescritíveis do homem (B). Duas teorias contraditórias que serão expostas em sua lógica geral, ou seja, excluindo as particularidades internas de cada escola.

### 2.3.1.1 A resposta positivista

#### 2.3.1.1.1 O controle de constitucionalidade como controle processual

O primeiro argumento dos positivistas é que "a inconstitucionalidade de uma lei sempre remete, em última análise, a um vício processual".[156] É o que acontece, obviamente, quando o controle de constitucionalidade diz respeito à parte "externa" da lei, à maneira como ela foi adotada, mas também quando versa sobre a parte "interna" da lei, sobre o conteúdo e o mérito da lei. Com efeito, para esses autores, toda Constituição divide a matéria normativa, principalmente, em duas categorias hierarquizadas de lei: a legalidade constitucional, que é da competência do poder constituinte, e a legalidade ordinária, que é da competência do Parlamento. Logo, quando o legislador ordinário legifere sobre um assunto que envolve uma matéria constitucional, ou confere às leis um conteúdo contrário aos princípios substanciais estabelecidos pelo poder constituinte, ele viola as regras constitucionais sobre a repartição das competências. A sanção do juiz constitucional nunca é, portanto, uma condenação de mérito, mas uma condenação processual: a inconstitucionalidade da lei resulta do fato de o legislador ter disciplinado uma matéria ou elaborado uma disposição que não era de sua competência.

Assim entendido como uma sanção das regras processuais, o controle de constitucionalidade das leis não é contrário aos princípios democráticos, e não faz prevalecer a vontade ou a subjetividade do juiz sobre a vontade geral expressada pelos representantes eleitos da nação. Com efeito, por um lado, o juiz constitucional não julga o valor intrínseco da lei, isto é, não avalia a moralidade da lei; limita-se a afirmar que, tendo em conta o conteúdo das disposições contestadas, o legislador

---

[156] EISENMANN, C. *La justice constitutionnelle et la haute cour constitutionnelle d'Autriche*. Paris: Economica, 1986. p. 17. Esta reedição da tese de Charles Eisenmann, defendida em 1928, contém um prefácio magistral do Decano Georges Vedel.

ordinário não é competente para adotá-las. Por outro lado, como é fortemente enfatizado por Charles Eisenmann, a inconstitucionalidade pronunciada pelo juiz com base na incompetência material nunca é absoluta: como a norma é invalidada por vício processual, e não quanto ao mérito, ela sempre pode ser retomada e inserida no sistema jurídico de acordo com o correto procedimento. Concretamente, tendo em vista seu conteúdo ou suas implicações constitucionais, a norma em questão não poderia ter sido adotada pelo Poder Legislativo e de acordo com o processo legislativo, mas pode ser validamente adotada pelo órgão competente, isto é, o poder constituinte, e de acordo com o processo adequado, isto é, de acordo com o processo constitucional. O juiz constitucional, portanto, não proíbe a elaboração da norma; ele apenas rejeita sua elaboração legislativa, deixando livre curso à sua adoção por meio de uma emenda constitucional.

Relida à luz deste raciocínio, a jurisprudência constitucional assume assim um significado particular. O Conselho não condena as violações da liberdade de associação (decisão de 1971), da liberdade individual (decisão de 1977), do direito de propriedade (decisão de 1982), do pluralismo da imprensa (decisão de 1984); ele apenas sanciona a incompetência do legislador ordinário para decidir sobre essas violações, as quais, no entanto, podem validamente ser estabelecidas de acordo com o devido processo legal, o da lei emenda constitucional. O Conselho, em sua argumentação positivista, nunca pronuncia a invalidade radical, definitiva e essencial de uma norma; nunca é o censor da vontade geral e dos representantes da nação; ele é apenas um ponto referencial que indica a forma, legislativa ou constitucional, que a elaboração de uma norma deve tomar, sem se pronunciar sobre seu mérito ou seu valor intrínseco, os quais entram no âmbito da apreciação política do soberano. Entendido dessa forma, o controle de constitucionalidade das leis respeita plenamente os princípios democráticos.

### 2.3.1.1.2 O controle de constitucionalidade como controle dos poderes constituídos

O segundo argumento dos positivistas é que a inconstitucionalidade de uma lei sempre remete, em última análise, a um processo que obriga os poderes constituídos a respeitar a vontade do poder constituinte. A distinção, clássica em direito constitucional, entre "poderes constituídos", isto é, criados pela Constituição para exercer, segundo um procedimento por ela definido, as competências a tais poderes atribuídos, e "poder constituinte", isto é, criador dos poderes constituídos, assume importância fundamental. Com efeito, esta distinção implica uma relação hierárquica entre os dois poderes, sendo os poderes constituídos condicionados e subordinados ao poder constituinte originário que os cria e lhes atribui suas competências. Daí resulta necessariamente que o exercício do poder constituinte é a manifestação originária e suprema da soberania popular. Por conseguinte, quando o juiz constitucional repreende o Parlamento por este não respeitar as regras de forma, de processo ou de mérito estabelecidas pela Constituição, ele não se opõe à soberania popular; ele "somente" proíbe os poderes constituídos de exercerem suas competências fora e além das condições e limites definidos pelo poder constituinte. Neste sentido, o controle de constitucionalidade das leis, longe de prejudicar a democracia, é na verdade seu garante, pois permite impor ao Parlamento e a todos os órgãos do Estado o respeito à Constituição, que é a expressão suprema da vontade geral e da soberania popular.

A propósito, o próprio Conselho Constitucional é um poder constituído. Portanto, a Constituição se impõe a ele como aos outros poderes constituídos, e suas decisões nunca podem prevalecer sobre a expressão da soberania nacional. Com efeito, o controle de constitucionalidade das leis não pode impedir que as decisões de reprovação do juiz constitucional sejam contestadas pelos representantes da nação ou pelo povo. Na Áustria e em Portugal, por exemplo, o Parlamento pode retomar as disposições anuladas pelo juiz constitucional desde que a lei seja aprovada pela maioria qualificada. Assim, na França, a legitimidade democrática da justiça constitucional só foi adquirida quando o constituinte, por meio de um *lit de justice*, para retomar a fórmula de Georges Vedel, aprovou em novembro de 1993 uma emenda constitucional para reverter uma decisão de reprovação do Conselho, demonstrando com este gesto que os juízes não governam já que a última palavra sempre cabe ao povo soberano.

Este mecanismo é, para a doutrina positivista, mais uma prova da compatibilidade entre justiça constitucional e democracia, na medida em que revela mais uma vez que o juiz constitucional nunca pode se opor ou ofender a expressão da soberania nacional.

Contra este discurso positivista se opõe a argumentação inspirada do jusnaturalismo.

## 2.3.1.2 A resposta jusnaturalista

### 2.3.1.2.1 O controle de constitucionalidade como controle da transcendência dos direitos humanos

O primeiro argumento jusnaturalista é que o controle de constitucionalidade das leis é a natural consequência dos caráteres universal, intangível e transcendente das liberdades e dos direitos humanos. Com efeito, tal como indicado no título dos textos de 1789 e de 1946, que servem na França de principal referência para o exercício do controle, estes direitos são objeto de uma *declaração* ou de uma *proclamação*: o que significa que eles existem independentemente e antes destes escritos, que só os reconhecem e consagram solenemente. Porque os direitos humanos encontram sua fonte precisamente na natureza humana, eles não pertencem nem à sociedade nem ao poder político; são exteriores e transcendentes a eles. E quando os homens passam do estado de natureza para o estado civil, eles fundam a Constituição do Estado com base nesta ordem jurídica preexistente. "A finalidade de toda associação política, prevê o artigo 2 da Declaração de 1789, é a *conservação dos direitos naturais e imprescritíveis do homem*. Esses direitos são a liberdade, a propriedade, a segurança e a resistência à opressão". Portanto, os órgãos do Estado não são livres para criar qualquer direito; eles só podem escrever leis que sejam conformes com os direitos humanos, pois estes, que são anteriores e superiores ao Estado, constituem o princípio gerador do direito, impondo-se, portanto, a todo poder como imperativo absoluto. Esta posição particular dos direitos humanos, exterior e acima do poder político, é precisamente o que fundamenta a legitimidade do controle de constitucionalidade das leis. Ao se referir à Declaração de 1789 e ao Preâmbulo de 1946 para examinar as leis, o juiz constitucional é de fato aquele que assegura "a conservação dos direitos naturais e imprescritíveis do homem", verificando que as leis aprovadas pela maioria parlamentar "do momento" não os violem.

Assim entendido como guardião dos direitos humanos, o controle de constitucionalidade, longe de ser contrário aos princípios democráticos, é sua expressão suprema. Em primeiro lugar, porque ele realiza a submissão efetiva e completa do Estado ao direito.

O absolutismo e o arbitrário estatal são impedidos pela existência prévia de um direito que limita a ação normativa do Estado e a existência de instituições jurisdicionais que obrigam os diversos órgãos do Estado a respeitar os princípios jurídicos superiores. Incialmente, o Conselho de Estado limitou a arbitrariedade administrativa ao submeter os atos do Executivo ao respeito da lei; hoje, o Conselho Constitucional limita o absolutismo legislativo ao submeter os atos do Parlamento ao respeito pela Constituição e pelos direitos humanos. O Estado é assim limitado pelo direito, não porque se submete voluntariamente ao direito que ele teria criado – teoria da autolimitação – mas porque encontra acima e distintamente dele uma realidade jurídica que o restringe – teoria da heterolimitação.

Porém, o controle de constitucionalidade das leis não é um mero mecanismo que permite submeter, tecnicamente, os órgãos do Estado ao princípio da hierarquia das normas. Ele é, acima de tudo, o meio de submeter o Estado ao respeito das liberdades e dos direitos humanos. O Estado de Direito não é, com efeito, o Estado de qualquer direito; é o de um direito que expressa os valores de liberdade, de igualdade e de tolerância, tornando os indivíduos sujeitos titulares de direitos oponíveis ao Estado, reconhecendo-lhe os meios institucionais, jurisdicionais notadamente, para fazê-los prevalecer. Assim, o juiz constitucional, guardião dos direitos e liberdades, garante que o Estado permaneça o Estado dos direitos humanos e, portanto, democrático.

### 2.3.1.2.2 O controle de constitucionalidade como garantia contra o absolutismo majoritário

O segundo argumento é que o controle de constitucionalidade das leis é a consequência lógica da exigência democrática moderna. Existem, sem dúvida, várias definições da democracia, em particular aquela que é inteiramente baseada na ideia de maioria. Mas esta concepção, que reduz a democracia ao simples poder da maioria, é cada vez mais considerada ultrapassada e, quando menos, insuficiente. A representação da democracia que hoje prevalece é aquela que inclui o respeito aos direitos humanos, implica a existência de direitos e liberdades em benefício dos indivíduos, grupos e minorias, e pressupõe um sistema eficiente de sua proteção contra as decisões do poder majoritário. Esta definição deixou de ser apenas filosófica ou doutrinal; ela adquiriu *status* constitucional desde que o Conselho, em sua decisão de 11.1.1990, fez da exigência do pluralismo das correntes de ideias de opiniões o fundamento da democracia.[157] *A democracia, assim definida,*

---

[157] CC, 89-271 *DC*, 11.1.1990, *R.*, p. 21.

*torna-se um conceito constitucional operativo, isto é, uma regra de julgamento dos atos do Estado*.

Portanto, nesta concepção da democracia, a legitimidade do juiz constitucional é evidente por si mesma. Ele é precisamente o instrumento de que dispõem as minorias parlamentares desde a reforma de 1974, e desde 2008 os jurisdicionados, para impor ao poder majoritário o respeito dos direitos e liberdades, para obrigar a maioria a não utilizar sua vantagem numérica para restringir ou prejudicar os direitos e garantias de que são titulares os indivíduos, os grupos e as minorias. Assim, o fato de estar em maioria não permite pôr em causa o pluralismo da imprensa e o direito de o público ter acesso a um número suficiente de publicações de tendências e de características diferentes.[158] Da mesma forma, o fato de o poder ser exercido, alternadamente, pelas grandes formações políticas parlamentares não permite que "a expressão das novas correntes de ideias e de opiniões"[159] seja dificultada pela exclusão do benefício da ajuda financeira pública. O controle de constitucionalidade das leis é, portanto, um elemento indispensável, e até mesmo necessário, para o funcionamento e a manutenção de um sistema democrático. Se a democracia se define pela lei da maioria *mais* o respeito das liberdades e dos direitos humanos, duas instituições são igualmente legítimas: aquela que tem o seu fundamento na eleição, e aquela que o tem na defesa e na proteção das liberdades: em outras palavras, *juntas*, a figura do representante e a figura do juiz constitucional.

Entre essas duas explicações, positivista e jusnaturalista, é necessário escolher?

### 2.3.2 A título de proposição: uma legitimidade baseada na nova noção de democracia

Embora sejam contraditórias, as doutrinas positivista e jusnaturalista se baseiam, em graus variados, em dois pressupostos: o juiz constitucional aplica regras sobre as quais não tem controle e, por conseguinte, ele não participa da formação da lei. Porém, estes dois postulados não levam em conta os fatos jurisprudenciais, a realidade do trabalho jurisdicional (A). Assim, convém encontrar em outro lugar

---

[158] CC, 84-181 *DC*, 10 e 11.10.1984, *R.*, p. 73.
[159] CC, 89-271 *DC*, 11.1.1990, *R.*, p. 21.

o fundamento da legitimidade do papel do Conselho e, em particular, na nova noção de democracia que ele contribui para definir (B).

### 2.3.2.1 A crítica dos pressupostos positivistas e jusnaturalistas

### 2.3.2.1.1 O pressuposto do Conselho, "boca da Constituição"

O postulado em que se baseiam, cada uma à sua maneira, as doutrinas positivistas e jusnaturalistas é que a Constituição é um dado, uma realidade que existe fora do Conselho Constitucional e que a ele se impõe. Que elas sejam criadas pelo Estado ou que elas existam independentemente dele, as regras constitucionais, tanto formais como materiais, são consideradas normas que em si mesmas têm seu significado. Em outras palavras, nenhum dos poderes constituídos é dono do significado das normas: ele é exterior a elas e, portanto, o trabalho do juiz constitucional pode ser analisado como uma simples recordação ao legislador, que porventura o tenha desconsiderado, do significado da norma constitucional. Quando o Conselho sanciona o Parlamento por ter submetido a criação de associações a uma autorização prévia, limita-se a lhe lembrar que o princípio da liberdade de associação *significa* a proibição da intervenção prévia por qualquer autoridade, seja administrativa seja judiciária. Quando o Conselho examina a extensão das nacionalizações de empresas e de bancos, limita-se a lembrar ao legislador que os arts. 2 e 17 da Declaração de 1789 *significam* a proibição de restringir a esfera da propriedade privada e da livre iniciativa. Em cada caso, e os exemplos poderiam ser multiplicados, o Conselho não acrescenta nada, não cria nada; ele apenas aplica ao Parlamento uma norma cujo significado lhe é imposto, ele apenas submete o legislador a uma norma à qual ele próprio está sujeito e da qual é meramente o porta-voz.

Nesta concepção, a razão jurídica é assimilada à razão matemática. Julgar se resume a uma simples operação de aplicação da norma constitucional à lei, uma operação que segue o caminho do silogismo: a norma tem um conteúdo preexistente "a"; a lei tem um conteúdo "b"; logo, a lei é contraria à norma constitucional. Portanto, o juiz não tem liberdade de apreciação, não tem poder de interpretação, uma vez que o significado da norma está inscrito na norma. É por isso que, de acordo com estas doutrinas, o Conselho Constitucional não exerce um poder político, na medida em que, para retomar a fórmula de Montesquieu, sendo os juízes apenas a boca que pronuncia as palavras da Constituição, o poder de julgar, de alguma forma, é nulo.[160]

Esta apresentação tem o "mérito" de exorcizar o espectro do poder político do juiz e de esvaziar a própria questão da legitimidade democrática do controle de constitucionalidade das leis: a atividade jurisprudencial do Conselho seria política se ele criasse a norma constitucional; porém, como ele aplica uma norma preexistente, sua atividade é neutra.

Entretanto, esta apresentação tem a principal desvantagem de não refletir a realidade do trabalho jurisdicional. Para aplicar uma disposição constitucional, o Conselho deve primeiro determinar seu significado. Toda a jurisprudência estudada anteriormente mostra que os diferentes componentes do bloco de constitucionalidade sempre têm vários significados, incluindo as regras que parecem ser as mais claras, tais como aquelas que preveem que "o direito de voto dos membros do Parlamento é pessoal".[161] Cabe, portanto, ao Conselho determinar o significado do texto, ou seja, escolher, através de um trabalho de interpretação das palavras, um significado entre toda a gama de possibilidades. Este trabalho de interpretação é uma verdadeira operação de criação do direito, pois as disposições constitucionais só assumem um significado jurídico, só se tornam normas aplicáveis, depois de o Conselho ter determinado seu significado; antes disso, são meras palavras ou, para usar a linguagem de Kelsen, "proposições subjetivas de normas"; a norma constitucional só aparece depois de o Conselho, como instância de apreciação da lei, ter lhe dado um sentido.

Por conseguinte, ao contrário das afirmações positivistas e jusnaturalistas, o Conselho, como *jurisdição*, exerce uma atividade política, pois, longe de estar submetido à norma constitucional, ele determina o próprio conteúdo e sentido da regra aplicável, transformando assim um enunciado em uma norma.

### 2.3.2.1.2 O pressuposto democrático

A segunda crítica dirigida a estas duas teorias, e particularmente à doutrina positivista, é de que se baseia em uma definição

---

[160] MONTESQUIEU. *De l'Esprit des lois*. Paris: Firmin Didot frères, fils et Cie, 1857. Livre XI, chap. 6.
[161] CC, 86-225 *DC*, 23.1.1987, R., p. 13.

*a priori* normativista ou essencialista da democracia. Estes autores[162] consideram, portanto, que a democracia se assenta em dois princípios: o princípio de que o exercício do poder político, e em particular da função legislativa, somente pertence, nos termos do art. 3 da Constituição, aos representantes eleitos pelo povo, e o princípio de que toda instituição com poder político pode ter sua responsabilidade política questionada, o governo pela Assembleia Nacional, esta pela dissolução, e o Presidente da República pelo *referendo*, pela censura de seu governo ou pela eleição da maioria parlamentar hostil.

A partir desta definição, torna-se claro que os membros do Conselho, não sendo eleitos ou politicamente responsáveis perante o povo ou qualquer outra instituição, não podem exercer uma função política. A demonstração assume a seguinte forma: se fosse preciso considerar que o Conselho participe na criação do direito, na elaboração das leis, teria de se concluir que o sistema constitucional não é democrático; porém, é democrático; portanto, há que admitir que o Conselho não exerce uma atividade política.

Este raciocínio, como o anterior, tem o "mérito" de esvaziar a questão da compatibilidade entre a justiça constitucional e a democracia: ela não se coloca, pois qualquer caráter político é negado à atividade do Conselho. Mas também tem a mesma desvantagem de não refletir a realidade do trabalho jurisdicional. Basta lembrar aqui que o Conselho participa na formação da lei segundo duas modalidades principais. Diretamente, em primeiro lugar, pelo erro manifesto e pelas diferentes técnicas de interpretação – neutralizante, diretiva e construtiva – ele elimina certas disposições legislativas, declara outras como desprovidas de qualquer efeito jurídico,[163] define as condições de aplicação da lei, ditando assim a conduta que os poderes públicos devem adotar,[164] acrescenta disposições e completa o trabalho do legislador[165] ou o convida a dar certo conteúdo à sua lei.[166] Um exemplo a reter entre o conjunto jurisprudencial estudado é a decisão de 29.12.1983, na qual o Conselho sanciona as disposições relativas às modalidades de apreensões fiscais ao mesmo tempo que indica ao Parlamento como ele deve corrigir o texto: especificar o termo "infração" para limitar o campo

---

[162] Ver, por exemplo, LUCHAIRE, F. Le Conseil constitutionnel est-il une juridiction? *Revue du Droit Public*, n. 1, p. 27-52, 1979. p. 32.
[163] CC, 84-142 DC, 27.7.1984, R., p. 52.
[164] CC, 84-181 DC, 10-11.10.1984, R., p. 73.
[165] CC, 89-257 DC, 25.7.1989, R., p. 59.
[166] CC, 83-164 DC, 29.12.1983, R., p. 67.

aberto às apreensões; conferir claramente ao juiz o poder de verificar o mérito destas investigações; prever a presença do juiz no desenrolar das operações autorizadas; e, por fim, especificar os locais que podem vir a ser pesquisados. Um ano depois, o Conselho, novamente provocado para examinar esta questão, observou que, como o legislador havia reescrito a lei de acordo com "as exigências explicitadas na decisão de 29 de dezembro de 1983", a nova redação estava em conformidade com a Constituição.[167]

Indiretamente, ainda, as decisões do Conselho influenciam tanto a preparação das leis pelo governo quanto a discussão de seu conteúdo pelos parlamentares. "Convém empregar todos os esforços", escreve Michel Rocard a seus Ministros, "para eliminar os riscos de inconstitucionalidade que possam comprometer *os projetos de lei, as emendas e as proposições de lei,* mesmo nas hipóteses em que uma proposta de ação de inconstitucionalidade perante o Conselho Constitucional pareça muito improvável".[168]

Em suma, é como se essas doutrinas, temendo a contestação ou a condenação, em nome da democracia e da justiça constitucional, se esforçassem para construir uma justificação que a banaliza e a legitima ao custo da negação da realidade do trabalho do Conselho Constitucional. Questão de método, portanto. Com efeito, não seria melhor inverter a abordagem: *partir destes fatos incontornáveis* – o Conselho cria o direito por meio de seu necessário trabalho de interpretação dos textos e participa da formação da lei por meio de suas técnicas de controle – *e descobrir os saberes que os acompanham e que eles produzem e, no final de contas, que revelam estes fatos como necessários, legítimos?*

### 2.3.2.2 A democracia constitucional, fundamento da legitimidade do papel do Conselho Constitucional

### 2.3.2.2.1 O Conselho, produtor de uma forma democrática que o legitima

Ao contrário das doutrinas que fundamentam a legitimidade da democracia com base em uma definição *a priori* da democracia (sendo que estas doutrinas são muitas vezes anteriores ao nascimento da

---
[167] CC, 84-186 DC, 29.12.1984, R., p. 107.
[168] Portaria ROCARD, JO, 25.5.1988, p. 7381.

justiça constitucional), a hipótese aqui proposta é a seguinte: *o controle de constitucionalidade das leis é legítimo porque produz uma definição da democracia que o legitima*. Portanto, não se trata de relacionar a verdade democrática ao mecanismo de controle de constitucionalidade das leis, mas de evidenciar a verdade democrática que este mecanismo torna possível e que o legitima por via reflexa.

Com efeito, a história das instituições e das ideias sugere que toda tecnologia de poder, toda nova organização do poder, toda criação de uma nova instituição, dá origem a um novo discurso "em sintonia" com a nova relação de poder, isto é, que afirma sua verdade e, portanto, a torna natural e legítima. Assim, no final do século XVIII, a reivindicação e o estabelecimento, após 1789, de novos mecanismos de poder foram acompanhados por novas palavras – contrato social ao invés de *imperium*, cidadão ao invés de sujeito, soberania da nação ao invés de direito divino, igualdade ao invés de privilégios das ordens – e por novos discursos, sendo o mais significativo deles a Declaração de 26.8.1789. Longe de ser um texto supérfluo, ele é indispensável ao processo político em curso, na medida em que produz os princípios necessários para estabelecer como naturais a recomposição da sociedade e a atribuição do Poder Legislativo à Assembleia Nacional, e para desqualificar a antiga organização do poder e a legitimidade real. Em outros termos, o novo poder – a Assembleia Nacional – é legítimo porque produz o discurso – a Declaração de 1789 – que o legitima.[169]

Mais tarde, a introdução de novos mecanismos, o sufrágio universal direto, os partidos políticos, a Administração, produzirão da mesma forma as modificações no discurso que os tornarão legítimos: Preâmbulo de 1946, democracia social, Estado-Providência etc.

É o que acontece hoje com a justiça constitucional. Seu nascimento e desenvolvimento ocorre em um país e em um momento em que, apesar da instabilidade governamental das repúblicas anteriores, a legitimidade do Parlamento e da lei continua em grande parte dominante. À luz desta representação da democracia, o mecanismo do controle da constitucionalidade das leis é certamente ilegítimo, tanto mais que se desenvolveu além da letra da Constituição de 1958: ele foi concebido para proteger o governo das invasões pelo Parlamento,

---

[169] O 26 de agosto, escreve Marcel Gauchet, não somente legaliza *a posteriori* a autoproclamação de 17 de junho, não somente dá uma base intangível à abolição dos privilégios de 4 de agosto, mas também confere um alicerce simbólico decisivo ao processo constitucional que está por vir. Cf. GAUCHET, M. *La Révolution des droits de l'homme*. Paris: Gallimard, 1989.

e se transformou em uma técnica de proteção dos direitos humanos e das minorias contra os excessos da maioria governamental. Mais precisamente, este mecanismo vai produzir uma nova representação da democracia que vai desvalorizar a "antiga" ao estabelecer a legitimidade da recomposição da paisagem institucional com base no princípio da preeminência da Constituição e, portanto, do Conselho Constitucional.

Passo a passo, ele vai moldar o conteúdo desta nova representação da democracia: "no exercício de suas competências, o legislador não pode ser dispensado da observância dos princípios e das regras de valor constitucional, que se impõem a todos os órgãos do Estado";[170] "a lei aprovada só expressa a vontade geral se estiver conforme a Constituição";[171] "a exigência do pluralismo das correntes de ideias e de opinião constitui o fundamento da democracia".[172] Por estas palavras, por esses deslocamentos de sentidos, o Conselho está construindo uma definição da democracia que é diferente da do período anterior, mas que está em conformidade com a nova partilha do poder.[173] "A lei é a expressão da vontade geral" foi o discurso produzido que legitimava o Poder Legislativo dos únicos representantes da nação, do Parlamento apenas; "a lei aprovada só expressa a vontade geral se estiver conforme à Constituição" é o discurso hoje produzido que legitima o poder do Conselho de participar na formação da lei quando verifica que esta respeita as regras constitucionais. Com efeito, uma vez que a democracia não é mais apenas definida pelo simples poder majoritário de fazer a lei, mas também por uma prática deliberativa em que se discute e constrói a validade das decisões, o papel do Conselho torna-se perfeitamente legítimo à luz desta definição da democracia. De resto, esta definição não é, por si só, "mais verdadeira" do que a anterior; ela apenas enuncia a verdade do novo regime institucional e político de produção da vontade geral.

---

[170] CC, 81-132 DC, 16.1.1982, R., p. 18.
[171] CC, 85-197 DC, 23.8.1985, R., p. 70.
[172] CC, 89-271 DC, 11.1.1990, R., p. 21.
[173] A doutrina também participa da reformulação da exigência democrática moderna, fortalecendo assim o próprio trabalho do Conselho. Ver por ex., COHEN-TANUGI, L. *Le droit sans l'État*. Paris: PUF, 1985; COHEN-TANUGI, L. *Les métamorphose de la démocratie*. Paris: Jacob, 1989; VARAUT, J-M. *Le droit au droit*. Paris: PUF, 1986; e no plano filosófico, FERRY, L.; RENAUT, A. *Philosophie politique*. Paris: PUF, 1985; BARRET-KRIEGEL, B. *Les droits de l'Homme et le droit naturel*. Paris: PUF, 1989; LEFORT, C. *Essais sur la politique*. Paris: Seuil, 1986.

## 2.3.2.2.2 O Conselho, ator de um regime de enunciação concorrencial da vontade geral

O Conselho é uma jurisdição que está inserida em um jogo de relações de força com outras instituições de natureza diferente, que, no seu conjunto, define o que se propõe chamar de *regime de enunciação concorrencial das normas*.[174] Com efeito, a formação da lei é hoje o produto do trabalho de três instituições concorrentes: o governo, que é o autor de quase toda a legislação e controla a agenda das assembleias; o Parlamento, que discute, emenda e vota a lei; o Conselho, por último, que pode completar a lei, especificar suas modalidades de aplicação, suprimir algumas de suas disposições e declarar outras como sem efeito jurídico.

Estas instituições estão em concorrência entre si na medida em que cada uma avalia o texto com base em processos, preocupações e legitimidades diferentes: o governo, com base na confiança de sua maioria parlamentar e com a ajuda da administração, transforma seu programa político em projetos de lei; o Parlamento, com base na confiança dos eleitores, discute, de forma pública e contraditória, a oportunidade e o conteúdo dos textos; o Conselho, com base no compromisso solenemente proclamado pelo povo francês com os direitos humanos e os princípios da soberania nacional, conforme definidos pela Declaração de 1789, confirmada e completada pelo Preâmbulo da Constituição de 1946,[175] aprecia e controla, secretamente e por meio de um raciocínio jurídico, o conteúdo da lei. Cada um dá assim sua própria contribuição para a formação da vontade geral.

Em virtude de sua posição institucional, e em particular do art. 62 da Constituição que afirma que as decisões do Conselho "se impõem aos poderes públicos e a todas as autoridades administrativas e jurisdicionais", seria possível dizer que o Conselho se beneficia, neste regime concorrencial de enunciação das normas, de uma situação privilegiada que lhe permite sempre impor sua interpretação? Teoricamente, sim, mas na prática a interpretação do Conselho nunca é o resultado de uma escolha inteiramente livre ou arbitrária. Ela é o produto de uma série de restrições, de um jogo em que concorrem

---

[174] ROUSSEAU, D. Le Conseil constitutionnel, une assemblée de légistes? *Revue de Science Administrative de la Méditerranée Occidentale*, n. 16-17, 1987. p. 4 e ROUSSEAU, D. Remarques sur l'activité récente du Conseil constitutionnel. *Revue du Droit Public*, n. 1, 1989. p. 54.

[175] CC, 81-132 *DC*, 16.1.1982, *R*., p. 18.

vários atores: os parlamentares que, durante a discussão legislativa e na argumentação tecida por eles quando da propositura de uma ação direta de inconstitucionalidade, dão sua própria interpretação do texto constitucional; os professores de direito que, em seu trabalho de análise, se empenham em encontrar o significado pertinente; as associações interessadas na lei em discussão – Liga dos Direitos do Homem, sindicatos da impressa (Lei Léotard), da magistratura, dos advogados (Lei "Segurança e Liberdade"), do mundo operário (lei limitando o direito de greve), agrícola (lei privatizando o crédito agrícola) – que dão sua própria leitura dos textos; os jornalistas, especializados ou não, que tentam avaliar as reações da opinião pública se esta ou aquela interpretação fosse escolhida etc. A estas restrições deve ser acrescentada a da própria jurisprudência do Conselho, na medida em que suas decisões anteriores, quando existem, constituem um limite a seu poder de interpretação. Com efeito, para que sejam oponíveis aos poderes públicos e a todas as autoridades administrativas e jurisdicionais como sendo objetivas, as interpretações do Conselho não podem variar de uma decisão para outra; elas devem respeitar uma relação de coerência e de continuidade, tanto assim que a doutrina e os requerentes não hesitam em lembrar ao Conselho sua jurisprudência a fim de incentivá-lo a não se afastar muito dela.[176]

Apenas um exemplo. Na decisão de 27.7.1994,[177] o Conselho cria, sem dúvida possível, o princípio de dignidade, mas não o criou livremente, de forma discricionária. Com efeito, sua posição de juiz e de poder instituído o leva a fundamentar sua decisão com uma argumentação que, por si só e porque estará sujeito à crítica pública, o obriga a apresentar os motivos da validade do princípio e que, se forem convincentes, ganharão a adesão dos ouvintes – parlamentares, juízes, doutrina, opinião pública. Daí, no caso em tela, a obrigação de "delimitar" a formação do princípio de dignidade nas palavras do Preâmbulo, a fim de oferecer ao público a garantia da validade de sua construção; assim, cada um pode, por sua vez, controlar o caráter razoável ou não da conclusão apresentada pelo Conselho e, neste caso, seria tendencioso acusá-lo de ter extraído um sentido aberrante das

---

[176] Assim, em sua decisão de 8.7.1989 sobre o direito de reintegração dos responsáveis sindicais demitidos por falta grave, o Conselho lembra a interpretação dada em sua decisão de 20.7.1988 sobre o mesmo tema, CC, 89-258 DC, 8.7.1989, R., p. 48.

[177] CC, 94-343-344 DC, 27.7.1994, R., p. 100. Ver também, sobre o direito de uma pessoa sob custódia de falar com um advogado, ROUSSEAU, D. Chronique de jurisprudence constitutionnelle 1992-1993. *Revue du Droit Public*, n. 1, 1994. p. 198.

palavras do Preâmbulo. Tanto mais que a dignidade humana já era considerada pelos parceiros do Conselho um princípio que distingue as ordens democráticas modernas: o Comitê Vedel havia proposto, em 15.2.1993, a inclusão deste novo direito no art. 66 da Constituição; o legislador, na lei sobre o respeito do corpo humano, havia proibido qualquer ofensa à dignidade da pessoa humana; e o Presidente da Assembleia havia provocado o Conselho para convidá-lo a consagrar o valor de referência dos princípios essenciais relativos à pessoa humana. Se o Conselho cria de fato um novo princípio, ele não o faz de forma unilateral e discricionária, mas por uma decisão fundamentada que leva em conta o acordo da comunidade política e jurídica.

Portanto, o Conselho não é livre de suas interpretações. Ele deve integrar, ou pelo menos levar em conta, as exegeses concorrentes. Sua legitimidade como intérprete depende disso, pois, além de seu fundamento constitucional, ela também se baseia no reconhecimento de sua jurisprudência pela comunidade jurídica e política. Porém, esse reconhecimento, para ser construído, pressupõe que entre o Conselho e seus parceiros se estabelece uma relação na qual os segundos, apesar da posição institucional do primeiro, possam se identificar, no todo ou em parte, com a fundamentação das decisões; caso contrário, o Conselho correria o risco de provocar a hostilidade das instituições de que precisa para garantir sua legitimidade.[178]

Para concluir, resta uma pergunta: este novo regime de enunciação concorrencial das normas representa um progresso democrático? Os direitos humanos, pelo fato de representarem limites à ação das autoridades eleitas, são antidemocráticos? Este debate, que é recorrente nos Estados Unidos, abre em si o debate sobre a definição da democracia: ou um sistema em que a única decisão legítima é a da expressão da vontade de uma maioria política designada pelos eleitores e, neste caso, os juízes constitucionais são uma anomalia porque sua missão é impor limites – as dos direitos fundamentais constitucionais – à ação legislativa; ou um sistema em que a decisão legítima é o resultado de uma circulação e de uma troca de argumentos sobre seu objeto e, neste caso, o respeito aos direitos fundamentais é parte integrante do princípio democrático, já que são indispensáveis para o exercício da

---

[178] Cada interpretação que se afasta muito da *opinio juris*, a legitimidade, e não somente a decisão do Conselho, é sempre fortemente contestada; ver, por ex., as reações dos Presidentes da Assembleia Nacional e do Senado depois da decisão "emenda Seguin", CC, 86-225 DC, 23.1.1987, R., p. 13, bem como o conflito ocorrido durante o verão de 1993 relativo ao direito de asilo.

deliberação pública e que o Conselho Constitucional, que os protege, é um elemento essencial do sistema democrático. Sendo que a justiça constitucional coloca no centro de sua lógica um questionamento permanente sobre o direito, a resposta não está em dúvida. Tanto os regimes totalitários quanto os regimes democráticos "funcionam" com base no direito; mas, enquanto os primeiros recusam, por uma questão de princípio, qualquer discussão sobre o direito do qual afirmam ser os únicos legítimos detentores, os segundos aceitam, por uma questão de princípio, a legitimidade do debate sobre os direitos. A especificidade da democracia é, de fato, deixar a questão dos direitos sempre em aberto, pois sua lógica é precisamente não reconhecer nenhum poder, nenhuma autoridade cuja legitimidade não pode ser questionada; e no centro desta discussão está o questionamento constante sobre as reivindicações que devem ser qualificadas como direitos constitucionais, a concorrência e a troca de convicções que fazem com que qualquer poder deva, incessantemente, neste espaço de confronto, conquistar a legitimidade.

As evoluções contemporâneas mostram que a "ordem" jurídica é construída por lógicas, legitimidades, temporalidades múltiplas e contraditórias que não podem ser baseadas no princípio de hierarquia nem ser compreendidas por um raciocínio lógico de tipo binário, produtor de verdades absolutas que se excluem mutuamente. Em particular, pode-se analisar a função de julgar menos como o trabalho de uma razão hierárquica que avalia, esclarece e organiza os textos um sob o outro, e mais como a implementação de uma razão processual que garante a circulação dos argumentos, avalia sua racionalidade e extrai o significado de um texto da comunidade das convicções subjetivas das "partes" – eleitos, juízes, doutrina – forjado pela discussão sobre a pretensão de validade dos significados concorrentes. Mais fundamentalmente, o Conselho é um terceiro que submete todos os "empreendedores" legislativos às regras do discurso. Ele obriga os autores de uma lei a levar a sério as críticas e proposições dos adversários, e a defender a pretensão de validade de seu texto com argumentos que lançam em praça pública as razões que o sustenta. Ele também obriga os oponentes a produzirem argumentos capazes de convencer da invalidade da proposição. O próprio Conselho participa desse diálogo, o encoraja e o multiplica, por um lado, produzindo argumentos – os motivos de suas decisões – e, por outro lado, tomando posição diante das razões deduzidas pelas outras partes interessadas. E esta intervenção do Conselho não rompe a lógica comunicacional por um retorno ao unilateral; pelo contrário, ela o coloca em uma posição intersubjetiva, como participante que, através de um questionamento sobre "o que o direito exige" e de uma discussão prática entre todas as partes interessadas, busca evidenciar a validade reivindicada por esta ou aquela proposição normativa.

É precisamente pelo fato de o novo regime de enunciação das normas basear-se numa concorrência permanente entre diferentes interpretações das regras constitucionais (o que implica que a escolha de um sentido nunca é definitiva), de uma interpretação poder evoluir, e de novos direitos poderem ser reconhecidos, que este novo regime certamente representa um aprofundamento da democracia. E o Conselho Constitucional, como órgão regulador desta concorrência, é um de seus principais instrumentos. Primeiro, porque produz um espaço constantemente aberto à criação contínua de direitos e liberdades, e porque faz da Constituição não um texto acabado no momento de sua redação, mas um texto vivo, incessantemente (re)definido no momento de sua leitura, "um projeto sempre inacabado", nas palavras de Habermas.[179] Segundo, porque o juiz constitucional permite ao povo se "ver" como soberano graças a um espelho, a Constituição-carta dos direitos fundamentais – que reflete ao povo sua soberania e aos delegados eleitos sua subordinação ao soberano. Assim, ao colocar em representação a representação, o juiz constitucional torna assim visível o que o modelo representativo quer esconder.[180] Com efeito, a palavra do soberano só se afirma como palavra normativa pelo "agir jurisdicional", pela mediação hermenêutica, obrigando finalmente a deixar a alternativa pela qual ou o soberano é considerado capaz de produzir uma vontade normativa diretamente e sem mediação, ou ao juiz constitucional é suposto criar as normas de forma discricionária e sem restrições. Duas posições idealistas, mesmo que a segunda goste de se chamar realista. A palavra do soberano só ganha consistência e adquire eficácia em uma relação complexa entre esta palavra como transcrita em palavras na Constituição e todos aqueles que têm que fazer uso dela; é nesta relação, e não no gesto unilateral, voluntário e solitário de uma das partes desta relação, que se constrói o significado dos enunciados constitucionais e que a palavra do soberano se torna atuante.

O que distingue a democracia, escreve Claude Lefort, é que o lugar de poder está vazio, sendo o debate sobre o legítimo e o

---

[179] HABERMAS, J. *Droit et démocratie*. Paris: Gallimard, 1997. p. 412.
[180] Ver, por exemplo, GAUGHET, M. *La Révolution des pouvoirs*. Paris: Gallimard, 1995. p. 49.

ilegítimo necessariamente sem garante e sem termo.[181] De uma forma talvez inesperada, a justiça constitucional torna visível este vazio, não vinculando a construção da norma a um autor, o povo, os eleitos ou os juízes, mas a um espaço de deliberação que não é propriedade de ninguém.

---

[181] LEFORT, C. *Essais sur la politique*. Paris: Seuil, 1986. p. 53 e ss.

CAPÍTULO 3

# A DEMOCRACIA CONTÍNUA: ESPAÇO PÚBLICO E JUIZ CONSTITUCIONAL[182]

A questão democrática é, antes de mais nada, uma questão do direito. Quando os homens se reúnem em sociedade, esta reunião produz, sem que eles sequer o precisem querer, a necessidade de regras que, precisamente, fundam seu convívio social e organizam suas relações; em suma, que os constituem, no sentido forte do termo e para citar o art. 2 da Declaração de 1789, como associação política. Não há sociedade sem regras: elas podem ser religiosas, consuetudinárias, morais etc.; hoje são chamadas de regras jurídicas. Logo, a qualidade de uma sociedade depende, em primeiro lugar, do modo de criação de seu direito. Assim, uma ordem jurídica só merecerá ser chamada de democrática se o povo for o autor das leis às quais está sujeito: "compete unicamente aos que se associam", escreve Jean-Jacques Rousseau, "regulamentar as condições da sociedade".[183]

Embora ele distinga a democracia, o princípio de autodeterminação é, no entanto, seu tormento permanente, no sentido de deixar num infinito suspense a questão da legitimidade das regras jurídicas. O próprio autor do *Contrato social*, logo após enunciar o princípio, o acompanha com uma série de indagações, todas relativas ao processo de formação da vontade geral e de garantia de sua validade.[184]

---

[182] Versão largamente revista e ampliada de artigo anteriormente publicado como ROUSSEAU, D. La démocratie continue: espace public et juge constitutionnel. *Le Débat*, n. 96, p. 73-88, 1997.

[183] ROUSSEAU, J.-J. *Du contrat social*. Paris: Flammarion, 1966. p. 75.

[184] "[...] compete unicamente aos que se associam regulamentar as condições de sociedade; mas de que maneira as regulamentarão? Fá-lo-ão de comum acordo, como que por

Pois, de fato, pensar que o povo é o autor das leis implica considerar que as regras se inscrevem nos homens, na materialidade das situações humanas, nos fatos. Como, então, esta ancoragem factual das leis pode fundamentar sua validade? Como aceitar a legitimidade de um sistema de legislação feito por "uma turba cega que em geral não sabe o que quer"?[185] Como fundamentar o respeito da lei em sua factibilidade e, portanto, sua maleabilidade, já que o povo, que é o autor da lei, pode mudá-la a qualquer momento? Essas questões sobre a gênese antinômica do direito moderno, que estiveram no centro da reflexão jurídica de Kant, particularmente em relação à Revolução Francesa, ainda hoje definem a problemática democrática.

## 3.1 Legitimidade do direito e democracia representativa

No modelo jusnaturalista, a legitimidade das regras jurídicas tem suas raízes na natureza. As leis da cidade (*polis*) não encontram sua razão de ser na vontade dos homens, mas na ordem natural, seja ela ordem natural divina ou ordem natural das coisas, isto é, em um "lugar" que, sendo a-histórico e livre da contingência e da arbitrariedade humana, possui as qualidades necessárias para garantir sua validade. O que fundamenta a validade das leis civis encontra-se em uma ordem metafísica ou transcendental, exigindo, portanto, que elas sejam uma tradução desta ordem, sob pena de perderem sua legitimidade e de voltarem a ser apenas meros artifícios humanos. Pois se a ordem que dá sentido e valor às leis positivas é transcendente, ela é, no entanto, inteligível. Mas não inteligível para todos. Somente àqueles que a ela têm acesso: o filósofo para Platão, os melhores para Aristóteles, os teólogos se Deus é a medida de todas as coisas. E como todos eles têm o conhecimento deste mundo das ideias que fundamenta a validade das leis positivas, devem ser eles os guias do público e os legisladores da cidade. Sem dúvida, quando a sede do direito natural não está na natureza das coisas, mas na natureza do homem, o poder de criar regras se abre, pois cada um, pelo uso da razão que nele se encontra, está em situação de construir leis que encontram sua legitimidade na natureza racional, que é comum a todos os seres humanos. Mas, se

---

uma inspiração sublime? Possui o corpo político um órgão qualquer para lhes enunciar as vontades? Quem lhe dará a previsão necessária para formar e publicar os atos antecipadamente, ou como os pronunciará no momento de necessidade?" (ROUSSEAU, J.-J. *Du contrat social*. Paris: Flammarion, 1966. p. 75-76. Tradução livre).

[185] ROUSSEAU, J.-J. *Du contrat social*. Paris: Flammarion, 1966. p. 76.

o poder soberano se humaniza pela promoção filosófica do homem, sujeito que determina livremente as regras da cidade pelo exercício da razão, ele sobretudo se estatiza, isto porque o Estado, este "homem artificial" segundo Hobbes, é pensado como o produto da vontade racional dos homens no intuito de dar, pelas leis que ele determina, sua racionalidade à ordem política. Assim, ao fazer do poder de decisão do Estado-legislador a fonte de validade das regras jurídicas, o direito natural racional passa a se aproximar das respostas trazidas pelas doutrinas positivistas. Nos modelos positivistas, com efeito, a legitimidade das regras jurídicas tem suas raízes no Estado. De certa forma, o termo "legitimidade" é aqui inadequado, pois remete a um discurso sobre os valores, quando na verdade o positivismo jurídico não apenas rejeita toda ideia de uma ordem transcendente como também rechaça qualquer pretensão de a razão ser a medida do valor das regras jurídicas. O valor é uma questão filosófica ou ética que pertence à subjetividade e que não pode ser decidida pela razão. Direito e ética foram concebidos como duas ordens separadas, e é precisamente essa dissociação que garante a racionalidade, a neutralidade axiológica do direito, mantendo-o apartado da subjetividade do mundo dos valores. A legitimidade se resolve na legalidade; as leis são válidas pelo simples fato de serem produzidas pelo Estado, já que, como produto da razão, somente ele pode objetivamente conferir e fundamentar a qualidade jurídica das regras. Não há direito fora das leis estabelecidas pelo Estado ou acima de seu poder soberano.

Naturalmente, seriam necessárias mil e uma nuances para levar em conta e considerar a variedade e a riqueza teóricas das escolas jusnaturalistas e positivistas. Mas o que é importante aqui é sua posição de princípio quanto à legitimidade das regras jurídicas com a questão democrática. Sobre esse ponto, contudo, suas respostas respectivas, por mais opostas que sejam, produzem uma configuração política que compartilha as mesmas características.

*Em primeiro lugar, a participação de todos na formação das regras da cidade não é lógica nem conceitualmente obrigatória.* Se isto parece ser verdade para o direito natural – somente aqueles que têm acesso ao mundo das ideias têm o direito de legislar –, o mesmo pode ser questionável quando a lei se refere diretamente ao ser humano considerado como um ser racional. O art. 6 da Declaração de 1789, que se insere nesta filosofia política, não prevê que "todos os cidadãos têm o direito de concorrer pessoalmente à formação" da lei? Mas esta bela fórmula permanece letra morta ou, mais exatamente, é imediatamente negada pela organização constitucional dos poderes, que sempre deixa o povo às margens do espaço de deliberação. Esta negação tem a ver com o pensamento contraditório do povo ao mesmo tempo que o revela, sendo o povo teoricamente colocado como o autor das leis e praticamente considerado como incapaz de construir um sistema de legislação. "O povo, de si mesmo", escreve ainda Jean-Jacques Rousseau, "sempre deseja o bem, mas nem sempre o vê de si mesmo. Eis de onde nasce a necessidade de um legislador".[186] E até mesmo o voto, quando concedido, não é entendido como um ato de participação à formação da vontade geral pois, segundo a advertência de Sieyès proferida em seu discurso de 7.9.1789, "os cidadãos não têm nenhuma vontade particular a impor".[187] Assim, na melhor das hipóteses, a única função legislativa dos cidadãos é designar aqueles que irão contribuir concretamente para a formação da lei. Nesta lógica, é por exemplo inútil culpar Jacques Chirac por não respeitar a vontade do povo já que este não expressou, por seu voto, uma vontade, mas tão somente elegeu o "guia" que deve lhe mostrar o caminho certo da vontade geral. Quanto aos positivistas, a questão da participação de todos na formação da lei não lhes diz respeito, posto que trata de escolhas políticas sobre as quais não pode a razão decidir. A lei é legítima desde que estabelecida nas formas previstas pelo Estado, independentemente de sua substância política.

*Em segunda lugar, e como consequência do acima exposto, o aparelho de Estado é investido da onipotência soberana para decidir.* Considerando que o povo ignora o que é bom para ele e que os cidadãos sempre estão presos às suas próprias vontades, aos seus medos e às suas superstições, incapazes de racionalmente apreender os assuntos da cidade, é "natural" confiar sua gestão aos especialistas, àqueles que, por seus conhecimentos e competências, possuem os instrumentos da razão que lhes permitem determinar as regras certas; ou seja, aos representantes, eleitos se for preciso, mas ficando bem claro que eles são livres no exercício de seu mandato – o mandato representativo é a pedra filosofal de todos os sistemas políticos – e que só eles têm o poder de expressar a vontade geral. "A França está aqui e não em outro lugar", proclamou em 1962 Paul Reynaud, da tribuna da Assembleia Nacional, ecoando as palavras de Sieyès, para quem "o povo não pode

---

[186] ROUSSEAU, J.-J. *Du contrat social*. Paris: Flammarion, 1966. p. 76.
[187] SIEYÈS, E.-J. Sur l'organisation du pouvoir legislatif et la sanction royale. In: FURET, F., HALEVI, R. (Org.). *Les Orateurs de la Révolution française*. Paris: Gallimard, Bibl. de la Pléiade, 1989. p. 1026-1027.

falar, não pode agir senão através de seus representantes". "Em nome de" ainda é a regra da escrita das sociedades políticas, a gramática geradora de todas as formas de representação. As Constituições sem dúvida valorizam a figura do cidadão, e todas afirmam o princípio do "governo do povo pelo povo para o povo", mas dedicam a maior parte de suas disposições para desapossar os cidadãos de seus poderes, organizando e legitimando a existência e a palavra dos representantes e, por via de consequência, a ausência e o silêncio dos "representados".

Por fim, última *característica, a referência a um sujeito* – Deus, a natureza, a nação – *sede da vontade de que decorrem as regras*, sua existência bem como seu significado: "nós queremos", diz o rei, "a nação quer", replica a República. Basta, portanto, conhecer essa vontade, tarefa esta precisamente incumbida a mentes esclarecidas, aos representantes, que sempre remetem suas decisões a um além de si mesmos – a intenção dos pais fundadores por exemplo – e assim aplicar esses mandamentos por meio de instituições que, até as jurisdições, nada mais são do que sua boca.

## 3.2 O modelo da democracia contínua

Assim, se é permitido falar de uma crise da democracia é somente da seguinte configuração: uma concepção estatal da lei, um monopólio do enunciado da vontade geral em proveito dos representantes, uma assimilação da vontade do povo à vontade de seus representantes eleitos, uma redução do poder do juiz a uma função de aplicação da regra geral a um caso concreto, uma atividade cidadã limitada e reduzida ao poder paradoxal de se autolimitar pela designação daqueles a quem compete querer em seu nome. Ao fim do caminho, o princípio democrático é negado: os cidadãos, destinatários das leis, não são mais os autores delas; os autores são os representantes. Esta negação, é verdade, se torna invisível pela racionalização do discurso representativo, o qual atribui aos cidadãos a vontade dos representantes, já que, sustenta-se, é por meio deles que o povo é *supostamente* o autor das leis. Quase nada, um detalhe, uma palavra, mas que muda tudo, já que o vínculo se baseia em uma ficção, a da "inexistência do corpo político fora do poder que a representa",[188] a da ausência da autonomia do mundo vivo em relação ao aparelho de Estado.

---

[188] GAUCHET, M. *La Révolution des pouvoirs*. Paris: Gallimard, 1995. p. 265.

Esta crise do modelo representativo remete à crise da racionalidade que lhe está subjacente.[189] O conjunto institucional da democracia representativa se entende, com efeito, à luz de três pressupostos teóricos: que a lei tem um significado; que este significado é aquele escolhido pelo autor da lei; que a vida da lei decorre de uma dedução por aplicação aos casos concretos do significado da referida lei. Por não darem lugar a nenhuma metafísica, por não apelarem a nenhuma visão do mundo, estes pressupostos representam a garantia da racionalidade do modelo democrático de decisão. Mas, como esta racionalidade se articula sobre a ideia de um autor que determina e impõe unilateralmente o significado da vontade geral, ela se insere no quadro da filosofia da consciência.[190] Porém, desde Nietzsche e talvez mesmo desde Kant, a ideia de um sujeito absoluto, sabendo o que quer e impondo a sua vontade de sentido, tem sido objeto de uma crítica filosófica que hoje define o campo ou o *episteme* do pensamento democrático. Desta crítica, é claro, muitas consequências podem ocorrer; não só um desconstrucionismo infinito, o niilismo, o ceticismo, o cinismo, bem como um retorno ao teológico-político ou à tradição. Mas também a fundação de uma racionalidade que assume a crítica da subjetividade metafísica.

Este projeto é notadamente o de Habermas,[191] que busca pensar a modernidade em seu contexto pós-metafísico, ou seja, numa situação em que os homens se encontram entre si, "condenados a serem livres", condenados a estabelecer as regras de suas vidas sem referente exterior – divino, natural ou transcendente – que possa garantir sua verdade e validade. E nesta situação uma regra é racional apenas enquanto for o produto de um acordo obtido por meio de uma troca de argumentos. Quando o divino se retirou, quando as grandes narrativas desmoronam, quando o sujeito revela ser uma ilusão, quando o mundo está desencantado, resta, para fundamentar a racionalidade das regras, o princípio de discussão. Este princípio de forma alguma reconstitui qualquer tipo de metafísica, pois não garante a verdade da regra, garante apenas que esta regra seja, em dado momento, aquilo sobre o

---

[189] Ver, por exemplo, LENOBLE, J. Modèles de rationalité et crise de la démocratie. *In*: ROUSSEAU, D. (Org.). *La Démocratie continue*. Paris: LGDJ/Bruylant, 1995. p. 83.

[190] Embora recusem a considerar que a própria lei tem um significado, os positivistas-realistas estão presos a esta filosofia, pois fazem do juiz o mestre da lei com poder discricionário para determinar seu significado.

[191] Ver, por exemplo, HABERMAS, J. *Théorie de l'agir communicationnel*. Paris: Fayard, 1987; HABERMAS, J. *La Pensée post-métaphysique*. Paris: Armand Colin, 1993; e, ainda, HABERMAS, J. *Droit et démocratie*. Paris: Gallimard, 1997.

que os homens concordam. E este acordo é, por construção, precário, racionalmente fundamentado decerto, já que produzido pelo princípio de discussão, mas também falível, posto que este mesmo princípio implica que a troca de argumentos não termina com este acordo, que ela pode continuar e causar a alteração do conteúdo da regra. Sendo assim a validade das regras produzidas pelas relações intersubjetivas uma questão contínua, o princípio de discussão que traz essa permanência inaugura uma nova forma de democracia que eu propus chamar, em 1992, de "democracia contínua".[192]

Resumida muito simplesmente, a expressão "democracia contínua" significa que a participação de todos na formação da vontade geral não se reduz ao direito de voto, mas continua, entre os momentos eleitorais, por meio do direito de intervenção legislativa dos cidadãos e de seus direitos de vigilância e, portanto, de controle sobre os empreendimentos normativos do sistema, sistema este que é então forçado, pela própria ação dos direitos dos cidadãos no espaço público, a modificar seus procedimentos de decisão. Em outras palavras, mesmo que a *democracia contínua*, ao contrário da democracia direta, não suprima a representação, ela contudo *simboliza uma transformação radical das relações de poder, isto porque coloca de novo a democracia em pé, pondo os cidadãos em seu próprio espaço de inter-relações, e também porque introduz no sistema institucional representativo mecanismos que fazem jus à exigência de discussão contínua como modo de formação racional das decisões.*

## 3.3 Democracia contínua e espaço público

Colocar de novo a democracia em pé significa reconhecer o espaço em que evoluem os cidadãos como um lugar de construção da vontade comum; reconhecer ou, mais precisamente, assumir o projeto constituinte da modernidade política. Em 1789, com efeito, o primeiro ato dos representantes do povo francês foi o de reconhecer que todos os membros do corpo social possuem direitos naturais, inalienáveis e sagrados, cuja exposição prévia e pública numa declaração solene tem a função explícita de constituir um limite à sua ação. O corpo social é posto como existente independentemente dos representantes e definido

---

[192] ROUSSEAU, D. (Dir.). *La démocratie continue*. Paris: LGDJ, 1997. Desde 1992, seminários, encontros e jornadas de estudos organizados na Faculdade de Direito da Universidade de Montpellier pelo Cercop permitiram esclarecer melhor as propriedades do "modelo" de democracia contínua.

por um conjunto de direitos: entre os quais a livre comunicação dos pensamentos e das opiniões, considerada "um dos mais precisos direitos do homem". Ao reconhecer, no art. 11 da Declaração de 26.8.1789, que todo cidadão pode falar, escrever e imprimir livremente, os representantes reconhecem que uma opinião pode ser expressa fora deles, ou mesmo contra eles; isto é, confirmado por outras disposições, tais como o direito de resistência à opressão ou o direito de reclamação. Mas esta promessa de autonomia do espaço público é logo "esquecida" pelo funcionamento do sistema institucional que, de acordo com suas próprias limitações, se desenvolve e se reproduz ao afirmar seu poder de representar e expressar sozinho a opinião pública. É precisamente este monopólio que a democracia contínua está estilhaçando, cumprindo a promessa democrática pelo reconhecimento do poder autônomo do espaço público e da opinião pública que ali se forma.

Poder da opinião! Esta expressão é tão distorcida que devemos nos deter nela. Habermas, que a utiliza, adverte imediatamente que "uma opinião pública não é de modo algum representativa no sentido estatístico. Não é um conjunto de opiniões individuais, tomadas isoladamente e formuladas em um contexto privado; neste sentido, não deve ser ela confundida com os resultados de uma pesquisa de opinião".[193] A opinião pública é aquela formada no espaço público por meio de uma troca pública de informações, de proposições e de argumentos sobre um tema específico. Todos, em sua vida cotidiana concreta de trabalhador, consumidor, pai, emitem, com base em suas próprias experiências, enunciações que são apreciações tanto do que é como do que deveria ser. Formadas na esfera de produção da vida "privada", estas proposições normativas não estão condenadas a ali permanecer; elas passam para o espaço público através de canais, como exemplo, as associações, os movimentos sociais, a mídia, as revistas e, mais geralmente, qualquer forma de reunião de indivíduos coletivos. E é neste espaço que é construída a opinião pública pela confrontação e discussão das proposições normativas provenientes da esfera privada. O espaço público é um espaço social, ou seja, um espaço de lutas para a formação da opinião pública sobre determinado assunto. A mídia pode tanto favorecer como frear o acesso de uma proposição da esfera privada para o espaço público; os grupos podem ser formados tanto por cidadãos voluntários como por grandes grupos financeiros interessados

---

[193] HABERMAS, J. *Théorie de l'agir communicationnel*. Paris: Fayard, 1987. p. 389.

em combater a formação de uma opinião contrária a seus interesses. Da mesma forma, quando um acordo parece estar a formar-se sobre determinada ideia, por exemplo, a da aposentadoria aos cinquenta cinco anos, este ou aquele ator social, que tem se mantido até então silencioso, pode buscar intervir maciçamente no debate público para interromper o processo de cristalização das opiniões e assim deflagrar uma remobilização dos defensores da aposentadoria aos cinquenta cinco anos, bem como um aumento das tomadas de posição pública em favor desta proposição. Da mesma forma, o sistema político pode procurar interferir no espaço público, forçando-o a aceitar uma posição – a declaração do anfitrião da partida de um estrangeiro, por exemplo – e assim gerar, dentro deste espaço, um movimento de opinião desfavorável que obriga o sistema a recuar. Nada é unilateral; a formação da opinião pública é o resultado de um processo discursivo que impõe seus limites a cada um dos atores: os argumentos de um grupo de pressão podem perder força pela revelação dos motivos financeiros que os sustentam; a mídia pode ser levada a abrir suas colunas ao debate de uma proposição a fim de manter o eleitorado interessado, de ganhar outro ou pelo simples efeito da concorrência jornalística.

Ao contrário da representação que muitas vezes é dada, o espaço público não é este lugar angelical onde as trocas de argumentos evoluiriam a salvo da má-fé, das segundas intenções maliciosas ou das práticas manipuladoras. É o lugar da controvérsia, do contencioso, do choque das proposições normativas e da confrontação dos atores sociais – comitês, clubes, associações – que os animam. *É o lugar onde, pelo princípio de discussão que o estrutura, a democracia contínua se alimenta.*

*Em primeiro lugar, porque a soberania é reconduzida no seu fundamento democrático*, o povo real ou, mais precisamente – a nuance é importante porque marca a diferença com a filosofia de um sujeito absoluto –, a atividade de comunicação que os homens concretos, situados na diversidade de suas próprias biografias e do mundo vivido, desenvolvem para determinar intersubjetivamente as normas que lhes dizem respeito. Esta soberania, "plenamente disseminada", nas palavras de Habermas, nas práticas de comunicação, não reduz, com efeito, a ação política dos cidadãos em um único momento, o do voto, por exemplo. Ela abre ao contrário para a atividade, por definição contínua, de discussão pela qual os indivíduos, inseridos nas incessantes mutações e seus modos de vida, redefinem constantemente suas exigências. A decisão sobre as regras que garantem a estabilidade no tempo das relações sociais não é incompatível com esta forma de soberania, que apenas significa que um voto, uma opinião ou uma decisão não podem ser transformados em objetos de culto que confinam indefinidamente os indivíduos ao respeito sagrado das regras que eles aceitaram em dado momento. "O Parlamento decidiu, acabou"[194] não faz parte do vocabulário da democracia contínua. Longe de serem alienados pelas leis que produzem, os homens podem, a qualquer momento e, portanto, fora do momento eleitoral, voltar a discutir sobre uma norma para reafirmar seu valor, mudar seu significado ou propor uma nova norma, já que é a atividade comunicacional que, neste modelo democrático, fundamenta a legitimidade da regra.

*O espaço público é, também, a estrutura social da democracia contínua, na medida em que é o espaço dos direitos fundamentais que permitem a sua realização.* Com efeito, dado que as proposições normativas são formadas pela discussão, há de pressupor, como condição de possibilidade desta formação, a existência da liberdade de opinião, da liberdade de expressão e do direito a ser protegido pela afirmação de uma opinião, da liberdade de associação, da liberdade e do pluralismo das mídias, do direito à desobediência, do direito à privacidade e da dignidade da pessoa humana. Sem esses direitos, alguns dos quais garantindo o indivíduo em suas atividades privadas e outros em suas atividades públicas, mas todos se condicionando e se reforçando mutuamente, o princípio de discussão permaneceria letra morta, o espaço público atônico e a democracia absorvida pelo Estado. A discussão só se torna um princípio ativo e distintivo da democracia contínua por meio do direito e, em particular, daqueles direitos fundamentais de valor constitucional que definem o código de realização da atividade comunicacional.

Para que o Estado não se feche sobre a democracia, o direito deve garantir aos homens a faculdade de agir no espaço público, de propor, de inventar, de redefinir constantemente as exigências sociais. É, se permitido trazer aqui a famosa distinção apresentada por Maurice Hauriou, *os direitos fundamentais são a Constituição social do espaço público* – e o decano de Toulouse especificava que ela era mais importante do que a Constituição política dedicada à organização dos poderes públicos.[195] Esta Constituição social, que na França se

---

[194] O Parlamento, ou qualquer outra autoridade: o Presidente, o juiz, o prefeito e até mesmo o povo.
[195] HAURIOU, M. *Précis élémentaire de droit constitutionnel*. Paris: Sirey, 1930. p. 611.

encontra principalmente na Declaração de 1789 e no Preâmbulo de 1946, garante, com efeito, a autonomia do espaço público em relação ao poder político, reconhecendo aos membros da sociedade direitos constitutivos de sua autonomia privada – as liberdades individuais – e política – as liberdades coletivas. E, por isso mesmo, ao garantir essa dupla autonomia, os direitos fundamentais, longe de serem um obstáculo ao exercício da soberania popular, são a sua condição necessária. Assim o entendeu o Conselho Constitucional que, em uma decisão de 10-11.10.1984, definiu a livre comunicação dos pensamentos e das opiniões como uma "liberdade fundamental tanto mais precioso quanto sua existência caracteriza uma das garantias essenciais do respeito aos outros direitos e liberdades e da *soberania nacional*".[196]

*Por fim, o espaço público anima a democracia pela sua capacidade de impor permanentemente ao sistema político a responsabilidade e o tratamento das questões pelas quais se mobilizou.* Com efeito, a hierarquia dos problemas não é necessariamente a mesma para o espaço dos cidadãos e para o poder público. Este último, tomado na lógica própria de sua reprodução e de seus jogos de concorrência interna, muitas vezes tende a se interessar por assuntos ou os abordar de uma forma que corresponde às expectativas ou preocupações da opinião pública.[197] Não faltam exemplos de temas "trabalhados" dentro do espaço público, a ponto de este constituir uma força que obriga o poder político a abordá-los: as leis sobre o financiamento da vida política e, em particular, a de 1995, a lei sobre a limitação da acumulação de mandatos foram adaptadas, como os próprios parlamentares admitiram durante os debates na Assembleia Nacional, "sob pressão da opinião pública" exasperada com os casos de corrupção e contra a vontade mais profunda dos parlamentares; de igual modo, a mobilização do espaço público forçou o poder político a pautar na sua agenda a proteção do meio ambiente, o caso do sangue contaminado, a aposentadoria aos cinquenta e cinco anos, a paridade entre homens e mulheres... Por outro lado, a opinião pública pode obter a retirada de uma proposição pautada pelo sistema: a Lei Savary em 1984, a Lei Devaquet em 1986, o salário mínimo para os jovens em 1994 e, mais recentemente, o art. 1 do projeto Debret. A opinião nem sempre vence – o plano Juppé não foi retirado apesar de uma importante

---

[196] CC, 84-181 *DC*, 10-11.10.1984, *R.*, p. 78.
[197] Uma pesquisa de Sofrés, realizada e publicada pelo jornal *Le Monde*, em 6.9.1984, mostrou que para 64% das pessoas entrevistadas os políticos tratavam de assuntos que não diziam respeito a sua vida quotidiana.

mobilização do espaço público – e quando o poder político é forçado a abordar uma questão, sua decisão não necessariamente coincide com os desígnios da opinião. Mas o importante, em relação ao princípio da democracia contínua, é a possibilidade de o espaço público influenciar, entre dos momentos eleitorais, o sistema de poder.

Nesta luta para determinar a agenda política, a imprensa desempenha obviamente um papel central e, por esta razão, contestado. Contestado pelos políticos, que regularmente denunciam a pretensão da imprensa de dizer-lhes o que "realmente" interessa à opinião, contestado também pelos movimentos sociais que a acusam de permanecer indiferente ante suas reivindicações e de estar apenas atenta ao jogo institucional. É verdade que a imprensa tende a funcionar como um filtro que ou afasta ou aceita os assuntos de acordo com seus interesses e que estes, muitas vezes, a levam a privilegiar a visão do sistema – o que torna a crítica dos políticos um tanto hipócrita. Porém, é também verdade que estes mesmos interesses obrigam a imprensa, para não se desligar do seu leitorado, por exemplo, a abordar os problemas que "agitam" o espaço público, a organizar o debate público e a assim participar da formação da opinião. Porque os jornalistas muitas vezes compartilham com os políticos a mesma representação do mundo, é seguramente necessário que as iniciativas cidadãs sejam vivas, ruidosas e às vezes espetaculares ou extraordinárias – o apelo à desobediência civil por exemplo – para forçar a imprensa a fazer eco delas. É de lamentar que assim seja? Talvez. Mas se, conforme escreve Bernard Lacroix, a "democracia só existe através das lutas a que está sujeita",[198] a democracia contínua, por sua vez, só pode existir através de um espaço público vivo, crítico, pluralizado, mobilizando constantemente seus recursos sociais, associativos e intelectuais para impor ao sistema de poder transações que atendam a suas exigências políticas.

Arlette Farge mostrou como, no século XVII, a construção de uma palavra pública permitiu que povo existisse na política;[199] a importância crescente desta palavra permite, hoje, influenciar a política, e influenciar de forma contínua. O poder do eleitor é, com efeito, instantâneo e intermitente; ele se realiza e se esgota plenamente, a cada cinco ou sete anos, no ato de votar. O poder da opinião, por outro lado, é permanente e duradouro: ele mostra o interesse diário dos cidadãos

---

[198] LACROIX, B. Quel sens accorder au mouvement de décembre 1995?. *Les idées en mouvement*, n. 36, fev. 1996. p. 6.
[199] FARGE, A. *Dire et mal dire*. L'opinion publique au XVIII siècle. Paris: Éd. du Seuil, 1992.

pela coisa pública. De certa forma, o poder da opinião prolonga o poder do eleitor, sujeitando o vínculo eleitoral e, portanto, os eleitos a um controle permanente. É por isso que, e Marcel Gauchet tem razão em estigmatizar "o casal da opinião e do juiz",[200] esta importância crescente da opinião é acompanhada pela nova afirmação, dentro do sistema político, do poder do juiz, que é também um poder de controle.

## 3.4 Democracia contínua e juiz constitucional

O fato de a democracia contínua adquirir sentido pela capacidade do espaço público de produzir, pelo debate, as exigências normativas dos cidadãos e de impô-las, pela mobilização de seus atores, ao poder público não significa permitir que este último deva continuar a funcionar de acordo com sua própria lógica, que é a da autonomização e do isolamento representativo. É igualmente necessário, com efeito, que o princípio de discussão, que é a marca distintiva do espaço público, encontre uma extensão no sistema de poder para que as decisões que lhe cabe tomar sejam construídas levando em conta a ideia de sua finitude, isto é, que seu conteúdo é falível e permanece, portanto, aberto e discutível. O fetichismo jurídico, que transforma em objetos sagrados as decisões proferidas pelas instituições do sistema político, não pode encontrar amparo num modelo de democracia que busca afastar toda transcendência, mesmo a dos produtos da deliberação pública.

Seria naturalmente um exagero sustentar que o sistema de poder, na sua organização atual, não observa procedimentos de discussão, já que o sistema representativo moderno foi explicitamente construído como regime de deliberação pública. O direito ao voto, as campanhas eleitorais e os partidos políticos são, em parte, ferramentas que organizam os fluxos recíprocos de comunicação e de troca entre o espaço público e o poder político; e o trabalho de audição das comissões parlamentares, as reuniões de concertação e de negociação dos Ministros com esta ou aquela organização profissional, a prática das emendas em sessão pública das assembleias são a marca, dentro do próprio sistema de poder, da discussão como princípio de tomada de decisão. Mas o que está faltando no modelo representativo é um processo que permite discutir as decisões do sistema político à luz das exigências normativas geradas pelo espaço público. Defeito de resto lógico com o postulado

---

[200] GAUCHET, M. *La Révolution des pouvoirs*. Paris: Gallimard, 1995. p. 35.

do sistema representativo, perfeitamente exposto por Sieyès em seu discurso de 7.9.1789, segundo o qual os cidadãos não expressam, por seu voto, exigências normativas, mas apenas designam representantes que, por sua vez, são encarregados de construir, pela deliberação, a vontade da nação. Como o modelo de democracia contínua sustenta, ao contrário, que o espaço público dos cidadãos é portador de uma vontade normativa manifestada, notadamente, na Constituição social, é importante que o sistema de poder seja reorganizado para abrir um procedimento de discussão permanente do respeito desta vontade por suas decisões. E este processo implica necessariamente o surgimento, até então reprimido – pelos menos na França –, do juiz como figura central do sistema político, pois ele é quem, através de sua função de controle, articula o espaço público e o poder político, questionando a conformidade das decisões deste último à luz da Constituição social do primeiro; em outras palavras, o juiz é aquele que continuamente traz para o campo institucional as questões do espaço público. Dois exemplos, e em primeiro lugar o do injustamente ignorado juiz financeiro. Responsáveis pelo exame da regularidade da utilização dos recursos públicos pelas coletividades locais, as Câmaras regionais de contas elaboram, após a realização de um processo contraditório, uma "carta de observações definitiva", que inclui suas conclusões e as respostas do eleito interessado; esta carta é endereçada à assembleia deliberativa da coletividade e imediatamente acessível ao público. Por meio deste controle *a posteriori*, o juiz financeiro não redefine a decisão – competência do eleito –, mas a questiona do ponto de vista das exigências normativas do espaço público conforme formuladas no art. 14 da Declaração de 1789, segundo o qual todos os cidadãos têm o direito de fiscalizar o uso de seus impostos, e no art. 15, que dispõe que "a sociedade tem o direito de exigir que todo agente público preste contas pela sua administração". Ao colocar a discussão destas exigências no coração do sistema de decisão local, as Câmaras regionais de contas favorecem o exercício contínuo e esclarecido do controle dos cidadãos sobre os seus eleitos; elas são, como escreveu Pierre Joxe, o primeiro Presidente da Corte de contas, "auxiliares da democracia".[201] O outro exemplo, mais conhecido, é o do juiz constitucional. *Mutatis mutandis*, sua missão segue a mesma lógica: questionar a lei aprovada pelos eleitos do povo à luz dos princípios sobre os quais os cidadãos concordaram

---

[201] JOXE, P. Entretien. *Le Monde*, 16-17 out. 1994.

em viver juntos, pois do respeito a esses princípios constitucionais depende o reconhecimento da lei como expressão da vontade geral.

Esta reorganização do sistema de poder em prol de um juiz que submete constantemente as decisões dos eleitos a um processo de discussão de sua legitimidade democrática por referência à Constituição social não é isenta de provocar reações do "antigo" modelo representativo. Assim, por uma estranha coincidência, membros do Parlamento apresentaram recentemente duas proposições de lei, uma que busca reduzir o poder do juiz constitucional, transformando sua missão em um simples direito de veto suspensivo,[202] e outra que visa reduzir o poder do juiz financeiro, limitando seu campo de investigação e, sobretudo, proibindo que as irregularidades de gestão constatadas pelas Câmaras regionais de contas sejam tornadas públicas.[203] O fato de que estas iniciativas provenham dos eleitos é significativo do sonho de todo representante: poder deliberar sem controle público. A democracia contínua tem o sonho oposto: submeter a deliberação dos representantes ao olhar permanente do público. E, no espaço institucional do poder, este olhar passa pela figura do juiz.

Esta "revolução dos poderes", para retomar o título do livro de Marcel Gauchet,[204] é, obviamente, contrária ao senso comum – e à sua forma acadêmica – habituada a pensar o ideal democrático em termos de uma relação entre dois poderes apenas, o Legislativo e o Executivo; a ponto de muitos verem nesta revolução um horror político, uma regressão democrática e a instauração de um governo de juízes. Esta representação diabólica explica-se, em parte, pela longa ausência de uma reflexão, notadamente na França, sobre a função de julgar. É, portanto, necessário, sem cair no erro oposto que consistiria em divinizar o juiz, empreender este trabalho[205] a fim de tentar compreender a que necessidade democrática responde hoje a importância crescente do terceiro poder e, em particular, do juiz constitucional.

*O juiz constitucional garante, antes de tudo, a autonomia do espaço público*, construindo, pela sua jurisprudência, um conjunto de direitos – a Constituição social – que diferencia simbolicamente o espaço dos cidadãos do espaço dos representantes organizado pela Constituição

---

[202] Jornal Oficial, Doc. Assemblée nationale, n. 2981, 19.11.1996.
[203] *Jornal Oficial*, Doc. Sénat, n. 229.
[204] GAUCHET, M. *La Révolution des pouvoirs*. Paris: Gallimard, 1995.
[205] Na sequência, por exemplo, dos trabalhos de LENOBLE, J. *Dire la norme*. La pensée juridique moderne e la crise du juge. Paris: LGDJ/Bruylant, 1990; ou de POULAIN, J. *La Neutralisation du jugement*. Paris: L'Harmattan, 1993.

política. Esta dissociação entre governados e governantes, esta autonomia do espaço público, responde a uma necessidade democrática pensada pelos revolucionários de 1789, mas repelida naquela época por razões conjunturais. Desde 1789, com efeito, tem sido aceito que o ideal democrático exige o envolvimento sempre crescente do povo no poder – mediante a extensão do sufrágio universal por exemplo – e se realiza plenamente pela fusão do povo no corpo político da representação nacional. Se as "democracias populares", com o partido único, levaram ao extremo esta lógica da fusão, as "democracias burguesas", com mais ponderação, também aderiram a ela. Carré de Malberg, notadamente, bem descreveu o "funcionamento" democrático destes sistemas parlamentares, que se baseiam na identificação dos governados com os governantes, na confusão entre o povo e seus representantes, entre a vontade geral e a vontade parlamentar, tornando assim o Parlamento igual ao soberano ou, melhor, como escreveu o Mestre de Estrasburgo, erigindo-o efetivamente como soberano.[206] Porém, por mais democrático que seja, este tipo de funcionamento político não é, na realidade, senão a reprodução transposta do princípio monárquico segundo o qual o corpo da nação e o corpo do rei são um só;[207] os homens de 1789 haviam pensado tê-los dividido, quando na verdade tudo o que fizeram foi reconstituir a unidade, dando apenas à nação um novo corpo, o dos representantes. Menos, aliás, por doutrina do que por necessidade política: se eles tivessem estabelecido a dissociação do corpo da nação do corpo dos representantes, teriam enfraquecido a já incerta legitimidade de sua reivindicação de poder; à unidade do corpo do rei tiveram que opor, politicamente, a unidade do corpo da nação. É esta incorporação dos cidadãos ao corpo dos representantes que o juiz constitucional rompeu ao constituir os direitos dos primeiros em um órgão separado dos direitos dos segundos, garantindo assim a autonomia do espaço público.

*Em segundo lugar, o juiz constitucional torna visível o fato de que os representantes não são os soberanos*, mas apenas os delegados do poder soberano; cada decisão, com efeito, retrata a mesma cena em que os governantes que falaram e decidiram em nome do povo são

---

[206] MALBERG, R. C. *La loi expression de la volonté générale*. Paris: Economica, 1984.

[207] Em 3.3.1766, Luís XV fez um discurso no Parlamento, no qual declarou: "Os direitos e os interesses da Nação, que se ousa fazer um corpo separado do monarca, estão necessariamente unidos aos meus e repousam somente nas minhas mãos. Não sofrerei se um corpo imaginário penetrar na monarquia, o que só poderia perturbar sua harmonia" (citado por GUIOMAR, J.-Y. *L'idéologie nationale*. Paris: Champ libre, 1974. p. 39).

subitamente trazidos de volta à sua situação de meros delegados e confrontados, para ser finalmente submetidos a ela, à fonte de sua delegação. E esta cena produz, neste instante, a figuração do povo como soberano, pois é com base nos seus direitos que, em cada decisão, as ações normativas de seus representantes são julgadas. A figura do soberano é, assim, colocada em uma posição de controle. Antes da existência e do desenvolvimento de uma jurisprudência constitucional, a atividade legislativa dos representantes era diretamente atribuída à vontade do povo, sem que este pudesse protestar, pois, por definição constitucional, o povo não existe de forma separada e independente, já que ele não pode ter outra vontade além daquela expressa pelos representantes. Com o controle de constitucionalidade ainda compete aos representantes expressar a soberania do povo, mas a fusão das duas vontades não é mais possível: sua expressão da soberania do povo é suspensa; pela Carta dos direitos e liberdades, que é construída pela jurisprudência e que caracteriza a representação autônoma da soberania do povo, esta é colocada em uma posição que lhe permite intervir e restabelecer a sujeição da atividade representativa à sua vontade. Os cidadãos não são mais mantidos na periferia da esfera do poder, reduzidos a manifestar sua soberania no seu íntimo profundo ou por um ato, o voto, que dá a seus representantes o acesso exclusivo ao poder; eles fazem agora parte da própria organização do poder por meio da atuação de uma instituição, o juiz constitucional, que expõe sua soberania perante os órgãos parlamentares e executivo. Sem dúvida, esta afirmação da soberania do povo sobre seus representantes se realiza pela mediação de uma instituição, o juiz constitucional. Mas não é pecar por idealismo pensar que o povo pode ser transparente para si mesmo, que ele pode considerar-se diretamente como soberano? Da mesma forma que "para ter uma ideia da totalidade da nossa aparência física devemos recorrer a nossa imagem refletida num espelho",[208] é indispensável, para que o povo se "veja" como soberano, que um espelho reflita para ele sua imagem de povo soberano. O espelho é a carta jurisprudencial dos direitos e liberdades que o juiz apresenta ao povo, para que este possa enxergar sua soberania, e aos delegados, para que estes possam enxergar sua subordinação em relação ao soberano. O juiz constitucional é, portanto, a instituição que reflete a estrutura dialógica da representação política; ele é, para falar em

---

[208] BAUDRY, J-L. *Clémence et l'hypothèse de la beauté*. Paris: Seuil, 1996. p. 266.

termos kantianos, a condição para a possibilidade da percepção – e da recepção desta percepção – da representação do povo como soberano e dos representantes como delegados subordinados. Em outras palavras, ao colocar em representação a representação, segundo a fórmula de Marcel Gauchet,[209] ele torna visível o que o modelo representativo gostaria de nos fazer esquecer.

*O juiz constitucional é, ainda, uma condição da normatividade da palavra do soberano.* Esta é uma questão difícil por remeter inevitavelmente à posição de poder que pode adquirir a instituição, neste caso o juiz, a quem cabe interpretar o texto no qual esta palavra se baseia. Com efeito, a menos que se considere que suas disposições têm apenas um significado em si mesmas, ou são em si normativas – o que, de certa forma, nos levaria a pensar que o juiz constitucional é inútil – a Constituição é, materialmente, um documento escrito feito de palavras e, consequentemente, um texto indeterminado, já que as palavras sempre têm vários significados. Portanto, ao escolher um significado e impondo-o aos outros poderes, o juiz disporia soberanamente da palavra do soberano e assim se erigiria como o poder supremo, submetendo todos os outros à sua autoridade.

Se assim fosse, seria difícil sustentar que a jurisdição constitucional e a sua jurisprudência correspondem a uma "necessidade democrática". No entanto, a questão jurisprudencial apresenta-se de forma diferente. Não há dúvida de que o ponto de partida do raciocínio não levanta grandes objeções: o juiz constitucional interpreta a Constituição, não por comportamento herético ou dominador, mas em razão da função exercida por ele, já que todo juiz deve necessariamente conferir um sentido ao texto que utiliza no exercício de seu controle. Nesta base comum, a discussão pode abrir caminho para os desacordos. Primeiramente, sem este trabalho de interpretação, a Constituição permaneceria desprovida de normatividade ou, dito de outra forma, a vontade do soberano que ela representa não teria influência sobre os representantes. A palavra do soberano só se afirma como uma obrigação, um comando ou um limite para seus delegados por meio do "agir jurisdicional" que, ao atribuir a essa palavra um significado, a torna ativa, uma palavra que produz um efeito de ordem. Sem esta mediação hermenêutica, a palavra do soberano se perde em uma alegre cacofonia. Mas, com esta mediação, esta palavra não se

---

[209] GAUCHET, M. *La Révolution des pouvoirs*. Paris: Gallimard, 1995. p. 49.

perde na sala de deliberação do Tribunal? Os direitos que o Conselho Constitucional "descobre" na Constituição – liberdade de casamento, respeito à dignidade humana, igualdade de direito entre franceses e estrangeiros, liberdade de associação... – e os significados que ele lhes atribui – proibição de qualquer intervenção prévia da autoridade administrativa ou mesmo da autoridade judiciária para a criação de uma associação, por exemplo – são, de fato, mais o produto das decisões do juiz constitucional que do povo soberano. Entretanto, é preciso sair desta alternativa pela qual ou o soberano é considerado capaz de produzir, diretamente e sem mediação, uma vontade normativa, ou o Conselho é suposto criar, de forma discricionária e sem limites, os direitos constitucionais. A palavra do soberano só ganha substância e adquire eficácia em uma relação complexa entre esta palavra, tal como literalmente transcrita na Constituição, e todos aqueles que têm que fazer uso dela; é nesta relação, e não no gesto unilateral, voluntário e solitário de uma das partes desta relação, que se constrói o significado dos enunciados constitucionais e que a palavra do soberano se torna ativa. E, neste jogo complexo de produção de sentidos, a jurisdição constitucional é apenas um dos atores, aquele que obriga os outros a fundamentar sua leitura de tal e tal enunciado, a sustentar a arguição quanto à validade de sua interpretação, que submete a pertinência dos argumentos à crítica – por meio de um processo contraditório que, é verdade, ainda é insuficiente – e que determina por sua decisão o significado do enunciado constitucional que, no momento em que intervém, a troca de argumentos tornou possível alcançar. O direito da pessoa sob custódia de falar com um advogado, a liberdade de casamento, o direito a uma vida familiar normal, o princípio da dignidade humana ou o direito de manifestação são vistos como criação do Conselho. Todavia, previamente, um formidável trabalho hermenêutico realizado dentro das assembleias parlamentares, das jurisdições judiciárias e administrativas, das jurisdições europeias, dos comitês e academias científicas, da doutrina, das associações políticas, sindicais ou "societais", bem como da imprensa, preparou estas criações constitucionais. Estas não são, portanto, já que é necessário voltar a este ponto, a expressão do desejo de poder do terceiro poder que determinaria sozinho a verdade da Constituição, absorvendo e submetendo todos os outros a seus oráculos. O juiz é apenas um elemento da cadeia argumentativa que intervém, em dado momento, para determinar por sua decisão o significado de um enunciado constitucional, sem, no entanto, que sua decisão ponha fim a esta cadeia; esta cadeia continua a viver, pois o sentido produzido abre, nas assembleias, nas jurisdições, na doutrina e no espaço público, novos debates, novas reflexões que podem produzir, algum tempo depois, uma nova interpretação. De certa forma, o juiz constitucional é apenas a institucionalização da indeterminação do direito.

Por último, o *juiz constitucional mantém a Constituição social no tempo presente*. Sem ele, os princípios fundadores do viver juntos permaneceriam presos ao momento de sua enunciação – 1789, 1946 – e acabariam não sendo mais considerados princípios de reflexão das leis. Com ele, ao carregá-los, estes princípios continuam presentes no debate sobre a legitimidade das decisões do sistema de poder. Isto não significa que o juiz constitucional submete o tempo presente ao controle do tempo antigo, pela simples razão de que os princípios fundadores não são "coisas" definitivamente sedimentadas no momento histórico de sua enunciação. Eles apontam mais para os desejos ou as promessas do que para a objetividade: a igualdade entre homens e mulheres, a liberdade individual, a fraternidade são, entre outras, as características desejadas, esperadas e sonhadas de uma sociedade democrática que a exclusão, as desigualdades, as injustiças, a arbitrariedade e a dominação desmentem diariamente.[210] Neste sentido, conforme escreve Jürgen Habermas, "como projeto de uma sociedade justa, uma Constituição articula o horizonte de expectativas de um futuro cada vez antecipado no tempo presente; ela é um projeto inacabado".[211] Portanto, a única exigência normativa que estes princípios estabelecem é a de realizar no tempo presente as promessas por eles anunciadas. É o que faz o Conselho Constitucional: ao considerar que a possibilidade de toda pessoa ter uma moradia digna é um objetivo de valor constitucional, ele realiza no tempo presente a "promessa" do direito, previsto em 1946, de cada pessoa ter acesso às condições necessárias para seu desenvolvimento;[212] ao afirmar que a reafirmação pelo Preâmbulo de 1958 do valor constitucional do direito de propriedade deve ser entendido à luz da evolução deste direito desde 1789, ele se refere ao direito de propriedade de hoje e não de ontem, ou seja, um direito que, tendo incorporado múltiplas ofensas e amputações, afeta necessariamente o direito constitucional de limitações legislativas por razões de interesse geral.[213]

---

[210] Sobre o tema, ver ROUSSEAU, D. Questions de constitution. *La revue administrative*, v. 47, n. 277, p. 17-20, 1994.

[211] HABERMAS, J. *Théorie de l'agir communicationnel*. Paris: Fayard, 1987. p. 411-412.

[212] CC, 94-359 *DC*, 19.1.1995, *R*., p. 176.

[213] CC, 89-256 *DC*, 25.7.1989, *R*., p. 53.

Em outras palavras, por meio de sua interpretação permanente dos princípios fundadores, exigida pela própria natureza de promessas destes princípios, o juiz constitucional os mantém vivos, isto é, abertos, jamais fetichizados, sempre a serem redefinidos e, consequentemente, sempre inacabados. Seu trabalho segue assim a lógica do princípio de discussão, característica principal do modelo da democracia contínua, que consiste em deixar que a troca de argumentos sobre a legitimidade das regras da vida comum continue indefinidamente, além das decisões tomadas em determinado momento. Ele incorpora tanto a necessidade de decidir sobre essas regras quanto a necessidade de permitir que a discussão continue, pois as regras nunca são indiscutíveis. Projeto inacabado, a Constituição social sempre continua.

Em suma, e obviamente a título provisório, uma vez que devemos concordar em submeter essas reflexões ao princípio de discussão, o modelo da democracia contínua tenta articular duas instâncias esquecidas pelo modelo representativo: o espaço público e o juiz, e mais especificamente o juiz constitucional. O espaço público porque é o lugar social onde são formadas, pelo debate, as exigências normativas dos cidadãos que o sistema de poder deve "levar à sério"; o juiz constitucional porque ele é a instituição que traz essas exigências para dentro do sistema de poder, submetendo suas decisões ao seu controle. Distinta da democracia direta, que suprime qualquer distinção entre representantes e representados, e também distinta da democracia representativa, cujo trabalho consiste em sempre retirar os órgãos representativos do olhar do público, a democracia contínua define um além da representação, não porque a suprima – o direito de voto continua sendo, naturalmente, um de seus princípios constitutivos –, mas porque transforma os mecanismos decisórios, ampliando o espaço da participação popular e inventando formas particulares que permitem à opinião realizar um trabalho político: o controle contínuo e efetivo da ação dos governantes fora dos momentos eleitorais.

# A JURISPRUDÊNCIA CONSTITUCIONAL: QUAL NECESSIDADE DEMOCRÁTICA?[214]

Em um esforço louvável para ajudar os palestrantes, os organizadores do colóquio acompanharam o enunciado de cada tema com uma série de questões. Quanto ao tema da necessidade democrática da jurisprudência constitucional, elas foram formuladas da seguinte forma: "A jurisprudência constitucional é um progresso? Não corre ela o risco de enfraquecer certos elementos da ordem normativa (como a lei) ou política (a questão da representação)? Ela tornou-se verdadeiramente indispensável para a democracia?" Questões simples, aparentemente compreensíveis, mas na realidade esquivas como enguias. É preciso imaginá-las transpostas para outros temas para, talvez, tomar a medida de sua falsa honestidade. Por exemplo: a eleição popular do chefe de Estado é um progresso? Não corre ela o risco de enfraquecer certos elementos da ordem política (como o Parlamento)? O bicameralismo é realmente indispensável para a democracia? A banalização do referendo não enfraquece certos elementos da ordem normativa (como a lei)?

Em sua formulação – tal como o uso do advérbio "verdadeiramente" – estas questões estão repletas de preconceitos, de ideias preconcebidas, de pressupostos e também, como nas pesquisas de opinião, levam "naturalmente" à resposta. Dirigidas à jurisprudência constitucional, sobre a qual sempre paira uma suspeita de ilegitimidade democrática, estas perguntas são uma mistura sutil de benevolência e perversidade. Para responder a isso, seria preciso discorrer longamente

---

[214] Versão largamente revista e ampliada de artigo anteriormente publicado como ROUSSEAU, D. La jurisprudence constitutionnelle: quelle nécessité démocratique? In: DRAGO, G.; FRANÇOIS, B.; MOLFESSIS, N. (Dir.). *La légitimité de la jurisprudence du Conseil Constitutionnel*. Paris: Economica, 1999. p. 363-376.

sobre a palavra "progresso": progresso em relação a que situação? Em comparação com qual organização? Em direção a quê? Em proveito de quem? A própria ideia de progresso tem um sentido? Da mesma forma, seria preciso chegar a um acordo sobre as expressões "democracia" e "necessidade democrática". Os britânicos ou os holandeses[215] estão convencidos de que vivem em uma sociedade "verdadeiramente" democrática, apesar da ausência de justiça constitucional em seu país. Ao mesmo tempo, porém, o Decano Georges Vedel considera que "o controle da constitucionalidade das leis é parte do conforto moderno das democracias",[216] fórmula esta, de resto, com duplo sentido: é um luxo, isto é, algo supérfluo ou, como pensava Voltaire, algo necessário?

Para pôr fim a esta espiral infernal de questionamentos, bastaria admitir o postulado de que a democracia é o regime em que a única decisão legítima é aquela que expressa a vontade do povo, seja de forma direta, seja através dos representantes eleitos pelo sufrágio universal direto, de modo a poder compará-lo com o conteúdo da jurisprudência constitucional. Logo se torna claro, apesar de algumas decisões, como a de 6.11.1962, quando o Conselho se recusou a controlar as leis adotadas por referendo,[217] que a jurisprudência constitucional não representava uma necessidade nem um progresso democrático na medida em que tem o efeito, senão o propósito, de impor limites – os dos direitos fundamentais – à ação legislativa dos eleitos do povo.

A fraqueza redibitória deste raciocínio é óbvia:[218] ou o postulado inicial convence, e neste caso o raciocínio se sustenta; ou algum outro princípio é preferido, e neste caso ele cai por terra. Logo, para responder à questão da necessidade democrática da jurisprudência constitucional, uma definição *a priori* da democracia deve ser descartada. Com efeito, parece preferível partir da jurisprudência constitucional para tentar entender a qual necessidade ela responde, que "verdade democrática" ela reflete. Globalmente, a jurisprudência constitucional, por meio da construção de uma Carta de direitos e liberdades dos cidadãos e por meio do controle, com base neste fundamento, das leis aprovadas por seus representantes, torna visível o que até então era escondido, e até mesmo negado, *a dissociação do corpo do soberano e do corpo dos seus*

---

[215] KORTMANN, C. Souveraineté et contrôle de constitutionnalité. *La revue administrative*, v. 47, n. 282, p. 574-578, 1994.
[216] VEDEL, G. Neuf ans au Conseil constitutionnel. *Le Débat*, v. 55, n. 3, p. 49-56, 1989. p. 51.
[217] CC, 62-20 DC, 6.11.1962, R., p. 27.
[218] ROUSSEAU, D. *Droit du contentieux constitutionnel*. 4. ed. Paris: Montchrestien, 1997. p. 414 e ss.

*representantes*. A que necessidade, já que é preciso respeitar a abordagem anunciada, responde esta dissociação na ordem dos princípios políticos, por um lado (I), e na ordem de sua organização, por outro (II)? Pois, supondo que esta dissociação possa ter uma virtude em si mesma, ela é construída por um terceiro poder, a jurisdição constitucional, que é suspeito de absorver por suas decisões as duas instituições resultantes do sufrágio universal, o Parlamento e o Executivo.

## 4.1 Uma necessidade para a representação da soberania do povo

É geralmente aceito que a jurisprudência constitucional contribui para a formação de um "bloco de constitucionalidade", para alguns, de uma "Carta dos direitos e liberdades", para outros, ou seja, qualquer que seja a expressão escolhida, de um conjunto de enunciados que, por terem valor constitucional, possuem duas propriedades complementares: eles expressam a vontade superior do soberano, eles "se impõem a todos os órgãos do Estado", incluindo o legislador.[219] Esta carta jurisprudencial produz assim uma ruptura entre o corpo do soberano e o corpo dos representantes (A), uma ruptura que torna possível a representação da soberania do povo (B).

## 4.2 A ruptura da unidade do corpo do soberano. Uma consequência da jurisprudência constitucional

Com o desenvolvimento da jurisprudência constitucional, a Constituição não é mais o que já foi. Até os anos 1970, ela era a lei fundamental que determinava e organizava a separação dos poderes; desde então, ela é, acima de tudo, a Carta dos direitos e liberdades dos governados.[220] Sem dúvida, a Constituição-separação dos poderes também valorizava a figura do cidadão, mas dedicava a maior parte de suas disposições à regulação dos problemas específicos das relações entre as diversas categorias de governantes – deputados, senadores, chefe do Estado, governo... Sem dúvida, a garantia dos direitos dos cidadãos não havia sido esquecida, mas os homens de 1789 e, posteriormente, os constituintes, consideravam esta proteção como

---

[219] CC, 81-132, *DC*, 16.1.1982, *R.*, p. 18.
[220] Cap. 1 – Uma ressureição: a noção de Constituição, *supra*.

a consequência necessária de uma limitação do poder obtida por sua divisão. Assim, os debates constitucionais sobre o regime político mais favorável à liberdade dos indivíduos se resumiam em trocas acadêmicas sobre as respectivas vantagens e desvantagens das diferentes modalidades de separação de poderes: flexível para aqueles que faziam a qualidade democrática de um regime depender da organização parlamentar dos poderes, rígida para aqueles que faziam da eleição popular do Presidente da República uma necessidade democrática. Este modo de representação dos requisitos democráticos não desapareceu completamente. No intuito de deter a deriva monárquica das instituições da V República e de "dar um passo decisivo para uma maior democracia", alguns propõem suprimir a responsabilidade ministerial e o direito presidencial de dissolução, outros propõem retirar certas competências do Presidente ou definir com precisão as condições de seu exercício, outros, ainda, melhor garantir, no texto, a autonomia do Primeiro-Ministro.[221]

Entretanto, este apelo à tecnologia da separação dos poderes não é mais hoje o recurso essencial: a exigência democrática parece agora ter que ser satisfeita por outros meios, e, em particular, por aqueles que estão mais interessados nos direitos dos governados do que no estatuto dos governantes. Esta mudança de paradigma – ou, mais modestamente, de ponto de vista – está claramente exposta no relatório do Comitê Vedel, encarregado, em 1993, de apresentar propostas de emenda constitucional do texto de 1958. Depois de ter definido aquelas que permitiriam "melhor definir o Executivo" e tornar "o Parlamento mais ativo", ele expõe aquelas relativas a uma cidadania "mais presente" da seguinte forma: "A importância das regras relativas ao equilíbrio institucional que estão no cerne da Constituição não deve ocultar o fato de que são outras prescrições, menos diretamente ligadas à organização dos poderes públicos, que dão ao texto fundamental seu verdadeiro alcance".[222] Em outros termos, seja qual for a Constituição política, isto é, a organização presidencial, parlamentar ou semipresidencial dos poderes, o que mais caracteriza a qualidade democrática de uma Constituição é, como pensava Maurice Hauriou,[223] a Constituição social, ou seja, a garantia dos direitos e

---

[221] Ver, por exemplo, as diferentes contribuições relativas à pesquisa realizada pela revista *Débat* sobre o tema "la monarchie présidentielle" (*Débat*, v. 55, n. 3, p. 22-26, 1989).

[222] *JO*, 16.2.1993, p. 2547.

[223] HAURIOU, M. *Précis élémentaire de droit constitutionnel*. Paris: Sirey, 1930.

liberdades dos cidadãos. E, seguindo este pensamento, os primeiros meios propostos pelo Comitê Vedel para construir uma democracia cidadã são o fortalecimento da independência da magistratura – termo preferido ao atual de autoridade judiciária – e o desenvolvimento do controle de constitucionalidade por meio da abertura da legitimidade ativa para a ação de inconstitucionalidade aos jurisdicionados.

A inversão de perspectiva, a transição da Constituição-separação dos poderes para a Constituição-garantia dos direitos, está, de fato, diretamente relacionada à existência e ao desenvolvimento da jurisprudência constitucional. Se a Constituição se tornou principalmente o ato dos direitos dos governados, é porque o Conselho a utiliza para construir, por meio de suas decisões, uma carta jurisprudencial dos direitos e liberdades: os direitos do homem e do cidadão de 1789 e as liberdades de 1946 não só se tornaram juridicamente oponíveis contra os representantes do povo mediante decisão do Conselho Constitucional,[224] como também este "descobre" regularmente, por um trabalho sobre a palavra escrita, novos direitos e liberdades não expressamente formulados nas declarações. Foi o caso, recentemente, da liberdade de casamento, deduzida da liberdade individual,[225] do direito a uma vida familial normal, "extraído" dos alíneas 10 e 11 do Preâmbulo de 1946,[226] do princípio do respeito pela dignidade da pessoa humana, criada a partir das palavras constantes na primeira frase do Preâmbulo de 1946,[227] que assevera que a reafirmação solene dos direitos humanos foi feita "no dia seguinte da vitória dos povos livres sobre os regimes que tentaram avassalar e degradar a pessoa humana",[228] ou do direito de manifestação, que o Conselho considera estar incluído na livre comunicação dos pensamentos e das opiniões afirmada no art. 11 da Declaração de 1789.[229] Porque ela é jurisprudencial, esta Carta nunca é fechada, ela se enriquece a cada decisão que consagra um novo direito constitucional.[230] Esta nova concepção da Constituição, que é o resultado da jurisprudência constitucional, tem uma incidência direta

---

[224] CC, 71-44 *DC*, 16.7.1971, *R.*, p. 29. É bem conhecido que, para os autores da Constituição de 1958, estes dois textos não tinham valor constitucional.

[225] CC, 93-325 *DC*, 13.8.1993, *R.*, p. 224.

[226] CC, 93-325 *DC*, 13.8.1993, *R.*, p. 224.

[227] CC, 93-325 *DC*, 13.8.1993, *R.*, p. 224.

[228] CC, 94-343/344 *DC*, 27.7.1994, *R.*, p. 100.

[229] CC, 94-352 *DC*, 18.1.1995, *R.*, p. 170.

[230] Permito-me remeter o leitor às minhas crônicas anuais de jurisprudência constitucional, desde 1990 publicadas na *Revue du Droit Public* (*RDP*).

na representação da relação governados-governantes. Com efeito, a Carta define gradualmente uma barreira ou, mais exatamente, um espaço simbólico e que praticamente garante – pela eventual censura da lei – a autonomia dos representados em relação aos representantes. Esta lógica de diferenciação está claramente em evidência na decisão do 16.1.1982, a qual opõe à vontade dos eleitos do povo, que negam o valor constitucional do direito de propriedade, a vontade contrária do povo, que, "no referendo de 5 de maio de 1946, rejeitou uma Declaração dos Direitos do Homem contendo, notadamente, o enunciado de princípios diferentes daqueles proclamados em 1789 pelos artigos 2 e 17", mas que, por outro lado, "nos referendos de 13 de outubro de 1946 e de 28 de setembro de 1958, aprovou textos que deram valor constitucional aos princípios e direitos proclamados em 1789". A jurisprudência produz assim uma nova figura que distancia os governados dos governantes, ao constituir os direitos dos primeiros em um corpo separado dos direitos dos segundos: a Carta jurisprudencial dos direitos e liberdades constitucionais simboliza o espaço dos governados, a lei, o espaço dos governantes.

De resto, esta diferenciação, que é vista como a consequência do controle jurisdicional de constitucionalidade, é também, de certa forma, a causa deste. Com efeito, a ideia de controle, em geral, implica conceber, pelo menos, dois elementos distintos e potencialmente contraditórios. Assim, o postulado, pelo menos implícito, no qual se baseia o princípio de justiça constitucional, seja qual for sua organização concreta, é o pensamento de possíveis divergências entre a vontade constituinte do povo e a vontade legislativa e seus representantes. Este pensamento e a figuração constitucional de uma diferenciação governados-governantes correspondem a uma "necessidade democrática"?

## 4.3 A ruptura da unidade do corpo do soberano. Uma condição da representação da soberania do povo

A dissociação governados-governantes produz vários efeitos que se propõe qualificar de democráticos. O principal deles é de colocar em representação a representação. Ao julgar a lei tendo como referência a vontade constitucional do povo, o Conselho deixa claro que os representantes não são os soberanos, mas apenas os delegados do poder soberano; cada decisão retrata a mesma cena, na qual os governantes que falaram e decidiram em nome do povo são subitamente trazidos de volta à sua situação de meros delegados e confrontados, para ser finalmente submetidos a ela, à fonte de sua delegação. E esta cena produz, neste instante, a figuração do povo como soberano, pois é com base nos seus direitos que, em cada decisão, as ações normativas de seus representantes são julgadas.

A representação dos representantes como delegados, e do povo como soberano, é, portanto, a consequência necessária da dissociação governados-governantes que a jurisprudência constitucional realizou. A "necessidade democrática" a que ela se refere é, obviamente, nova e diferente daquela admitida desde a Revolução de 1789. Em sua formulação mais banal, o ideal democrático exigia o envolvimento sempre crescente do povo no poder – por meio da extensão do sufrágio universal, por exemplo – e se realizava plenamente pela fusão do povo no corpo político da representação nacional. Se as "democracias populares", com o partido único, levaram ao extremo esta lógica da fusão, as "democracias burguesas", com mais ponderação, também aderiram a ela. Carré de Malberg, notadamente, bem descreveu o "funcionamento" democrático destes sistemas parlamentares, que se baseiam na identificação dos governados com os governantes, na confusão entre o povo e seus representantes, entre a vontade geral e a vontade parlamentar, tornando assim o Parlamento igual ao soberano ou, melhor, como escreveu o Mestre de Estrasburgo, erigindo-o efetivamente como soberano.[231] Por mais democrático que seja, este tipo de funcionamento político não é, na realidade, senão a reprodução transposta do princípio monárquico segundo o qual o corpo da nação e o corpo do rei são um só, como no célebre e já citado discurso de Luís XV; os homens de 1789 haviam pensado tê-los dividido, quando na verdade tudo o que fizeram foi reconstituir a unidade, dando apenas à nação um novo corpo, o dos representantes. Portanto, ao quebrar esta fusão, a jurisprudência constitucional realiza, de certa forma, o projeto político de 1789: a representação da soberania do povo por meio da construção de um espelho constitucional – a Carta dos direitos e liberdades – no qual os atos do corpo dos representantes devem se refletir – em todos os sentidos da palavra.

Se o princípio democrático é a soberania do povo, é necessário, sob pena de ela desaparecer em seu exercício por seus delegados, que ela esteja constantemente representada para os representantes.

---

[231] MALBERG, R. C. *La loi expression de la volonté générale*. Paris: Economica, 1984.

É precisamente esta cena que o Conselho retrata em cada uma de suas decisões: a figura do soberano em uma posição de controle de seus representantes. Com efeito, antes da existência e do desenvolvimento da jurisprudência constitucional, a atividade legislativa dos representantes era diretamente atribuída à vontade do povo sem que este pudesse protestar, uma vez que, por definição constitucional, o povo não existe de forma separada, independente, não possuindo ele outra vontade além daquela expressa pelos representantes. Com o controle de constitucionalidade, ainda compete aos representantes expressar a soberania do povo, mas a fusão das duas vontades não é mais possível: sua expressão da soberania do povo é suspensa; pela Carta dos direitos e liberdades, que é construída pela jurisprudência e que caracteriza a representação autônoma da soberania do povo, esta é colocada em uma posição que lhe permite intervir e restaurar a sujeição da atividade representativa à sua vontade.

Assim, o "progresso" democrático representado pelo controle de constitucionalidade consiste em reintroduzir, dentro da lógica da democracia representativa, o princípio da democracia direta: se a soberania do povo se expressa necessariamente por meio da palavra dos seus delegados, o Conselho propicia ao povo o espaço para que ele possa ter uma representação de si mesmo, autorizando e, se necessário, trazendo de volta os delegados à sua autoridade.

É verdade que esta dissociação governados-governantes, este espaço onde a autonomia dos governados é representada – a carta – está ocupado por uma instituição, a jurisdição constitucional. Portanto, não seria, esta nova relação política que ela estabelece, um mero deslocamento de poder, com o Conselho quebrando a identificação povo-representantes para reconstruí-la em seu próprio benefício? E se esta hipótese fosse procedente, Stéphane Rials estaria certo:[232] onde estaria a necessidade democrática?

## 4.4 Uma necessidade para o acionamento da soberania do povo

Visto que é difícil pensar a jurisprudência constitucional sem a instituição que a produz, a questão do terceiro poder e de suas relações com, notadamente, os poderes Legislativo e Executivo volta

---

[232] RIALS, S. Entre artificialisme et idolâtrie. Sur l'hésitation du constitutionnalisme. *Le Débat*, v. 64, n. 2, p. 159-175, 1991. p. 163.

necessariamente para assombrar a consciência democrática francesa, a qual foi formada sobre sua rejeição. Dissipar o fantasma de um poder dominante e seguro de si é mostrar que, por meio de suas decisões, ele é uma das condições para a visibilidade do soberano (A) e para a normatividade da palavra deste (B).

### 4.4.1 O terceiro poder, uma condição da visibilidade do soberano

A diferenciação governados-governantes, eleitores-eleitos, "nós e eles", ou, para usar uma distinção fácil – demais –, sociedade civil-sociedade política, não é, na verdade, uma nova representação do processo político. Quando necessário, todos, inclusive os políticos, são capazes de lembrar a estes que eles não são titulares do poder, que apenas o exercem, que o verdadeiro lugar do poder é o povo do qual eles dependem e que pode sancioná-los. Se, com a jurisprudência constitucional, esta representação da dissociação assume um novo significado, cujo caráter democrático deve ser precisamente questionado, é porque o espaço construído entre as duas sociedades, civil e política, é ocupado por um poder, uma instituição: a jurisdição constitucional. Melhor ainda, é construindo-o que ela o ocupa. Com efeito, o Conselho não é somente a instituição que permite a representação da diferença governados-governantes, como também é a instituição que lhe dá vida na esfera do poder. Os cidadãos não são mais mantidos na periferia desta esfera do poder, reduzidos a manifestar sua soberania no seu íntimo profundo ou por um ato, o voto, que dá a seus representantes o acesso exclusivo ao poder;[233] eles fazem agora parte da própria organização do poder por meio da atuação de uma instituição, o Conselho Constitucional, que representa sua soberania perante os órgãos parlamentares e executivo. Para ser ainda mais preciso, os cidadãos aparecem como representados nas instituições legislativa e executiva e, aqui está a novidade, como soberanos pela jurisdição constitucional.

A necessidade desta instituição para dar sustento à ideia da dependência do poder político em relação à sociedade foi perfeitamente analisada pelo Decano Maurice Hauriou em termos de que é

---

[233] A não reeleição de um representante, analisada muitas vezes como a manifestação do poder de controle do povo soberano sobre seus delegados, sempre leva ao acesso de um outro representante na esfera do poder.

bom ressuscitar hoje. Falta a esta ideia comumente aceita, observou ele em 1929:

> de ser mantida e confirmada pela existência de uma instituição viva, como o controle de constitucionalidade das leis, que lembra continuamente ao mais poderoso órgão político do Estado, isto é o Parlamento, sua dependência em relação às bases da sociedade privada. É porque estamos convencidos da necessidade desta lembrança automática dos princípios individualistas que temos insistido tão firmemente no dever cívico que atualmente se impõe na França de promover a instituição do controle jurisdicional da constitucionalidade das leis.[234]

Admitir a necessidade da jurisdição constitucional, o que é geralmente o caso agora, não conduz necessariamente ao seu reconhecimento como uma necessidade democrática. Parte da doutrina considera assim que ela responde mais a uma necessidade dos juristas, ou, pior, a uma necessidade antidemocrática, na medida em que expressa uma desconfiança, ou mesmo uma crítica, em relação ao sufrágio popular, aos eleitos do povo e às paixões políticas. É verdade que a aparência de um esquema institucional com três poderes, o poder parlamentar, o poder executivo e o poder jurisdicional controlando os dois primeiros, pode dar ensejo a este tipo de interpretação. Uma das contradições da "democracia contínua", contradição motora, mas não destrutora,[235] é, de fato, que a afirmação da soberania do povo sobre seus representantes não se realiza diretamente, mas pela mediação de uma instituição, um terceiro poder, o Conselho Constitucional. Logo, seria tentador pensar que o povo está sempre ausente dos lugares de poder, posto que o controle não é exercido por ele, sendo sua soberania manifestada em seu lugar e em seu nome pelo Conselho. E, à diferença das delegações de poder existentes nas instituições parlamentar e executiva, esta delegação não pode merecer o termo de "democrático", porque lhe falta o que a constitui como tal: a eleição. Se o povo não pode escapar de sua própria representação, a única verdadeira necessidade democrática é de ele designar por seu voto aqueles que agirão em seu nome.

Apesar da sua aparente retidão, esta *doxa* democrática é discutível. Em primeiro lugar, o fato de que a afirmação da soberania

---

[234] HAURIOU, M. *Précis élémentaire de droit constitutionnel*. Paris: Sirey, 1930. p. 612.
[235] ROUSSEAU, D. (Dir.). *La démocratie continue*. Paris: LGDJ, 1997.

do povo se *realiza* (a escolha do verbo é deliberada, conforme será demostrado a seguir) por uma instituição que a representa não significa que o povo permaneça sempre ausente da esfera do poder. Pelo contrário. O "mecanismo" da representação, Louis Marin o analisou frequentemente,[236] é um mecanismo de constituição da realidade, na medida em que ele dá forma e consistência ao que está ausente. Aqui, o que está ausente é a pessoa do povo soberano, e o Conselho dá corpo a esta pessoa, produz sua realidade de soberano ao trazer à luz, ao tornar visível, o que é construído por sua representação, isto é, precisamente, a soberania do povo. Esta última só é real, só adquire uma possível efetividade, se ela for representada como tal. É justamente esta presença do povo soberano na esfera do poder que a jurisdição constitucional (re)presenta e apresenta em face das instituições parlamentar e executiva, às quais somente refletem para os cidadãos a imagem de representados, e não de soberanos. Da mesma forma que a moldura de um quadro "autonomiza a obra em um espaço visível e coloca a representação em um estado de presença exclusiva",[237] o Conselho coloca a soberania do povo pela representação que ele produz em um estado de presença exclusiva.

Em segundo lugar, a *doxa* democrática peca, um pouco, por idealismo, ao analisar qualquer mediação institucional, e em particular a mediação jurisdicional, como sinal de uma desconfiança em relação ao povo, de uma vontade – dos juristas – de organizar e canalizar sua expressão. Como efeito, o povo não se apropria diretamente como soberano; ele não é transparente para si mesmo. Da mesma forma que "para ter uma ideia da totalidade da nossa aparência física devemos recorrer a nossa imagem refletida num espelho",[238] é indispensável, para que o povo se "veja" como soberano, que um espelho reflita para ele sua imagem de povo soberano. O espelho é a carta jurisprudencial dos direitos e liberdades que o Conselho apresenta ao povo para que este possa representar para si mesmo sua soberania, e aos delegados, para que estes possam enxergar sua subordinação em relação ao soberano. O Conselho é, portanto, a instituição que reflete a estrutura dialógica da representação política; ele é, para falar em termos kantianos, a condição

---

[236] Ver, por exemplo, MARIN, L. *Le portrait du Roi*. Paris: Editions de minuit, 1981; MARIN, L. *De la représentation*. Paris: Hautes Études, Gallimard, Seuil, 1994; MARIN, L. *Des pouvoirs de l'image*. Paris: Seuil, 1993.

[237] MARIN, L. *Des pouvoirs de l'image*. Paris: Seuil, 1993. p. 347.

[238] BAUDRY, J-L. *Clémence et l'hypothèse de la beauté*. Paris: Seuil, 1996. p. 266.

para a possibilidade da percepção – e da recepção desta percepção – da representação do povo como soberano e dos representantes como delegados subordinados.

A contribuição da jurisdição constitucional, longe de entrar em conflito com o princípio democrático da soberania do povo, permite, portanto, sua representação simbólica e prática. Mas, ao fazer isso, ela não se assenhora desta representação, ela não se torna o poder soberano, trazendo sob sua autoridade todos os demais poderes?

### 4.4.2 O terceiro poder, uma condição da normatividade da palavra do soberano

Cada vez que a criação de um terceiro poder foi pensada – como no caso do projeto de *jurie constitutionnaire* de Siéyès, ou do poder neutro de Benjamin Constant –, cada vez que uma jurisdição foi encarregada de controlar a constitucionalidade das leis, a mesma questão voltou a surgir, sempre sob a forma de um receio: o governo dos juízes. Ainda hoje, o juiz constitucional continua a ser suspeito de ser o autor de um formidável *hold-up* contra as instituições da democracia; ele tiraria a sociedade da modernidade e a traria para trás, para um modelo teológico-político que garantiria sua posição de oráculo, daquele que fala a verdade da lei.

Com elegância e inteligência, o Professor Stéphane Rials defendeu esta tese.[239] Segundo este autor, a jurisdição constitucional destrói o pacto político moderno baseado na exclusão de qualquer ideia de uma verdade transcendente: enquanto a modernidade havia gradualmente desvelado o caráter das regras jurídicas – artifícios, nem verdadeiros nem falsos, produzidos pela vontade política dos homens que, por convenção, concordam em se submeter a eles –, a intervenção dos juízes constitucionais coloca-as de volta sob o domínio da verdade. A autoridade das leis não deriva mais da vontade dos homens colocados em uma situação aritmética, em determinado momento, capazes de impor seus pontos de vista, mas deriva sim de sua relação de verdade para com a Constituição. Com efeito, os juízes – nesta concepção de seu papel – eliminam, ou mais precisamente, encobrem a arbitrariedade das leis, seja (caso as confirmem) dando-lhes um caráter objetivo, seja (caso

---

[239] RIALS, S. Entre artificialisme et idolâtrie. Sur l'hésitation du constitutionnalisme. *Le Débat*, v. 64, n. 2, p. 159-175, 1991.

as censurem) mostrando que a arbitrariedade política não pode ser a fonte das leis. Em resumo, o controle de constitucionalidade transforma a lei dos homens, seres físicos, subjetivos e partidários, em uma lei do direito, uma espécie de divindade que garante, por sua exterioridade, o significado e o valor da verdade da regra. E os juízes, ao serem vistos como a simples boca deste direito, seriam tanto os artesãos como os padres desta nova religião constitucional; daí o culto do qual o direito seria o objeto e que todos – juízes ordinários, políticos, professores de direito... – deveriam piedosamente reconhecer e honrar.

Esta concepção de uma jurisdição constitucional regressando para uma forma teológica das sociedades políticas não convence; tampouco, a propósito, certas respostas doutrinas.

Assim, a compatibilidade entre a existência de uma jurisdição constitucional e a lógica "do pacto político moderno" – sobre este ponto, a análise de Stéphane Rials é perfeitamente convincente – é geralmente apresentada como a consequência do papel meramente processual do Conselho. Este último se limitaria a guiar os poderes Legislativo e Executivo. Ao censurar uma lei, ele não exerceria nenhum poder sobre os eleitos do povo, nem enunciaria contra a lei dos homens a verdade substancial do direito; ele somente indicaria aos eleitos que a vontade só pode ser realizada, tendo em vista seu objeto, por um procedimento diferente do legislativo, como exemplo, o da emenda constitucional. Sob este prisma, o conflito de 1993 é erigido em modelo: em 13.8.1993, o Conselho censurou as disposições da Lei Pasqua relativas ao exercício do direito de asilo político com base no texto constitucional então vigente;[240] em 19.11.1993, o constituinte alterou o texto e adotou uma nova definição constitucional do direito de asilo que deu ao Parlamento a base necessária que lhe permitisse retomar suas disposições sem correr o risco de ser censurado. Fica assim provado que o Conselho não é um verdadeiro poder, que os eleitos do povo têm, como é próprio da democracia, o poder da última palavra, pois estão sempre em posição de fazer prevalecer sua vontade contra uma censura do juiz. Outra prova disto são as decisões pelas quais o Conselho declara o poder constituinte soberano,[241] ou declina sua competência diante a expressão direta do povo pela via do referendo.[242] Portanto, o princípio democrático clássico

---

[240] CC, 93-325 DC, 13.8.1993, R., p. 224.
[241] CC, 92-312 DC, 2.9.1992, R., p. 76.
[242] CC, 62-20 DC, 6.11.1962, R., p. 27; CC, 92-313 DC, 23.9.1992, R., p. 94.

não seria, de forma alguma, ameaçado pela introdução deste terceiro poder que não o é.

Nesta pesquisa doutrinária sobre a justificação democrática do controle jurisdicional da constitucionalidade das leis, o Professor Michel Troper propõe uma teoria original argumentada sob a forma de um silogismo: é representante do soberano toda pessoa que participe da expressão da vontade geral; o juiz constitucional contribui, pelo controle, pelas reservas ou pela simples existência de sua jurisprudência, para a formulação da lei; logo, "o juiz constitucional é também um representante do povo soberano".[243] Assim, este terceiro seria perfeitamente compatível com a forma representativa do governo democrático.

Por mais atraente que seja, esta teoria, como a do Conselho-agulheiro, não condiz com a especificidade da posição do juiz constitucional na esfera do poder. Ele não é, de fato, um representante suplementar do povo soberano, ao lado do Parlamento e do Executivo; é a instituição que (re)presenta e apresenta ao povo e aos seus delegados a soberania do povo conforme consagrada na Constituição. A diferença é importante. Quando o Conselho repreende uma lei, por exemplo as disposições da Lei Pasqua relativas ao direito de asilo político, ele não o faz com base no fato de que os representantes desconsideraram a vontade dos cidadãos que os elegeram em março de 1993; nem o faz com o argumento de que ele conhece e portanto representa melhor que os eleitos a vontade do povo que se expressou nestas eleições; ele censura mostrando aos representantes – "tendo em vista a Constituição", é assim que começam as decisões do Conselho – o texto em que o povo aparece como soberano e que os proíbe de aprovar tais disposições. Em outros termos, o Conselho não representa o povo soberano, ele representa o que e como o povo se pensa e se reconhece como soberano.

Reaparece então a questão da posição de poder da instituição que interpreta o texto que contém a palavra do soberano. Com efeito, a menos que se considere que suas disposições possuem em si mesmas um único significado – o que, de certa forma, levaria a pensar que uma jurisdição constitucional é inútil – a Constituição é, materialmente, um documento escrito feito de palavras e, consequentemente, um texto indeterminado. Portanto, ao escolher um significado e impondo-o aos outros poderes, o juiz disporia soberanamente da palavra do soberano

---

[243] TROPER, M. Justice constitutionnelle et démocratie continue. *In*: ROUSSEAU, D. (Dir.). *La démocratie continue*. Paris: LGDJ, 1997. p. 125.

e assim se erigiria como o poder supremo, submetendo todos os outros à sua autoridade.

Se assim fosse, seria difícil sustentar que a jurisdição constitucional e a sua jurisprudência correspondem a uma "necessidade democrática". No entanto, a coisa jurisprudencial apresenta-se de forma diferente. É provável que o ponto de partida do raciocínio não levanta grandes objeções: o Conselho interpreta a Constituição, não por seu comportamento herético ou dominador, mas em razão da função exercida por ele, já que todo juiz deve necessariamente conferir um sentido ao texto que utiliza no exercício de seu controle. Nesta base comum, a discussão pode abrir caminho para os desacordos.

Primeiramente, sem este trabalho de interpretação, a Constituição permaneceria desprovida de normatividade ou, dito de outra forma, a vontade do soberano que ela representa não teria influência sobres os representantes. A palavra do soberano só se afirma como uma obrigação, um mandamento ou um limite para seus delegados por meio do "agir jurisdicional" que, ao atribuir a essa palavra um significado, a torna ativa, uma palavra que produz um efeito de ordem. Mas, com esta mediação, esta palavra não se perde na sala de deliberação do Palácio Montpensier? Os direitos que o Conselho Constitucional "descobre" na Constituição – liberdade de casamento, respeito à dignidade humana, igualdade de direito entre franceses e estrangeiros, liberdade de associação... – e os significados que ele lhes atribui – proibição de qualquer intervenção prévia da autoridade administrativa ou mesmo da autoridade judiciária para a criação de uma associação, por exemplo – são, de fato, mais o produto das decisões do juiz constitucional que do povo soberano.

Entretanto, é preciso sair desta alternativa pela qual ou o soberano é considerado capaz de produzir, diretamente e sem mediação, uma vontade normativa, ou ao Conselho é suposto criar, de forma discricionária e sem limites, os direitos constitucionais. A palavra do soberano só ganha substância e adquire eficácia em uma relação complexa entre esta palavra, tal como literalmente transcrita na Constituição, e todos aqueles que têm que fazer uso dela; é nesta relação, e não no gesto unilateral, voluntário e solitário de uma das partes desta relação, que se constrói o significado dos enunciados constitucionais e que a palavra do soberano se torna atuante. E, neste jogo complexo de produção de sentidos/significados, a jurisdição constitucional é apenas um dos atores, aquele que obriga os outros a fundamentar sua leitura de tal e tal enunciado, a sustentar a arguição quanto à validade de sua interpretação, que submete a pertinência dos argumentos à crítica – por meio de um processo contraditório que, é verdade, ainda é insuficiente – e que determina por sua decisão o significado do enunciado constitucional que, no momento em que intervém, a troca de argumentos tornou possível alcançar. O direito da pessoa sob custódia de falar com um advogado, a liberdade de casamento, o direito a uma vida familiar normal, o princípio da dignidade humana ou o direito de manifestação são vistos como criação do Conselho. Todavia, previamente, um formidável trabalho hermenêutico realizado dentro das assembleias parlamentares, das jurisdições judiciárias e administrativas, das jurisdições europeias, dos comitês e academias científicas, da doutrina, das associações políticas, sindicais ou "societais", bem como da imprensa, preparou estas criações constitucionais. Estas não são, portanto, já que é necessário voltar a este ponto, a expressão da vontade de poder do terceiro poder que determinaria sozinho a verdade da Constituição, absorvendo e submetendo todos os outros a seus oráculos. O Conselho é apenas um elemento da cadeia argumentativa que intervém, em dado momento, para determinar por sua decisão o significado de um enunciado constitucional, sem, no entanto, que sua decisão ponha fim a esta cadeia; ela continua a viver, pois o sentido produzido abre, nas assembleias, nas jurisdições, na doutrina etc., novos debates, novas reflexões que podem produzir, algum tempo mais tarde, uma nova interpretação.

É sem dúvida difícil na França, onde todos estão acostumados a imaginar a representação democrática na forma de um diálogo, de uma relação, entre dois poderes e de uma fusão perfeita entre o corpo do soberano e o de seus representantes, pensar no terceiro poder[244] e na sua jurisprudência como uma "necessidade democrática". Para que esta pequena revolução cultural se concretize, sequer que se realize, é preciso tempo, trabalho e ouvir debates no exterior bem como colóquios como este ocorrido em Rennes e que deu origem a estas páginas...

---

[244] Ver o belo estudo de GAUCHET, M. *La Révolution des pouvoirs*. Paris: Gallimard, 1995.

# PARTE II

# CASOS PARADIGMÁTICOS DA JURISPRUDÊNCIA CONSTITUCIONAL

# 1 Liberdade de associação

**Decisão 71-44 DC de 16.7.1971**
Lei complementando as disposições dos arts. 5 e 7 da lei de 1º.7.1901, relativa ao contrato de associação.

**2.** Considerando que entre os princípios fundamentais reconhecidos pelas leis da República e solenemente reafirmados pelo preâmbulo da Constituição convém destacar o princípio da liberdade de associação; que esse princípio está na base das disposições da lei de 1º de julho de 1901 relativa ao contrato de associação; que em virtude desse princípio as associações constituem-se livremente e podem se tornar públicas mediante a mera apresentação de uma declaração prévia; que, portanto, com exceção das medidas suscetíveis de serem tomadas em relação a categorias especificas de associações, a Constituição de associações, mesmo quando aparentam estar eivadas de nulidade ou ter como fim um objeto ilícito, não pode ser submetida, quanto a sua validade, à intervenção prévia da autoridade administrativa ou até mesmo da autoridade judiciária;

**3.** Considerando que, se nada ficou alterado no que concerne à Constituição mesma das associações não declaradas, as disposições do artigo 3 da lei cujo texto é, antes de sua promulgação, submetido ao Conselho Constitucional para fins de exame de sua conformidade com a Constituição, têm como objetivo instituir um procedimento segundo o qual a aquisição da capacidade jurídica das associações registradas poderão ser submetidas a um controle prévio pela autoridade judiciária quanto à sua conformidade com a lei;

**4.** Considerando, portanto, que convém declarar não conformes com a Constituição as disposições do artigo 3 da lei submetida à apreciação do Conselho Constitucional [...], e, consequentemente, a disposição da última frase da alínea 2 do artigo 1º da lei submetida ao Conselho Constitucional que a elas se refere.

## Análise crítica

A decisão de 16.7.1971 foi a "grande" decisão do Conselho Constitucional, aquela que, ao romper com os princípios tradicionais do direito e, em particular, com a soberania da lei, provocou uma verdadeira revolução política. No exercício de seu controle, o Conselho refere-se pela primeira vez, e aqui reside a "revolução", ao Preâmbulo da Constituição de 1958 e, portanto, aos textos a que este remete, isto é, a Declaração de 1789 e o Preâmbulo de 1946: "Considerando que entre os princípios fundamentais reconhecidos pelas leis da República e solenemente reafirmados pelo Preâmbulo da Constituição convém destacar o princípio da liberdade de associação". Em seguida, o Conselho declarou contrárias à Constituição as disposições que estabelecem um controle *a priori*, com o fundamento de que este princípio pressupõe que a Constituição de associações deve ser feita livremente e "não pode ser submetida, quanto a sua validade, à intervenção prévia da autoridade administrativa ou até mesmo da autoridade judiciária".

Este raciocínio não é novo, mas era necessário que o Conselho o assumisse como seu, dando-lhe força constitucional. Ele não é novo na medida em que o Conselho de Estado, em um acordão de assembleia de 11.7.1956 (*Amicale des Annamites* de Paris), já havia afirmado, em termos idênticos, que a liberdade de associação estava "entre os princípios fundamentais reconhecidos pelas leis da República e reafirmados pelo Preâmbulo da Constituição" de 1946. Assim, embora o Conselho se inspire na jurisprudência administrativa, ao fazer da liberdade de associação um princípio constitucional, ele opera uma mudança de qualidade jurídica. E esta promoção é fundamental pois, sem ela, o Conselho não teria podido examinar a constitucionalidade da lei. Com efeito, não há nenhum artigo, no próprio corpo da Constituição, que consagra a liberdade de associação; o Conselho era, portanto, obrigado, no intuito de exercer seu controle, a procurar "em outro lugar", no Preâmbulo, os fundamentos de sua apreciação. Com base nesta abordagem voluntarista ou estratégica, o Conselho abre um escopo potencialmente ilimitado para seu controle da constitucionalidade das leis.

A principal consequência desta decisão de 16.7.1971 foi provocar um deslocamento relativo ao objeto do controle. Até aquela data, o Conselho verificava essencialmente apenas a regularidade externa da lei contestada: respeito ao processo legislativo, à repartição das competências entre o Parlamento e o Executivo etc. A partir de 1971, ele se dedica principalmente ao exercício de um controle interno, ou seja, a um controle sobre o conteúdo da lei. O caso que deu origem à decisão de 16 de julho é, a este respeito, significativo da mudança de alcance do controle: o que é sancionado é a escolha do legislador. Este último considerava que o princípio da liberdade de associação fosse suficientemente garantido pelo simples fato de confiar à autoridade judicial, guardiã da liberdade individual segundo a tradição liberal do art. 66 da Constituição, o poder de avaliar a legalidade de uma associação. À esta concepção, juridicamente defensável, o Conselho opõe e impõe uma outra escolha: a que baseia a garantia da liberdade de associação não na qualidade da autoridade a quem cabe exercer o controle, mas na ausência de qualquer controle prévio.

O Conselho muda assim seu papel: ele não é mais simplesmente o regulador da atividade dos poderes públicos, ele se torna, antes de tudo, o guardião dos direitos e das liberdades contra a vontade legislativa de uma maioria governamental. A segunda consequência da decisão de 16.7.1971 foi aumentar a autoridade e a legitimidade do Conselho Constitucional. Com o recurso contra a lei sobre as associações, conforme foi alertado, o Conselho está jogando o seu destino (O. Dupeyroux, *Le Monde*, 1971). Será que ele iria, mais uma vez, se declarar incompetente, recusar sancionar uma escolha considerada politicamente importante para o Executivo, ou iria ele finalmente dar prova de independência e ousadia? É pela formulação deste desafio, pela sua dramatização, que a decisão de 16 de julho foi construída como o mito fundador do Conselho Constitucional: ao pôr fim à política do governo, ele se apresenta, de forma espetacular, como um poder próprio, livre, que não está aliado ao Executivo nem ao Legislativo, mas aos direitos e liberdades dos governados. Desde a decisão de 16.7.1971, o Conselho tem enquadrado na qualidade de princípios fundamentais reconhecidos pelas leis da República (PFRLR) a liberdade de associação, a liberdade de ensino (Cons. Const., nº 77-87 DC), a liberdade de consciência (Cons. Const., nº 77-87 DC), a liberdade individual (Cons. Const., nº 76-75 DC), o respeito aos direitos da defesa (Cons. Const., nº 76-70 DC), a independência da jurisdição administrativa (Cons. Const., nº 80-119 DC), a independência dos professores de universidade (Cons. Const., nº 86-224 DC), a competência própria da jurisdição administrativa relativamente ao contencioso do excesso de poder (*excès de pouvoir*) (Cons. Const., nº 86-224 DC), a importância das atribuições conferidas na decisão de 20.7.1988 (Cons. Const., nº 88-244 DC), a autoridade judiciária em matéria de proteção da propriedade imobiliária (Cons. Const., nº 89-256 DC), a especificidade do direito penal dos menores (Cons. Const., nº 2002-461 DC), o direito local mosela-alsaciano (Cons. Const., nº 2011-157 QPC)...

A categoria dos PFRLR é uma categoria vazia que o Conselho preenche à medida que for proferindo suas decisões com base em critérios estabelecidos em sua decisão de 20.7.1988 e complementados pela decisão de 17.5.2013: que não é a lei como um todo que possui valor constitucional, mas apenas suas disposições que enunciam "o princípio fundamental" da matéria; que para ser reconhecido fundamental, um princípio deve ter sido constantemente afirmado pelas diferentes leis que o organizam, sendo que a ocorrência de uma única exceção bastaria para impedir sua qualificação como PFRLR; que estes últimos diferem dos princípios fundamentais inscritos no art. 34 da Constituição por possuírem valor constitucional, enquanto os segundos só têm valor legislativo, podendo, portanto, ser modificados pelo legislador (Cons. Const., nº 77-92 DC); que só pode constituir um princípio fundamental reconhecido pelas leis da República, nos termos da primeira alínea do Preâmbulo de 1946, uma regra que disser respeito aos direitos e liberdades fundamentais, à soberania nacional e à organização dos poderes públicos (Cons. Const., nº 2013-669).

## 2    Princípio de igualdade

**Decisão 73-51 DC de 27.12.1973**
Lei orçamentária para 1974.

1. Considerando que as disposições do artigo 62 da lei orçamentária para o ano de 1974 tendem a acrescentar ao artigo 180 do Código Geral Tributário disposições que visam a permitir ao contribuinte, tributado por lançamento de ofício do imposto de renda nas condições previstas no referido artigo, descontar o tributo a que está sujeito demonstrar, sob o controle do juiz tributário, que as circunstâncias não levam a presumir "a existência de recursos ilícitos ou ocultos ou de conduta tendente a sonegar o pagamento normal do imposto".

2. Considerando, porém, que a última disposição da alínea acrescida ao artigo 180 do Código Geral Tributário pelo artigo 62 da lei orçamentária para 1974 tende a instituir uma discriminação entre cidadãos quanto à possibilidade de apresentar provas contrárias a um procedimento de lançamento de ofício efetuado pela administração a seu respeito; que a referida disposição viola assim o princípio da igualdade perante a lei constante da Declaração dos Direitos do Homem de 1789 e solenemente reafirmado pelo preâmbulo da Constituição;

3. Considerando, portanto, que convém declarar não conforme à Constituição a última disposição da alínea acrescida ao artigo 180 do Código Geral Tributário pelo artigo 62 da lei orçamentária para 1974; [...].

## Análise crítica

"O artigo 180 do Código Geral Tributário pelo artigo 62 da lei orçamentária para 1974 tende a instituir uma discriminação": por estas palavras, o Conselho Constitucional utiliza pela primeira vez o princípio de igualdade para exercer seu controle, e censura a lei com base neste fundamento. Nesta decisão, como em outras que se sucederam nos anos 1970, o Conselho refere-se à Declaração de 1789, em geral, julgando a conformidade da lei à luz "do princípio da igualdade perante a lei constante da Declaração dos Direitos do Homem de 1789 e solenemente reafirmado pelo preâmbulo da Constituição de 1958". Portanto, naquela época, o Conselho não se baseava, salvo raras exceções, no art. 1º da Constituição ("A França [...] assegura a igualdade de todos os cidadãos perante a lei sem distinção de origem, raça ou religião"). Talvez ele tenha considerado que tal referência limitava seu poder de apreciação. Ao proibir expressamente, mas somente, as discriminações baseadas em uma "distinção de origem, raça ou religião", este artigo pode ser interpretado como autorizando violações à igualdade fundadas em outros motivos; rejeitar este fundamento revela a vontade do Conselho de não estar vinculado a um texto específico, de se reservar a liberdade de censurar as desigualdades fundadas em outros motivos que não a origem, a raça ou a religião. Esta análise é reforçada pela maneira como o Conselho utiliza a Declaração de 1789. Por um lado, por vezes ele não se refere a nenhum artigo em particular, mas ao texto todo; por outro lado, quando ele especifica a disposição da Declaração na qual funda o princípio de igualdade, ele nunca cita o art. 1, mas o art. 6 (a partir de Cons. Const., nº 79-112 DC). Também aqui, a escolha do Conselho incide sobre o texto menos preciso, o menos restritivo relativamente a seu próprio poder de apreciação; se o art. 1 enuncia que "os homens nascem e são livres e iguais em direitos", ele acrescenta que a utilidade comum pode fundamentar distinções sociais, enquanto o art. 6 se limita a afirmar que "a lei é a expressão da vontade geral. Ela deve ser a mesma para todos, seja para proteger, seja para punir".

Enfim, como para deixar bem claro seu desejo de não estar vinculado aos textos, qualquer que seja seu grau de restrição, e de ter uma plena e inteira capacidade de "gestão" do princípio de igualdade em função do contexto de cada caso, o Conselho, muitas vezes, invoca pura e simplesmente "o princípio constitucional de igualdade", abandonando qualquer referência a um texto constitucional. O jurista poderia querer mais firmeza e continuidade na determinação do fundamento constitucional do princípio de igualdade. Mas, sempre pragmático, o Conselho não favorece nenhuma fonte particular para poder escolher, segundo as restrições que pesam sobre ele em determinado momento, aquela que melhor lhe permite, em tal ou tal caso, "ajustar" o exercício e a intensidade de seu controle. Há que reconhecer que o Conselho certamente precisa de toda esta panóplia de referências para fazer frente aos muitos recursos baseados no princípio de igualdade. Em sequência a esta decisão fundadora de 13.11.1973, o princípio de igualdade perante a lei foi gradualmente se estendendo a todas as áreas do direito.

O principal caso de aplicação é o princípio de igualdade perante a justiça, que, afirma o Conselho, "está incluído no princípio de igualdade perante a lei" (nº 75-76 DC). Este princípio, por sua vez, "inclui" vários "subprincípios". A igualdade das condições de julgamento: em sua decisão de 23.7.1975, o Conselho censurou a disposição legislativa que dá ao Presidente do Tribunal de Grande Instância o poder de decidir se o Tribunal correcional seria composto por três magistrados ou apenas um, com o fundamento de que "o princípio de igualdade impede que cidadãos que estão em condições similares e que são processados pelas mesmas infrações sejam julgados por jurisdições compostas de acordo com regras diferentes". A igualdade das garantias asseguradas aos réus: em sua decisão de 19-20.1.1981 (nº 80-127 DC), o Conselho censurou a faculdade para a vítima que pleiteou sua habilitação como assistente da acusação em primeira instância de apresentar, caso existissem motivos sérios, novas demandas em apelação, assim como a faculdade, para a pessoa lesada, de habilitar-se como assistente pela primeira vez em apelação, com o fundamento de que estas disposições são geradoras "de desigualdades perante a justiça, uma vez que, dependendo da postura adotada pela pessoa que pede reparação, os réus, no que diz respeito aos interesses civis, beneficiariam ou não de um duplo grau de jurisdição". A igualdade das partes perante os meios de prova: este é precisamente o caso da decisão de 27.12.1973, pois a disposição em causa concedia a certos contribuintes a possibilidade de provar a improcedência de um procedimento de lançamento de ofício, mas a negava a outros em razão do valor de suas bases tributárias de cálculo, com o fundamento de que ela "tende a instituir uma discriminação entre cidadãos quanto à possibilidade de apresentar provas contrárias a uma decisão que os dizem respeito". A igualdade de acesso à justiça e aos meios de impugnação: em sua decisão de 18.1.1985 (nº 84-183 DC), o Conselho censurou uma disposição prevendo que, em matéria de falência, caso a Corte de apelação não tenha se pronunciado no mérito no prazo de dois meses, o julgamento adquire força de coisa julgada, com o fundamento de que ela coloca "os jurisdicionados em situações diferentes relativamente às garantias oferecidas pelo exercício do mesmo meio de impugnação, dependendo se a Corte de apelação se pronuncia ou não dentro do prazo que lhe é fixado". A igualdade perante a lei penal: em sua decisão de 27.7.1978 (nº 78-97 DC), o Conselho não censura a disposição prevendo que todas as pessoas condenadas à mesma pena, desde que preencham as condições exigidas, podem acessar os mesmos regimes prisionais.

Outro caso de aplicação particular do princípio de igualdade é o princípio de igualdade perante os cargos públicos, que, por sua vez, tem duas consequências. Em primeiro lugar, a igualdade de acesso aos cargos públicos, que o Conselho não interpreta como impondo uma regra única de recrutamento, o concurso, para todas as categorias de servidores públicos, mas obrigando apenas o legislador a levar "em conta a capacidade, as virtudes e os talentos" dos futuros agentes públicos (nº 82-153 DC). Em outras palavras, não há obrigação constitucional de o Estado recrutar por meio de concursos, nem de os agentes terem direito aos concursos. As regras de recrutamento podem ser diferenciadas, mas não arbitrárias. Por exemplo, em sua decisão de 16.7.2009 (nº 2009-584 DC), o Conselho decidiu que o recrutamento dos diretores de hospitais realizado sem a observância do procedimento normal do concurso público não é contrário à Constituição. Os requerentes, porém, consideravam a introdução desta via "derrogatória" como a prova de uma violação da igualdade entre os candidatos. Ao aplicar sua jurisprudência clássica sobre esta matéria, o Conselho considera que nenhuma regra constitucional impõe o recrutamento dos funcionários públicos através do concurso. Dito de outra forma, o procedimento não importa: a lei pode escolher livremente um método de recrutamento diferente, com a condição, porém, de que haja completa igualdade de oportunidades entre os candidatos. Estranhamente, em sua decisão de 21.11.2014 (nº 2014-429 QPC), o Conselho decidiu que os tabeliães não são afetados pelo princípio de igualdade perante os cargos públicos. O que se impugnava era o art. 91 da lei de 28.4.1816, que reconhece aos tabeliães titulares de um ofício o direito de apresentar seus sucessores para a aprovação do Ministro da Justiça, desde que reúnam as qualidades exigidas pela lei, com o fundamento de ser contrário ao princípio de igual acesso aos cargos públicos. Mas o juiz considerou que este princípio não se aplicava aos tabeliães, por eles não ocuparem "dignidades, lugares e cargos públicos" na acepção do art. 6 da Declaração de 1789. No entanto, a profissão de tabelião não é apenas uma profissão liberal; ela tem uma natureza dupla, liberal e regulamentada, liberal e participando no exercício da autoridade pública na qualidade de oficial público, conforme reconhecido pelo Conselho. E a lei de 28.4.1816 qualifica expressamente os tabeliães como "funcionários públicos": "esta faculdade de apresentar sucessores não derroga o direito de Sua Majestade de reduzir o número dos referidos funcionários públicos, notadamente o dos tabeliões". De resto, o Conselho decidiu que se a pessoas que não têm o estatuto de funcionário público não podem acessar funções de magistrado (nº 2011-635 DC), os procedimentos de recrutamento devem respeitar o princípio de igual acesso a todas as dignidades, lugares e cargos públicos enunciados no art. 6 da Declaração de 1789. E se, para entender as palavras ligeiramente datadas deste art. 6, a referência é feita ao momento de sua enunciação, o de "dignidades" pode remeter aos ofícios reais de tabeliães, cuja hereditariedade e venalidade foram abolidas pela lei de 6.10.1971. Portanto, o art. 6 ao qual o Conselho se refere tinha efetivamente como propósito abrir a dignidade de tabelião ao igual acesso de todos, e não de reservá-la para uma transmissão hereditária. O igual acesso também não "obsta que o registro para um concurso administrativo esteja sujeito ao pagamento do imposto de selo", com a condição de que o valor não seja excessivo – 150 francos no caso presente – e que isenções sejam previstas em proveito dos desempregados (nº 86-209 DC). Em segundo lugar, a igualdade na evolução da carreira, que, segundo o Conselho, não se desenvolve de maneira uniforme entre os funcionários públicos, a não ser "entre os agentes pertencentes a um mesmo corpo" (nº 76-77 DC).

Assim, em sua decisão de 14.1.1983, o Conselho censurou uma disposição prevendo que os candidatos recrutados para a ENA pela terceira via de acesso – eleitos, responsáveis sindicais etc. – seriam integrados, no termo de sua escolaridade, não na classe inicial de seu órgão de afetação, mas numa classe superior que leva em consideração as funções anteriormente exercidas, com o fundamento de que esta disposição confere a certos alunos da ENA "um privilégio que desrespeita os princípios proclamados pelo artigo 6 da Declaração de 1789". Outras aplicações do princípio de igualdade: igualdade na expressão do sufrágio, nas relações de trabalho, na representação dos empregados, na concessão dos benefícios sociais etc. Impossível continuar: verdadeiro camelão, o princípio de igualdade, para melhor se impor, toma a própria denominação da matéria específica sobre a qual o Parlamento legislou.

## 3  Interrupção voluntária da gravidez

**Decisão 74-54 DC de 15.1.1975**
Lei relativa à interrupção voluntária da gravidez.

2. Considerando, em primeiro lugar, que nos termos do artigo 55 da Constituição: "Os tratados ou acordos regularmente ratificados ou aprovados têm, a partir da sua publicação, autoridade superior à das leis, sujeito, para cada acordo ou tratado, à sua aplicação pela outra parte";

3. Considerando que, se essas disposições conferem aos tratados, nas condições por elas definidas, uma autoridade superior à das leis, elas não prescrevem nem implicam que o respeito desse princípio deva ser garantido em sede do controle da conformidade das leis à Constituição previsto no seu artigo 61;

4. Considerando, com efeito, que as decisões tomadas nos termos do artigo 61 da Constituição possuem um caráter absoluto e definitivo, conforme se depreende do artigo 62, que impede a promulgação e a aplicação de qualquer disposição declarada inconstitucional; que, pelo contrário, a superioridade dos tratados sobre as leis, cujo princípio consta do artigo 55 acima citado, apresenta um caráter relativo bem como contingente, uma vez que, de um lado, ela se limita ao âmbito de aplicação do tratado e, de outro lado, ela está sujeita a uma condição de reciprocidade cuja realização pode variar conforme o comportamento do ou dos Estados signatários do tratado e o momento em que deve o respeito desta condição ser apreciado;

5. Considerando que uma lei contrária a um tratado não é por si só contrária à Constituição;

6. Considerando, portanto, que o controle do respeito ao princípio enunciado no artigo 55 da Constituição não pode se realizar em sede do exame previsto pelo artigo 61, em razão da diferença de natureza desses dois controles;

7. Considerando, nestas condições, que não assiste ao Conselho Constitucional, quando provocado nos termos do artigo 61 da Constituição, examinar a conformidade de uma lei às estipulações de um tratado ou de um acordo internacional;

8. Considerando, em segundo lugar, que a lei relativa à interrupção voluntária da gravidez respeita a liberdade das pessoas que recorrem ou participam a uma interrupção da gravidez, seja em situação crítica ou por motivo terapêutico; que, portanto, não infringe o princípio de liberdade estabelecido no artigo 2 da Declaração dos Direitos do Homem e do Cidadão;

9. Considerando que a lei submetida ao exame do Conselho Constitucional, conforme prevê o seu artigo 1º, somente admite a violação ao princípio do respeito a todo ser humano desde o começo da vida em caso de necessidade e de acordo com as condições e limitações definidas por ela;

10. Considerando que nenhuma das derrogações previstas por esta lei é contrária a um dos princípios fundamentais reconhecidos pelas leis da República, nem sequer desrespeita o princípio enunciado no preâmbulo da Constituição do 27 de outubro de 1946, segundo o qual a nação garante à criança a proteção da saúde, nem tampouco viola nenhuma das demais disposições com valor constitucional constante no mesmo texto;

11. Considerando, por conseguinte, que a lei relativa à interrupção voluntária da gravidez não contradiz os textos a que a Constituição do 4 de outubro de 1958 se refere no seu preâmbulo bem como nenhum dos artigos da Constituição; [...].

## Análise crítica

Os tratados internacionais não fazem parte do bloco de constitucionalidade. Esta exclusão está claramente formulada na decisão de 15.1.1975, pela qual o Conselho considera que uma lei contrária a um tratado não necessariamente é contrária à Constituição, e que, nestas circunstâncias, não lhe cabe "quando provocado nos termos do artigo 61 da Constituição, examinar a conformidade de uma lei às estipulações de um tratado ou de um acordo internacional", no caso presente, a Convenção Europeia dos Direitos do Homem.

A argumentação do Conselho se baseia, essencialmente, na condição de reciprocidade prevista no art. 55 da Constituição. Esta disposição, considera ele, induz uma relação entre a lei e o tratado de uma qualidade fundamentalmente diferente da que rege as relações entre a lei e a Constituição: no primeiro caso, a superioridade do tratado sobre a lei é condicional, na medida em que está subordinada à aplicação do referido tratado pelos outros Estados contratantes; no segundo caso, a superioridade da Constituição é incondicional.

Entretanto, o Conselho não descarta a realização do controle acerca do princípio da superioridade do tratado sobre a lei enunciada no art. 55 da Constituição; ele apenas considera que este controle não pode ser exercido por meio do mecanismo previsto no art. 61; por outro lado, não há nada que impeça que ele seja realizado pelos juízes ordinários. Com efeito, o Conselho estabelece uma diferença de natureza entre o controle da constitucionalidade das leis e o da conformidade de uma lei com um tratado: enquanto o primeiro tem um caráter absoluto e definitivo, impedindo o ingresso da lei no direito positivo, o segundo tem um caráter relativo – a lei não desaparece da ordem jurídica, mas só não é aplicada ao caso em espécie – e contingente – a lei poderia novamente produzir seus efeitos caso as condições de execução do tratado mudassem. As características do controle exercido pelos juízes ordinários correspondem exatamente às próprias características do princípio de superioridade do tratado, que também é "relativo e contingente", diz o Conselho.

Os juízes ordinários, portanto, "assumiram" o contencioso da convencionalidade das leis abandonado pelo Conselho Constitucional. Poucos meses depois da decisão de 15.1.1975, a Corte de Cassação, baseando-se explicitamente na distinção estabelecida pelo Conselho entre controle de constitucionalidade e controle de aplicabilidade, decidiu, desde que as condições fossem reunidas, fazer prevalecer o tratado e, portanto, afastar a lei, quer a precedesse, quer a sucedesse (ver Conselho de Estado, *arrêt Nicolo*, de 20.10.1989). A argumentação do Conselho é discutível, sendo que, no plano jurídico, o abandono da jurisprudência de 1975 não seria ilegítimo. Em primeiro lugar, porque a condição de reciprocidade, fundamento do entendimento do Conselho, está excluída do direito internacional humanitário, sendo que a CEDH, com toda a evidência, é uma convenção de direitos humanos. Isto está claro tanto no art. 60 da Convenção de Viena sobre os direitos dos tratados, como nas decisões da Comissão e do Tribunal Europeu dos Direitos Humanos; deriva, portanto, da simples lógica. Com efeito, as condições das convenções humanitárias opõem-se à própria ideia de reciprocidade: elas são menos contratos, pelos quais as partes trocariam direitos subjetivos e recíprocos, do que tratados-leis que estabelecem para os Estados contratantes uma obrigação objetiva e absoluta, a de proteger e respeitar os direitos humanos, seja qual for seu vínculo nacional; neste sentido, elas possuem propriedades similares às tradicionalmente reconhecidas às Constituições.

Em segundo lugar, porque para fundamentar, no direito, o controle da lei à luz dos tratados, o Conselho dispõe de um artigo da Constituição, o art. 55: já que este artigo tem como objeto afirmar a superioridade do tratado sobre a lei, uma lei contrária a um tratado seria, assim, contrária às disposições do art. 55 da Constituição. Este raciocínio, de uma evidente simplicidade, deveria, portanto, levar o Conselho Constitucional a sancionar quaisquer violações deste artigo pelo legislador, e isto no âmbito do exame previsto no art. 61. Por fim, o Conselho poderia também se basear na regra *pacta sunt servanda*, à qual ele conferiu valor constitucional em sua decisão de 9.4.1992 (Cons. Const., nº 92-308 DC). Com efeito, sendo que os tratados devem ser executados de boa-fé pelas partes, não pode qualquer uma delas invocar as disposições de seu direito interno como justificativa da não execução do tratado: o que implica verificar que uma lei, ato normativo inferior aos tratados devidamente ratificados de acordo com o art. 55 da Constituição, não é a eles contrário, pois, se assim fosse, a regra constitucional *pacta sunt servanda* não seria respeitada. Abandonar esta jurisprudência, usar um tratado para controlar uma lei, não tem como consequência necessária a atribuição de valor constitucional aos tratados. Com efeito, o que possui hierarquia constitucional é o princípio da superioridade do tratado sobre a lei, não o tratado em si, que, em virtude precisamente deste princípio, é somente superior à lei.

Citando uma distinção clássica, um tratado é alçado a um estatuto supralegislativo e infraconstitucional. Talvez o equívoco decorra da noção de "bloco de constitucionalidade", que sugeriria que todos os seus elementos têm valor constitucional. Seria certamente oportuno manter a fórmula usada pelo próprio Conselho de "normas de referências aplicáveis"; e, entre elas, distinguir entre aquelas que têm estatuto constitucional (todas as disposições da Declaração de 1789, do Preâmbulo de 1946, da Constituição de 1958, da Carta de 2004 e dos princípios que, segundo o Conselho, deles decorrem) e aquelas que têm estatuto supralegislativo (os tratados e, se e desde que expressam um princípio constitucional, as leis orgânicas e os regulamentos das Assembleias). Em outros termos, o tratado tem estatuto supralegislativo e o princípio da superioridade do tratado sobre a lei tem valor constitucional; controlar seu respeito pelo legislador implica necessariamente verificar a conformidade de uma lei para com o tratado, a fim de evitar a promulgação de uma lei contrária a um princípio constitucional. A tentação de reconsiderar a jurisprudência IVG foi evidente no período 1997-2004. Por exemplo, a decisão de 3.4.2003 (Cons. Const., nº 2003-468 DC) pela qual o Conselho, a fim de apreciar a lei criando oito circunscrições para a eleição dos membros do Parlamento europeu, escolheu como instrumento de controle não somente o art. 88-1, mas também os tratados de Maastricht e de Amsterdã; com efeito, ele rejeita como "inoperantes" os princípios da indivisibilidade da República e da unidade do povo francês, com o fundamento de que, segundo os tratados, os deputados europeus eleitos na França não representam o povo francês, mas o cidadãos da União que residem na França; dito de outra forma, é o princípio de representação decorrente dos tratados que fornece a base de aceitabilidade constitucional da divisão do território nacional em oito circunscrições.

No entanto, a introdução da QPC levou o Conselho a bloquear, por razões estratégicas, a evolução jurisprudencial favorável à integração do direito europeu no bloco de constitucionalidade. Diante dos receios da Corte de Cassação, expressos em seu acórdão de 16.4.2010, de ver o Conselho, em virtude de sua interpretação do art. 88-1, controlar a conformidade de uma disposição legislativa com o direito da União Europeia, os juízes constitucionais, em sua decisão de 12.5.2010, reafirmaram com força e autoridade:

> que uma alegação baseada nos tratados ou no direito da União europeia é da competência das jurisdições administrativas e judiciárias, que ela não deve ser considerada como uma arguição de inconstitucionalidade, e que a exigência constitucional de transposição das diretivas não pode ser invocada em sede de uma QPC.

Esta jurisprudência é surpreendente, pois equivale a confiar aos juízes ordinários o controle do cumprimento de uma exigência constitucional, a que decorre do art. 88-1; ela se explica pela preocupação estratégica do Conselho em garantir ao Conselho de Estado e à Corte de Cassação a preservação de sua competência quanto à convencionalidade das leis. Para ingressar com sucesso, a QPC teve de não mudar a divisão do contencioso: para o Conselho, o controle de constitucionalidade; para as Cortes administrativa e judiciária, o controle de convencionalidade. "Arranjo razoável", sem dúvida, mas necessariamente provisório, já que o entrelaçamento da ordem jurídica interna e da ordem jurídica europeia exige um entrelaçamento das jurisdições respectivamente competentes.

## 4 Liberdade de imprensa

**Decisão 84-181 DC de 11.10.1984**
Lei visando a limitar a concentração e a garantir a transparência financeira e o pluralismo das empresas de jornalismo.

> **16.** Considerando que, longe de se opor ou de restringir a liberdade de imprensa, a implementação do objetivo de transparência financeira tende a fortalecer o efetivo exercício desta liberdade; que, de fato, ao exigir que sejam disponibilizadas ao público informações acerca dos verdadeiros dirigentes das empresas de jornalismo, das condições de financiamento dos jornais, das transações financeiras a que podem ser sujeitos, e dos interesses porventura neles envolvidos, o legislador permite aos leitores de exercerem uma escolha livre e à opinião pública de emitir um juízo informado sobre os meios de informação que a imprensa escrita lhes oferece; [...]
>
> **35.** Considerando que o artigo 11 da Declaração dos direitos do homem e do cidadão de 1789 prescreve que: "A livre comunicação das ideias e das opiniões é um dos mais preciosos direitos do homem; todo cidadão pode, portanto, falar, escrever, imprimir livremente, respondendo, todavia, pelos abusos desta liberdade nos termos previstos na lei";
>
> **36.** Considerando que o princípio assim proclamado não se opõe de forma alguma a que o legislador, competente nos termos do artigo 34 da Constituição para fixar "as regras relativas aos direitos civis e às garantias fundamentais concedidas aos cidadãos para o exercício das liberdades públicas", edite regras relativas ao exercício do direito de livre comunicação e da liberdade de falar, escrever e de imprimir;
>
> **37.** Considerando, porém, que, ao se tratar de uma liberdade fundamental, tanto mais preciosa quanto sua existência caracteriza uma das garantias essenciais do respeito aos outros direitos e liberdades e da soberania nacional, a lei não pode regulamentar o seu exercício senão no intuito de o tornar mais efetivo ou de conciliá-lo com o exercício de outras regras ou princípios com valor constitucional
>
> **38.** Considerando que o pluralismo dos meios de informação política e geral a que são consagradas as disposições do Título II da lei constitui

em si um objetivo de valor constitucional; que, com efeito, a livre comunicação das ideias e das opiniões, garantida pelo artigo 11 da Declaração dos Direitos do Homem e do Cidadão de 1789, não seria efetiva se o público ao qual estes jornais se destinam não dispusesse de um número suficiente de publicações de tendências e de características diferentes; que no fim das contas o objetivo a ser realizado é que os leitores, destinatários essenciais da liberdade proclamada pelo artigo 11 da Declaração de 1789, possam exercer sua livre escolha sem que esta possa ser substituída pelas próprias decisões dos interesses privados e dos poderes públicos nem tampouco ser sujeitada ao mercado; [...]

47. Considerando que, embora possa o legislador, quando organiza o exercício de uma liberdade pública, ao usar dos poderes que lhe confere o artigo 34 da Constituição, adotar para o futuro, se o considerar conveniente, regras mais rígidas do que as anteriormente em vigor, não pode ele, tratando-se das situações existentes envolvendo uma liberdade pública, contestá-las senão em duas hipóteses: aquela em que estas situações tenham sido ilegalmente adquiridas; aquela em que a contestação fosse realmente imprescindível para garantir a realização do objetivo constitucional almejado; [...]

54. Considerando que, embora a proibição de certas operações financeiras excedendo os tetos fixados pelos artigos 10, 11 e 12 limita as condições de exercício do direito de propriedade das pessoas suscetíveis de realizar tais operações, essa limitação, que não gera qualquer privação do direito de propriedade nem qualquer proibição dos seus modos de exercício, e que se baseia na necessidade de preservar o pluralismo da imprensa, não constitui, ao contrário do que sustentam os autores da ação, um desrespeito às disposições do artigo 17 da Declaração de 1789; [...]

80. Considerando que, com efeito, esses dois últimos alíneas, no caso de a decisão da comissão não ter sido executada no prazo por ela fixado, punem com pena de privação de vantagens fiscais e postais a resistência dos interessados em relação às publicações contestadas; que esta privação, cujas consequências podem ser gravíssimas, sucede imediatamente e automaticamente à constatação pela comissão da inexecução da sua decisão, sendo que essa condenação produz efeito antes mesmo de o ministério público ter iniciado a instrução do processo que lhe foi remetido;

81. Considerando que o conjunto de todas estas disposições, que não podem ser separadas das demais disposições dos artigos 19 e 20, produz efeitos equivalentes aos do regime de autorização prévia: que elas são, por este motivo, contrárias ao artigo 11 da Declaração de 1798; que, mesmo supondo que o objetivo fixado por elas não seja de punir "abusos" no sentido do referido artigo 11, esse poder punitivo não há de ser conferido a uma autoridade administrativa; [...].

## Análise crítica

Em essência, esta decisão de 11.10.1984 levanta a questão de saber se o Conselho pode verificar que o Parlamento está usando seus poderes para os fins estabelecidos no direito e não para atingir finalidades diversas, menos confessáveis. Em outros termos, admite o Conselho Constitucional o desvio de poder como fundamento capaz de deflagrar o controle de constitucionalidade? Não parece ser, pois até agora nenhuma decisão tem se referido ao desvio de poder. De resto, desde a decisão IVG de 15.1.1975, o Conselho tem regularmente reiterado que "o artigo 61 da Constituição não confere ao Conselho Constitucional um poder geral de apreciação e de decisão idêntico ao do Parlamento". É verdade que a admissão da propositura de uma ação de inconstitucionalidade com base neste fundamento levaria o Conselho a adentrar muito profundamente na subjetividade do legislador, na medida em que implicaria buscar as verdadeiras intenções do autor do ato – o motivo determinante, a "causa subjetiva", como dizem os civilistas – além daquelas explicitamente declaradas.

Tendo em vista a história particular do controle da constitucionalidade das leis na França, é, portanto, compreensível que o Conselho esteja relutante em exercer o controle do desvio de poder, que sempre se apresentaria como uma condenação moral do Parlamento, acusado de legislar para um fim diverso daquele perseguido pelo interesse do país. Entretanto, a realidade jurisprudencial é talvez mais complexa. Neste caso de 11.10.1984, o desvio de poder foi claramente invocado pelos autores do pedido: baseando-se em vários depoimentos, eles mostraram que a lei foi feita unicamente por um motivo político, e foi dirigida contra uma única pessoa, Robert Hersant; por conseguinte, concluem os autores, "seguindo o exemplo do juiz administrativo, o Conselho Constitucional há de apontar este desvio de poder". Ele não o destacará expressamente, mas o raciocínio seguido por ele é, implicitamente, o do controle do desvio de poder.

Assim, o Conselho considera que somente em duas hipóteses pode o legislador questionar situações adquiridas: para pôr fim à sua eventual ilegalidade e para restabelecer um pluralismo efetivo que teria desaparecido. E, constatando que nenhuma destas finalidades "pode ser validamente sustentada", ele declara inconstitucionais as disposições destinadas a submeter o grupo Hersant às novas regras anticoncentração. Em 1986, novamente, os deputados contestaram perante o Conselho a Lei Pasqua, relativa ao zoneamento eleitoral, com o fundamento de que o real interesse do texto, aquele "que restabelece sua coerência ao zoneamento, indica sua lógica e traduz suas segundas intenções, é o interesse político esperado por seus autores". O Conselho, em sua decisão, admite que a questão do real interesse perseguido pelo legislador seja perante ele levantado, e até reconhece "a pertinência de certas críticas apresentadas pelos autores da ação contra a delimitação das circunscrições", mas considera que "na situação atual dos autos, e tendo em vista a variedade e a complexidade das situações locais", não lhe é possível concluir que as escolhas feitas pelo Parlamento são arbitrárias (nº 86-218 DC).

A redação embaraçada da decisão mostra tanto as limitações políticas gerais que recaiam sobre o Conselho, quanto as dificuldades específicas relacionadas à utilização do desvio de poder no contencioso constitucional: seria possível imaginar o Conselho afirmar que o zoneamento eleitoral não foi traçado para um fim de interesse público, mas para satisfazer os interesses pessoais e políticos dos deputados RPR e UDF? É provável que o Conselho, para evitar este tipo de situação delicada, fecha ou deixa entreaberta a via do desvio de poder, preferindo, como o seu vizinho do Palais-Royal, desenvolver o controle da violação do bloco de constitucionalidade. O desvio de poder reaparece em 1994. Nas últimas horas do segundo mandato de François Mitterand, o governo decidiu adiar as próximas eleições municipais para 11 e 18.6.1995, sendo que a legislação em vigor previa a realização das eleições em março. Motivo invocado: uma "necessidade jurídica incontestável" ligada ao risco de colisão entre os preparativos da próxima eleição presidencial – em particular a coleta dos apoios dos prefeitos – e as novas eleições municipais. No entanto, a medida provocou a ira da oposição, que via nesta reviravolta do calendário um verdadeiro desvio de poder. As indiscrições políticas revelam, de fato, um projeto de lei que teria como único objetivo oferecer ao candidato do RPR uma solução que não prejudicasse sua candidatura para a prefeitura de Paris, caso viesse a sair derrotado da eleição presidencial. Levado a se pronunciar, o Conselho recusou-se a examinar a alegação, lembrando simplesmente que "o legislador, competente para fixar as regras relativas ao sistema eleitoral das assembleias locais, pode, sem prejuízo do respeito às disposições e aos princípios de valor constitucional, modificar livremente estas regras" (nº 94- 341 DC). Em 2010, novamente, por ocasião da apreciação da lei relativa à abertura dos jogos em linha à concorrência, os deputados denunciaram um desvio de poder sem o dizer expressamente. De maneira mais sutil que os seus antecessores, eles alegaram uma ofensa ao princípio de igualdade protegido pelo art. 6 da Declaração, pois, acreditam eles, "vários indícios graves e concordantes permitem afirmar que a maioria claramente escolheu este texto no intuito de garantir a promoção de interesses privados em detrimento dos interesses superiores da coletividade". Assim, o legislador teria atendido aos apelos prementes dos grandes nomes do setor – a *Française des jeux*, o PMU –, sendo que, ao autorizar os jogos em linha, não teria atuado com um fim de interesse geral. Como de costume, o Conselho respondeu sem buscar o motivo determinante do Parlamento, e simplesmente constatou que "tendo em conta os objetivos fixados por ele, o legislador adotou medidas próprias para garantir uma conciliação" entre a liberdade de iniciativa e a salvaguarda da ordem pública (nº 2010-605 DC).

## 5 Exceções ao princípio da igualdade

**Decisão 2009-599 DC de 29.12.1971**
Lei orçamentária para 2010.

77. Considerando que o artigo 7 da lei impugnada institui em benefício do orçamento do Estado uma contribuição carbono sobre certos produtos energéticos colocados à venda, utilizados ou destinados a serem utilizados como carburante ou combustível; que o artigo 9 institui um crédito fiscal em benefício das pessoas físicas afim de repassar-lhes, com valores fixos, a contribuição carbono que pagaram, bem como o imposto sobre o valor acrescentado que a ele se refere; que o artigo 10 prevê que o consumo de óleo de aquecimento doméstico, de óleo doméstico pesado e de vários produtos energéticos pelos agricultores, está sujeito ao reembolso de três quartos da contribuição carbono;

78. Considerando, em particular, que o artigo 7 estabelece, para cada um dos combustíveis fosseis por ele designado, o valor da contribuição calculado com base em 17 euros por tonelada de dióxido de carbono emitido; que este artigo e o artigo 10 instituem, no entanto, isenções, reduções, reembolsos parciais e taxas específicas; que as emissões das centrais térmicas que produzem eletricidade, as emissões das mil e dezoito instalações industriais mais poluentes, tais como as refinarias, fábricas de cimento, fábricas de coques e fábricas de vidro, as emissões dos setores da indústria química que utilizam energia de forma intensiva, as emissões dos produtos de dupla utilização, as emissões dos produtos energéticos utilizados para o autoconsumo de eletricidade, as emissões do transporte aéreo e as emissões do transporte público rodoviário de

passageiros, estão completamente isentas da contribuição carbono; que as emissões provenientes de atividades agrícolas ou de pesca, do transporte rodoviário de mercadorias e do transporte marítimo, são tributadas com taxa reduzida;

79. Considerando que nos termos do artigo 2 da Carta ambiental: "Toda pessoa tem o dever de participar da preservação e da melhoria do meio ambiente"; que seu artigo 3 prevê: "Toda pessoa deve, nas condições definidas pela lei, prevenir as ofensas que pode causar ao meio ambiente ou, subsidiariamente, limitar suas consequências; que, segundo o artigo 4, "toda pessoa deve contribuir para reparar os danos que causa ao meio ambiente, nas condições definidas pela lei"; que estas disposições, como todos os direitos e deveres definidos na Carta ambiental, têm valor constitucional;

80. Considerando que, em conformidade com o artigo 34, cabe ao legislador determinar, no respeito dos princípios constitucionais e tendo em conta as características de cada tributo, as regras a que estão sujeitos os contribuintes; que o princípio de igualdade não impede que seja estabelecidos tributos específicos tendo como objetivo incitar os contribuintes a se comportarem de acordo com os objetivos de interesse geral, desde que as regras fixadas para esse fim se justifiquem à luz dos referidos objetivos;

81. Considerando que decorre dos trabalhos parlamentares que o objetivo da contribuição carbono é "instituir instrumentos que permitem reduzir significativamente as emissões" de gases de efeito de estufa a fim de combater o aquecimento global; que, para atingir este objetivo, optou-se por "instituir uma tributo adicional incidindo sobre o consumo de combustíveis fósseis" a fim de incitar as empresas, as famílias e as administrações a reduzir suas emissões; que é com base na adequação das disposições criticadas com este objetivo que a constitucionalidade destas disposições deve ser examinada;

82. Considerando que as reduções das taxas de contribuição carbono ou das tarifas específicas podem ser justificadas pela busca de um interesse geral, tal como a proteção da competividade de setores econômicos expostos à concorrência internacional; que a isenção total da contribuição pode ser justificada se os setores econômicos de que se trata forem especificamente solicitados por um determinado dispositivo; que, no caso presente, se certas empresas isentadas do pagamento da contribuição carbono estão sujeitas ao sistema de troca de cotas de emissões de gases de efeito de estufa na União Europeia, é pacífico que estas cotas são atualmente atribuídas gratuitamente e que o regime de cotas sujeitas a pagamento só entrará em vigor em 2013 e, de forma gradativa, até 2027; que, consequentemente, 93% das emissões de dióxido de carbono de origem industrial, excluindo combustível, serão totalmente isentas da contribuição carbono; que as atividades sujeitas à contribuição carbono serão responsáveis por menos da metade de

todas as emissões de gases de efeito de estufa; que a contribuição carbono incidirá essencialmente sobre os combustíveis e os produtos de aquecimento, que são apenas uma das fontes de emissões de dióxido de carbono; que, devido à sua importância, os regimes de isenção total instituídos pelo artigo 7 da lei impugnada são contrário ao objetivo de combate ao aquecimento global, e criam uma ruptura caracterizada na igualdade perante os encargos públicos;

83. Considerando, portanto, que o artigo 7 da lei impugnada deve ser declarada contrário à Constituição [...].

## Análise crítica

Ao decidir que, "por sua importância, os regimes de isenção total instituídos pelo o artigo 7 da lei impugnada são contrários ao objetivo de combate ao aquecimento global e criam uma ruptura significativa da igualdade perante os encargos públicos", o Conselho associa de forma original considerações ambientais com o princípio de igualdade. Para os juízes, se o Parlamento pode criar um mecanismo visando pôr termo ao aquecimento global por meio de taxas incidindo sobre os poluidores, ele não pode, ao mesmo tempo, incluir neste regime um número excessivo de exceções. O Conselho observa, com alguma ironia, que "93% das emissões de dióxido de carbono de proveniência industrial, excluindo combustível, serão totalmente isentadas da contribuição carbono". Assim, ele alerta o legislador para o fato de que, com essas isenções, o essencial do esforço fiscal recairá sobre o contribuinte "normal", consumidor ou motorista. Este controle estrito do interesse geral em matéria de igualdade, do qual a decisão da taxa carbono é um exemplo retumbante, tem se desenvolvido gradativamente na jurisprudência do Conselho a partir do final dos anos 80. Em sua decisão de 7.1.1988, o Conselho afirmou pela primeira vez que "o princípio da igualdade não se opõe a que o legislador derrogue à igualdade por razões de interesse geral" (nº 87-232 DC).

No entanto, nem todos os motivos de interesse geral podem justificar uma diferença de tratamento. Deve haver um nexo necessário, uma relação lógica entre a regra discriminatória e o interesse geral especificamente perseguido pelo objeto da lei; é preciso, especifica o Conselho desde sua decisão de 9.4.1996 (nº 96-375 DC), que os motivos de interesse geral sejam "diretamente relacionados" com o objeto da lei. Por exemplo, a taxa nutricional introduzida em 2012 é contrária ao princípio de igualdade porque, "ao instituir uma taxa incidindo sobre as bebidas não alcoólicas com o objetivo de combater o consumo de álcool pelos jovens, o legislador estabeleceu uma tributação que não se baseia em critérios objetivos e racionais em conformidade com o objetivo perseguido" (nº 2012-659 DC). Portanto, o Conselho sempre especifica a natureza do interesse em questão: "o interesse na continuidade do serviço público" (nº 87-229 DC), "o interesse do bom funcionamento da justiça" (nº 80-127 DC), "a preservação da vocação específica do Crédito agrícola em proveito do mundo agrícola e rural" (nº 87-232 DC), "a luta contra a fraude fiscal" (nº 2011-638 DC). Uma vez identificado o interesse, o Conselho verifica se a regra discriminatória está ou não a ele relacionada. E cada ano jurisprudencial traz assim uma série de violações ao princípio de igualdade justificadas por um interesse geral "particular".

Assim, na decisão de 14.1.1983 (nº 82-152 DC), para avaliar a constitucionalidade de uma disposição instituindo uma contribuição incidindo sobre as bebidas com um teor alcoólico superior a 25 por 100 volumes, o Conselho, primeiro, constatou que o objeto da lei era combater o uso imoderado das bebidas alcoólicas, em seguida, ele considerou que "o critério baseado no teor alcoólico está relacionado com a finalidade fixada pelo legislador", e concluiu, portanto, afirmando que a diferença de tratamento entre bebidas alcoólicas com base neste critério não infringe o princípio de igualdade. Em sua decisão de 29.12.1983 (nº 83-164 DC), o Conselho considerou que as disposições instituindo, em matéria de pagamento, uma diferença entre os particulares, conforme tivessem ou não seu domicílio fiscal na França, justificam-se pelo objeto da lei, "combater a fraude fiscal", uma vez que estas duas categorias de pessoas "estão sujeitos a regimes fiscais cujos modos de declaração e fiscalização são diferentes".

Em 2002 (nº 2002-460 DC), o Conselho considerou que a possibilidade de confiar a um mesmo titular a concepção, a construção, a organização, a manutenção e a conservação das delegacias não viola o "princípio de igualdade de acesso à contratação pública", pois "tem por objeto facilitar e acelerar" a construção de delegacias e, portanto, atende a uma finalidade de interesse geral. Em 2003 (nº 2003-477 DC), ele reconheceu que conceder aos acionistas de empresas familiares, que coletivamente se comprometem a conservar suas ações por pelo menos seis anos, uma isenção do imposto de solidariedade constitui uma diferença de tratamento entre acionários, mas ele julgou que esta vantagem atende a uma finalidade de interesse geral – garantir a estabilidade e a perenidade das empresas familiares – e não pode, portanto, "ser considerado como um rompimento manifesto com o princípio de igualdade".

Em 2004, o Conselho decidiu que favorecer a criação de empregos no setor da hotelaria e restauração constitui um objetivo de interesse geral que justifica a concessão de ajudas financeiras que permite melhorar os níveis salariais, a fim de tornar mais atrativo um setor com mão de obra intensiva (nº 2004-502 DC); "que melhorar a competividade do esporte profissional é um fim de interesse geral", que permite ao legislador decidir que a parcela da remuneração dos atletas que correspondente à comercialização da imagem coletiva da equipe não seja considerada como um salário, e que, portanto, ela seja tributada como lucros não comerciais e sujeita apenas à CSG (nº 2004-507 DC); "que favorecer o reingresso de empregos e investimentos anteriormente transferidos fora da França a fim de beneficiar a economia nacional e de combater o desemprego é um fim de interesse geral que justifica a concessão a estas empresas do benefício de um crédito fiscal" (nº 2004-511 DC). Em sua decisão de 21.1.2011 (nº 2010-88 QPC), o Conselho decidiu que o mecanismo de tributação com base no "estilo de vida" dos indivíduos constitui um rompimento da igualdade entre os contribuintes sujeitos a este mecanismo e os outros. Porém, ressalta o juiz constitucional que esta desigualdade de direito se justifica pela necessidade de combater a fraude fiscal, sendo que esse motivo de interesse geral autoriza uma diferença de regime entre os contribuintes que têm um estilo de vida manifestamente excessivo e aqueles cujas despesas correspondem às rendas declaradas. Da mesma forma, em sua decisão de 6.4.2012 (nº 2012-228/229 QPC), o Conselho decidiu que as exceções previstas pela lei relativa ao registro dos interrogatórios em matéria criminal não são justificadas por um motivo de interesse geral suficiente, o que "leva a uma discriminação infundada". Em resumo, se durante muito tempo era possível afirmar que o Conselho nunca apreciava o teor do interesse geral (G. Merland, 2004), indicando em suas decisões – uma fórmula clássica – que ele não tem um poder de apreciação idêntico ao do Parlamento, hoje, esta ideia foi um tanto abalada pela realidade do contencioso constitucional. O juiz não mais hesita em explorar criteriosamente os motivos que guiaram o legislador, não para os julgar – são eles certos ou errados? –, mas para saber se são suficientemente "sérios" para autorizar uma violação de um princípio constitucional, neste caso, o princípio de igualdade.

## 6   Bioética

**Decisão 94-343/344 DC de 27.7.1994**
Lei relativa ao respeito do corpo humano e lei relativa à doação e à utilização dos elementos e produtos do corpo humano, à assistência médica para a procriação e ao diagnóstico pré-natal.

> **2.** Considerando que o Preâmbulo da Constituição de 1946 reafirmou e proclamou direitos, liberdades e princípios constitucionais ressaltando de imediato que: "No dia seguinte da vitória dos povos livres sobre os regimes que tentaram avassalar e degradar a pessoa humana, o povo francês proclama novamente que todo ser humano, sem distinção de raça, de religião ou de crença, possui direitos inalienáveis e sagrados"; que disso decorre que a proteção da dignidade da pessoa humana contra toda forma de avassalamento e de degradação é um princípio de valor constitucional;
>
> **3.** Considerando que a liberdade individual é proclamada pelos artigos 1, 2 e 4 da Declaração dos direitos do homem e do cidadão, que ela deve, porém, ser conciliada com os outros princípios de valor constitucional;
>
> **4.** Considerando que nos termos do décimo alínea do Preâmbulo da Constituição de 1946: "A nação garante ao indivíduo e à família as condições necessárias ao seu desenvolvimento", e que nos termos de seu décimo primeiro alínea: "Ela garante a todos, notadamente à criança, à mãe ..., a proteção da saúde";
>
> **5.** Considerando que o artigo 8 insere, após o capítulo II do título I do livro II do código de saúde público, um capítulo II bis intitulado "assistência médica para a procriação", que compreende dez artigos L. 152-1 a L. 152-10; [...]
>
> **7.** Considerando que o artigo 9 da lei prevê que os embriões existentes na data de sua promulgação que não foram objeto de um pedido dos pais e relativamente aos quais não houve negação do seu recebimento por um casal terceiro, e que, ademais, atendem às regras de segurança sanitária em vigor no dia de sua transferência, poderão ser confiados a um casal que atende às condições previstas no artigo L. 152-5, acrescentando que "se o seu recebimento for impossível ou se o prazo de conservação for de pelo menos cinco anos, tal conservação será encerrada";
>
> **8.** Considerando que os deputados autores da segunda ação de inconstitucionalidade sustentam que esta última disposição viola o direito à vida dos embriões que, segundo eles, possuem, desde o começo da concepção, todos os atributos da pessoa humana; [...]; que a possibilidade oferecida pela lei de realizar estudos sobre os embriões viola a integridade da pessoa e do corpo humano; que a seleção dos embriões desrespeita o princípio de valor constitucional da proteção genética da

humanidade; que a possibilidade de ter filhos cujo pai biológico é um "terceiro doador" põe em causa os direitos da família tal como foram concebidos e garantidos pelo Preâmbulo da Constituição de 1946;

9. Considerando que o legislador tem estabelecido inúmeras garantias para a concepção, a implantação e a conservação dos embriões fertilizados in vitro; [...]; que ele considerou que o princípio do respeito de todo ser humano desde o começo da vida não lhes era aplicável; que, seguidamente, considerou que o princípio da igualdade também não era aplicável a esses embriões;

10. Considerando que não cabe ao Conselho Constitucional, que não tem um poder de apreciação e de decisão idêntico ao do Parlamento, de questionar, à luz do estado dos conhecimentos e das técnicas, as disposições assim adotadas pelo legislador;

11. Considerando que, tratando-se da seleção dos embriões, não existe, ao contrário do que sustentam os requerentes, nenhuma disposição ou princípio de valor constitucional que reconhece a proteção do patrimônio genético da humanidade; que nenhuma disposição do Preâmbulo da Constituição de 1946 impede que as condições para o desenvolvimento da família sejam garantidas por doações de gametas ou de embriões nas condições previstas pela lei; [...]

17. Considerando [...]; que nenhuma disposição ou princípio de valor constitucional proíbe as interdições prescritas pelo legislador de estabelecer uma relação de filiação entre a criança oriunda da procriação e o doador, e de propor uma ação de responsabilidade contra este; [...];

18. Considerando que as referidas leis estabelecem um conjunto de princípios dentre os quais se destacam a primazia da pessoa humana, o respeito do ser humano desde o começo de sua vida, a inviolabilidade, a integridade e a ausência do caráter patrimonial do corpo humano bem como a integridade da espécie humana; [...].

## Análise crítica

O respeito à dignidade da pessoa humana foi expressamente consagrado como princípio constitucional na decisão de 27.7.1994, com base em um raciocínio sobre as palavras contidas no Preâmbulo de 1946. Os constituintes da época, lembra o Conselho, justificaram a reafirmação dos direitos inalienáveis e sagrados que todo ser humano possui pela necessidade de condenar e marcar claramente a ruptura com "os regimes que tentaram avassalar e degradar a pessoa humana". "Disso decorre", decide o Conselho, "que a proteção da dignidade da pessoa humana contra toda forma de avassalamento e de degradação é um princípio de valor constitucional". A escolha das palavras certamente não foi deixada ao acaso: "disso decorre" significa que o princípio da dignidade emerge naturalmente, sai sozinho a partir das palavras que o contêm, como a criança do ventre de sua mãe; significado este corroborado pelas palavras "avassalamento" e "degradação" que estão diretamente relacionadas com os verbos "avassalar" e "degradar" utilizados pelos constituintes de 1946.

Em suma, o Conselho indica, por este jogo de palavras, que não inventou o princípio da dignidade; ele já estava ali, em suspensão nas palavras do constituinte de 1946; ele se limitou a "rearranjar" suas palavras para colocá-las na forma escrita de um princípio. Após esta decisão, o campo de aplicação do princípio da dignidade foi estendido a outras áreas além da bioética. Em sua decisão de 19.1.1995 (nº 359 DC), o Conselho Constitucional, por exemplo, combina este princípio com as alíneas 10 e 11 do Preâmbulo de 1946 para qualificar "a possibilidade de cada pessoa ter uma moradia digna como um objetivo de valor constitucional". Enquanto em 1990 ele se limitou a dizer que "a promoção da moradia das pessoas desfavorecidas atende a uma exigência de interesse nacional" (nº 274 DC), a descoberta do princípio da dignidade humana lhe permitiu, em 1995, transformar esta exigência em um objetivo de valor constitucional, dando-lhe assim um conteúdo qualitativo: a moradia, afirma o Conselho, deve ser "digna". O objetivo de valor constitucional relativo à possibilidade de cada pessoa de ter uma moradia digna permitirá em seguida ao Conselho Constitucional apreciar as violações ao direito de propriedade.

Acima de tudo, em sua decisão de 29.5.2015 (nº 470 QPC) relativa à proibição dos distribuidores de água de interromper o fornecimento de água em qualquer residência principal durante todo o ano por não pagamento de contas, o Conselho reconhece o acesso à água como componente deste mesmo objetivo, o qual por sua vez decorre do princípio constitucional da dignidade e das alíneas 10 e 11 do Preâmbulo de 1946. O respeito à dignidade também se aplica às pessoas privadas de liberdade, como as pessoas sob custódia policial (nº 14/22 QPC) ou hospitalizadas sem o seu consentimento (nº 71 QPC). Para as pessoas detidas, cabe ao legislador "determinar as condições e modalidades de execução das penas privativas de liberdade em conformidade com o respeito à dignidade da pessoa", afirmou o Conselho na decisão do 14.6.2013 (nº 320/321 QPC) sobre a ausência de contrato de trabalho na prisão. O Conselho também introduziu o princípio da dignidade humana entre as normas de referência aplicáveis para o exame da lei que instituiu o PACS (nº 419 DC): a faculdade de quebrar unilateralmente o pacto não viola o princípio da dignidade da pessoa humana na medida em que o parceiro a quem o rompimento é imposto pode ajuizar uma ação de responsabilidade civil nos termos do art. 1.382 do Código Civil. Da mesma forma, como é lógico, as primeiras decisões em matéria de QPC confirmam que "a salvaguarda da dignidade da pessoa contra toda forma de avassalamento e de degradação" é invocável pelos jurisdicionados (nº 25 QPC). No entanto, as zonas de influência do princípio constitucional da dignidade não são ilimitadas. Se o ser humano é de fato o beneficiário do princípio, na jurisprudência do Conselho, os seres humanos considerados em função de suas categorias de pertencimento não o são. As tentativas dos requerentes em alegar uma dignidade da criança ou uma "dignidade dos jovens" resultaram no silêncio do Conselho. Ou ainda, em sua decisão de 10.8.2010 (nº 612 DC), do respeito à dignidade, o Conselho Constitucional recusou-se a inferir a competência das jurisdições francesas com relação aos crimes cometidos no exterior contra uma vítima estrangeira, e cujo autor, de nacionalidade estrangeira, se encontra na França. Além disso, a despeito de uma formulação solene e de um campo de aplicação ampliado, o princípio constitucional da dignidade nunca deu ensejo a uma declaração de não conformidade ou a reservas de interpretação. Embora a ausência de censura não comprometa o valor ou a justiciabilidade do princípio da dignidade, esta observação, ainda assim, suscita algumas interrogações. Um argumento é às vezes apresentado para explicar essa ausência de censura: o fato de que as violações do princípio da dignidade raramente estão contidas no enunciado de uma lei, mas nas práticas concretas e/ou ilegais que dela decorrem. O controle abstrato explica assim por que o Conselho é menos frequentemente confrontado com casos potenciais de violação da dignidade do que o Tribunal de Estrasburgo ou os juízes judiciários e administrativos no âmbito de litígios concretos. A este propósito, o princípio da dignidade revela os limites de um controle de constitucionalidade puramente abstrato. Assim, em matéria de QPC, o princípio é frequentemente suscitado pelo Conselho Constitucional, sem, contudo, levar a uma censura. Se o Conselho lembra sistematicamente que em matéria de privação de liberdade – disponibilização da justiça ou internação de ofício – o princípio da dignidade deve ser respeitado "em todas as circunstâncias", é sempre para acrescentar que "o eventual descumprimento desta exigência na aplicação" das disposições legislativas sujeitas a seu controle "não tem como efeito, por si só, de macular de inconstitucionalidade estas disposições" (nº 80 QPC). Por fim, e de um modo geral, o Conselho às vezes contorna a dificuldade, evitando se pronunciar especificamente sobre o alcance do princípio da dignidade. Desconfortável com um princípio ambivalente cujos sentido e alcance são teoricamente ilimitados, o juiz constitucional tergiversa e temporiza. Por exemplo, em sua decisão de 15.11.2007 (nº 557 DC), a fim de neutralizar o dispositivo legislativo relativo aos testes de DNA em matéria de reagrupamento familiar, o Conselho, em vez de utilizar o princípio da dignidade, privilegiou, para fundamentar uma reserva de interpretação, o direito de ter uma vida familiar normal.

## 7 Emenda constitucional

**Decisão 2003-469 DC de 26.3.2003**
Emenda constitucional relativa à organização descentralizada da República.

> 1. Considerando que a competência do Conselho Constitucional é estritamente delimitada pela Constituição; que ela só pode ser especificada ou complementada por meio de uma lei orgânica, desde que respeitados os princípios previstos pelo texto constitucional; que o Conselho Constitucional não poderá ser chamado a se pronunciar senão nos casos expressamente previstos nesses textos;
>
> 2. Considerando que o artigo 61 da Constituição confere ao Conselho Constitucional a missão de apreciar a conformidade com a Constituição das leis orgânicas, e, quando lhes são remetidas nos termos fixados nesse artigo, das leis ordinárias; que o poder do Conselho Constitucional de decidir sobre uma emenda constitucional não encontra amparo do artigo 61, do artigo 89 ou de nenhuma outra disposição da Constituição:
>
> 3. Considerando que do exposto resulta que não compete ao Conselho Constitucional decidir sobre o pedido acima mencionado, pelo qual os senadores requerem a apreciação da conformidade com a Constituição da emenda constitucional relativa à organização descentralizada da República a aprovada pelo Congresso em 17 de março de 2003; [...].

### Análise crítica

Ao declarar-se incompetente para controlar as emendas constitucionais, o Conselho, por esta decisão, dissipa a ambiguidade causada por sua decisão de 2.9.1992. Com efeito, nesta decisão de 1992, o Conselho afirmou:

o poder constituinte é soberano sem prejuízo, de um lado, das limitações relativas aos períodos durantes os quais uma emenda constitucional não pode ser promovida ou continuada, os quais decorrem dos artigos 7, 16 e 89 alínea 4 do texto constitucional, e, por outro lado, do respeito às prescrições do quinto alínea do artigo 89, em virtude das quais a forma republicana do governo não pode ser objeto de uma emenda.

Com duas pequenas palavras – "sob reserva" – o Conselho estabeleceu o princípio de sua competência, especificando em seguida os pontos sobre os quais, se necessário, poderia seu controle incidir. Alguns pontos não levam o Conselho a um exame de mérito. Assim, ele poderia censurar uma emenda constitucional aprovada durante a vacância do cargo de Presidente ou em caso de violação da integridade territorial, na medida em que os arts. 7, 16 e 89, alínea 4, proíbem qualquer emenda durante esses períodos. A referência ao art. 16 não se impunha com toda evidência, pois nenhuma de suas alíneas proíbe formalmente a tramitação de uma emenda constitucional durante os períodos em que podem ser exercidos os poderes excepcionais em prol do Presidente da República.

Alguns autores chegaram até a sustentar a ideia de que, sendo que o art. 16 não exige que o chefe de Estado restabeleça os poderes públicos constitucionais, mas apenas tome medidas inspiradas no desejo de garantir que os poderes tenham "os meios para cumprir sua missão", estaria o Presidente autorizado a instaurar um processo de emenda constitucional. O Conselho condenou, com razão, esta interpretação baseando-se, sem dúvida – ele não o diz –, em uma leitura cruzada dos arts. 16 e 89: este último, com efeito, proíbe qualquer emenda constitucional em caso de violação da integridade do território; e um dos motivos para a possível aplicação dos poderes excepcionais é uma ameaça grave e imediata à integridade do território; logo, por extensão lógica e necessária, toda emenda durante o período de aplicação do art. 16 é impossível. Entretanto, outros pontos podem levar o Conselho a um controle sobre o próprio conteúdo das emendas constitucionais. É o caso da censura que decorre de qualquer reforma constitucional visando a modificar a forma republicana do governo.

A afirmação do respeito necessário pelo constituinte desta "prescrição" estabelece, antes de tudo, um limite material ao exercício de sua competência, uma vez que a ele é proibido questionar, por meio de uma emenda constitucional, a forma republicana do governo. Mas, acima de tudo, dependendo da interpretação adotada, ela abre a possibilidade de um controle sobre o mérito: ou a noção de República entende-se em um sentido estrito, como o oposto da Monarquia, e neste caso o poder do Conselho limita-se à invalidação das emendas constitucionais que restabelecem a monarquia ou o império; ou a noção de República entende-se em um sentido amplo, como implicando o respeito por certos valores (laicidade, igualdade, solidariedade), por certos princípios (a separação de poderes, a independência da autoridade judiciária, a responsabilidade governamental), e neste caso o Conselho poderia ter sido arrastado para longe no seu controle do conteúdo das emendas constitucionais, e enfrentar grandes dificuldades. A partir de qual limite, de qual conteúdo, uma emenda constitucional passa a se tornar a instituição de uma nova Constituição? O número de artigos atingidos? A importância estratégica da disposição alterada? Em termos concretos, uma emenda constitucional que abolisse o direito de dissolução e a responsabilidade governamental excederia ou não os limites inerentes ao exercício do direito de reforma? A competência conferida ao constituinte reformador é ampla o suficiente para ele poder transformar um regime parlamentar em um regime presidencial?

Consciente, certamente, das questões que ele entendia se enquadrar na fórmula de um "poder constituinte soberano sob reserva", o Conselho, cauteloso, ao declarar-se incompetente, preferiu fechar a porta que ele havia entreaberto em 1992. Será, por isso, encerrado o debate sobre o controle das emendas constitucionais? *A priori*, que as emendas constitucionais não estejam sujeitas ao controle de constitucionalidade pode parecer normal. Com efeito, elas se distinguem de outras categorias de leis, primeiro, por seu objeto: a própria organização do Estado, a distribuição dos poderes entre as instituições, a declaração dos direitos e liberdades, em suma, a Constituição; em segundo lugar, por seu modo de elaboração: um procedimento mais complexo, mais pesado, mais demorado e uma adoção por maioria qualificada; por fim, por seu autor: o constituinte instituído pelos constituintes originários. Estas três características, e em particular a primeira e a terceira, são ou parecem ser incompatíveis com qualquer ideia de controle.

Por mais que seja concebível que o legislador esteja sujeito ao respeito da Constituição, parece incoerente e ilógico que o constituinte esteja sujeito a esta mesma obrigação, já que seu papel é precisamente o de modificar a Constituição. A função do constituinte implica uma total liberdade de decisão, na medida em que é a expressão do poder do soberano de modificar, como bem entende, a lei fundamental: este poder não pode ser controlado. Argumentos de texto, semelhantes aos utilizados pelo Conselho em sua decisão de 6.11.1962, podem também ser invocados. O Conselho não tem uma competência geral, mas apenas atribuições estritamente definidas pela Constituição e pela ordenança de 7.11.1958. E nenhum desses textos lhe dá competência para examinar a conformidade de uma emenda constitucional com a Constituição.

A lógica destes textos, particularmente em suas disposições que preveem a possibilidade de uma segunda leitura parlamentar no caso de invalidação parcial, reserva o controle de constitucionalidade unicamente às leis, ordinária e orgânica, aprovadas pelo Parlamento, sendo a possibilidade de solicitar uma segunda leitura inaplicável às emendas constitucionais. Enfim, a incompetência do Conselho em matéria de emendas constitucionais se justifica como consequência de sua incompetência em matéria de leis de referendo. Com efeito, em alguns casos, as emendas constitucionais são adotadas pelo povo pela via do referendo; são, portanto, excluídas do controle de constitucionalidade em virtude da jurisprudência cristalizada de 1962. Assim, se a intervenção do Conselho fosse admitida, ela só poderia recair sobre as emendas constitucionais adotadas pelo Congresso. Todavia, neste caso haveria uma diferença injustificável de tratamento dentro de uma mesma categoria de lei: algumas – as adotadas por referendo – não seriam controladas; outras – as adotadas em Versalhes – o seriam. Assim, convém reconhecer a especificidade destas leis e sua incompatibilidade com a realização de um controle. Apesar destes argumentos, que são muito convincentes, a tese do controle pode ser sustentada com a mesma força. Com efeito, que as emendas constitucionais sejam sujeitas ao controle de controle de constitucionalidade pode parecer normal!

Independentemente de suas especificidades, as emendas constitucionais são, formalmente falando, leis; em seu último artigo, a Constituição é expressamente qualificada com lei pela seguinte fórmula: "A presente lei será executada como Constituição da República e da Comunidade". Ademais, são "leis votadas pelo Parlamento", categoria para a qual o Conselho é competente, por oposição, segundo a jurisprudência de 1962, às leis votadas pelo povo. Mesmo em caso de ratificação por referendo, a emenda constitucional teve que, antes, ser adotada em termos idênticos pelas duas assembleias; e, em caso de ratificação pelo Congresso, o próprio Conselho, ao aceitar controlar a constitucionalidade de seu regimento interno, reconheceu que esta instância é uma assembleia. Logo, os argumentos de texto invocados contra a tese do controle caem por terra: o Conselho é competente para examinar as leis votadas pelo Parlamento; as emendas constitucionais enquadram-se nesta categoria; logo, elas podem ser levadas à apreciação do Conselho. E o encaminhamento para as Câmaras, prevista pela ordenança de 7.11.1958 em caso de invalidação parcial, aplica-se aqui sem dificuldade: a Assembleia Nacional e o Senado retomarão a análise das disposições invalidadas, e o Congresso decidirá.

Por fim, embora seja verdade que o autor das emendas constitucionais não é o legislador, mas o constituinte reformador, este último não tem a mesma liberdade de decisão que o constituinte originário. Elaborar uma Constituição é o trabalho da nação, que é soberana, isto é, livre, após uma convulsão política, para refundar e organizar o Estado como ela jugar conveniente. Emendar/revisar a Constituição é o trabalho de um poder instituído, que recebeu esta competência do poder constituinte originário. O primeiro, portanto, está subordinado ao segundo; seu exercício não é livre, mas está condicionado às diferentes regras formais e materiais estabelecidas pelo constituinte originário para a emenda da Constituição; pode, portanto, ser controlado. Ao contrário do constituinte originário, o constituinte reformador é um poder público, sendo que o próprio Conselho se definiu como "o órgão regulador da atividade dos poderes públicos"; cabe, portanto, a ele intervir para verificar que os autores da emenda constitucional tenham atuado dentro dos limites da esfera de competências que lhes são atribuídas pela Constituição. Convém observar que inúmeros exemplos de direito comparado mostram que um controle das emendas constitucionais não é inconcebível. Seja, por exemplo, na Alemanha, na Itália, na África do Sul ou na Bósnia-Herzegovina, um controle é previsto segundo modalidades diversas. Com base em disposições constitucionais que preveem um mero controle formal das emendas constitucionais, a Corte constitucional turca exerceu um controle material que em 2008, por exemplo, permitiu censurar a totalidade de uma emenda por violação ao princípio da laicidade, o qual está entre as regras constitucionais intangíveis. Assim, além da incompetência do Conselho Constitucional afirmada pela decisão de 26.3.2003, a reflexão continua, pois, mais cedo ou mais tarde, a questão será novamente levantada, e não é certo que a resposta seja idêntica.

## 8 Identidade constitucional e União Europeia

**Decisão 2006-540 DC de 27.7.2006**
Lei relativa aos direitos de autor e aos direitos conexos na sociedade de informação.

8. Considerando que os requerentes [...] também invocam o descumprimento da diretiva de 22 de maio de 2001 acima mencionada; [...]

16. Considerando que o título I da lei impugnada tem por objeto transpor a diretiva de 22 de maio de 2001 acima mencionada sobre a harmonização de certos aspectos do direito de autor e dos direitos conexos na sociedade de informação;

17. Considerando que nos termos da primeira alínea do artigo 88-1 da Constituição: "A República participa das Comunidades europeias e da União Europeia, constituídas de Estados que escolheram livremente, em virtude dos tratados que as instituíram, de exercer conjuntamente algumas de suas competências"; que, portanto, a transposição para o direito interno de uma diretiva comunitária resulta de uma exigência constitucional;

18. Considerando, por conseguinte, que assiste ao Conselho Constitucional, provocado nos termos previstos pelo artigo 61 da Constituição de uma lei tendo por objeto transpor para o direito interno uma diretiva comunitária, de zelar pelo respeito dessa exigência; que, no entanto, o controle exercido por ele nesse sentido é submetido a um duplo limite;

19. Considerando, em primeiro lugar, que a transposição de uma diretiva não pode ir de encontro a uma regra ou a um princípio inerente à identidade constitucional da França, exceto se o constituinte o tenha consentido;

20. Considerando, em segundo lugar, que, devendo decidir antes da promulgação da lei dentro do prazo previsto pelo artigo 61 da Constituição, o Conselho Constitucional não pode apresentar ante a Corte de justiça das Comunidades europeias uma questão prejudicial prevista pelo artigo 234 do tratado que institui a Comunidade europeia; que, portanto, ele só pode declarar não conforme ao artigo 88-1 da Constituição uma disposição legislativa manifestamente incompatível com a diretiva que ela objetiva transpor; que, de qualquer modo, cabe às autoridades jurisdicionais nacionais, caso necessário, provocar a Corte de Justiça das Comunidades europeias de um pedido de decisão prejudicial; [...]

28. Considerando que, de um lado, decorre dessas disposições que a diretiva de 22 de maio de 2001 acima mencionada, que não é contrária a nenhuma regra e a nenhum princípio inerente à identidade

constitucional da França, compreende disposições incondicionais e precisas, notadamente o 5 de seu artigo 5; [...]

30. Considerando, portanto, que a lei francesa de transposição seria contrária à exigência constitucional que resulta do artigo 88-1 da Constituição se ela violasse as prerrogativas que a diretiva reconhece aos autores ou aos titulares dos direitos conexos em matéria de reprodução e de comunicação ao público de suas obras ou prestações; que, em tal caso, com efeito, ela descumpriria de forma manifesta tanto o objetivo geral perseguido pela diretiva quanto as suas disposições incondicionais;

31. Considerando, por conseguinte, que as medidas de conciliação adotadas pelo legislador [...] não poderia violar as prerrogativas dos autores e dos titulares dos direitos conexos sem violar a exigência constitucional de transposição; [...].

## Análise crítica

Sob a aparência de uma continuação constitucional, ele se submete. A aparente resistência pode ser lida na parte do parágrafo ("Considerando") que enuncia que "a transposição para o direito interno de uma diretiva comunitária resulta de uma exigência constitucional". Com efeito, afirmar que o fundamento da obrigação de transpor as diretivas para a legislação nacional não é o direito comunitário, mas o direito constitucional, permite manter a autonomia do segundo em relação ao primeiro. Mas esta afirmação assemelha-se muito a um truque de magia, na medida em que o fundamento constitucional ressaltado pelo Conselho, o art. 88-1 da Constituição, resulta de uma emenda constitucional destinada, em 1992, a remover os obstáculos constitucionais da plena eficácia do direito comunitário originário e derivado. Dito de outra forma, "a exigência constitucional" solicitada pelo Conselho é transparente; ela deixa transparecer o fundamento comunitário da exigência de transpor as diretivas para as leis nacionais; quando muito seria possível sustentar que a transposição de uma diretiva comunitária para o direito interno resulta de uma exigência constitucionalizada pela emenda de 1992.

Todavia, além dessa aparente resistência, o Conselho submete-se. Ele aceita, primeiro, a autoridade do direito comunitário derivado sobre a legislação nacional por esse mesmo trecho de frase, pois, se a transposição é uma exigência constitucional, ele deve garantir seu respeito, e, para isso, ele deve verificar que a lei de transposição não é contrária à diretiva, a qual se torna, assim, para esta lei mas também e necessariamente para qualquer outra lei, uma possível norma de referência para o controle de constitucionalidade. Uma vez que o Conselho é o guardião de todas as exigências constitucionais e que o constituinte fez do respeito aos tratados europeus uma "exigência constitucional", o direito comunitário originário e derivado passou a ser integrado ao bloco de constitucionalidade, e o Conselho foi promovido como protetor deste direito comunitário constitucionalizado contra o legislador nacional. O Conselho recusa esse papel, e, por um "arranjo razoável", deixou às jurisdições administrativas e judiciárias o controle do respeito desta exigência constitucional: a elas cabe o contencioso da conformidade das leis com o direito da União, e ao Conselho o contencioso da conformidade das leis com a Constituição. Esta repartição dos territórios deve mais a considerações institucionais, à política dos "arranjos razoáveis" entre atores do campo jurisdicional, do que à pura lógica jurídica.

Acima de tudo, o Conselho submete-se quando reconhece o princípio de sua incompetência para controlar a constitucionalidade das diretivas: "cabe exclusivamente ao juiz comunitário", afirma claramente o Conselho, "controlar o respeito por uma diretiva comunitária tanto das competências definidas pelos tratados como dos direitos fundamentais garantidos pelo artigo 6 do tratado da União Europeia". Decorre desta "formulação" que o que "bloqueia" a competência do juiz constitucional, o que "obsta" seu controle, não é a diretiva, mas a competência do juiz comunitário a quem cabe decidir sobre um possível excesso de poder e/ou descumprimento dos direitos fundamentais de um diretiva, competência esta que o juiz reconhece e perante a qual se afasta. Pelo privilégio de jurisdição assim concedido à diretiva, o Conselho não está apenas resolvendo um problema de "território" entre ele e a Corte de Luxemburgo; ele também regula, por via reflexa, o das relações entre direito comunitário e Constituição em benefício do primeiro, pois, devido ao fato de o Conselho não ser competente, nenhuma disposição constitucional pode ser utilizada para impedir a transposição de uma diretiva. Nenhuma? Não exatamente, pois, em um sobressalto institucional repentino, o Conselho destaca o caso de certas disposições constitucionais que poderiam prevalecer sobre uma diretiva, sendo que a garantia de seu cumprimento o levaria a voltar a ser competente: com efeito, o Conselho declara que a transposição de uma diretiva para o direito interno só poderia ser impedida se ela fosse "de encontro a uma regra ou a um princípio inerente à identidade constitucional da França". Uma exceção, portanto, ao princípio de incompetência, cuja extensão depende da compreensão dos termos *a priori* enigmáticos de "identidade constitucional". Esta nova redação remete ao art. I.5 do tratado que estabelece uma Constituição para a Europa, o qual estipulava que "a União respeita a identidade nacional dos Estados membros inerentes a suas estruturas políticas fundamentais e constitucionais". Mas ela ainda permanece misteriosa: quais são as regras e os princípios que configuram, no sentido mais forte da palavra, a identidade constitucional da França? Era lícito pensar que os serviços públicos constitucionais, conhecidos como serviços públicos "à francesa", caracterizavam a identidade nacional da França e podiam impedir a transposição de uma diretiva que privatiza o setor energético.

Entretanto, em sua decisão de 30.11.2006, o Conselho, seguindo um raciocínio questionável, decidiu que o EDF não se enquadrava na categoria dos serviços públicos constitucionais. Logo, referir-se a esta reserva de competência para afirmar que, por esta decisão, o juiz constitucional não se submeteu ao direito comunitário e a seus próprios processos jurisdicionais de controle de suas possíveis violações parece excessivo por duas razões principais. Primeiro, esta reserva é limitada. Sem tê-los contado com precisão, o número de direitos fundamentais comuns ao direito constitucional francês e ao direito europeu é certamente superior ao número de liberdades que só seriam reconhecidas e protegidas pela Constituição nacional; mesmo o princípio de laicidade, muitas vezes apresentado como específico à tradição constitucional francesa, é reconhecido pela Corte de Estrasburgo como um elemento constitutivo da sociedade democrática europeia; portanto, de tanto ser inutilizada, há o risco de que a reserva de competência se torne um mecanismo processual "enferrujado". Supondo que ela seja utilizada, esta reserva é sobretudo impossível ou fantasiosa, no sentido de que ela é uma produção da imaginação do Conselho pela qual ele procura escapar das garras da realidade.

Com efeito, se o Conselho, ao fazer uso desta reserva de competência, declarasse uma diretiva contrária a uma disposição constitucional específica da França e assim impedisse sua transposição para o direito interno, esta transposição não deixaria, por isso, de ser uma obrigação comunitária. E uma ação por incumprimento poderia ser proposta contra a França perante o Tribunal de Luxemburgo, que, aplicando sua jurisprudência tradicional segundo a qual "um Estado não pode invocar disposições de sua ordem jurídica nacional, incluindo constitucionais, para justificar o inadimplemento das obrigações decorrentes de diretivas comunitárias", certamente sancionaria as autoridades francesas. As quais deveriam, então, ou transpor a diretiva apesar da censura do Conselho, ou proceder a uma emenda constitucional para remover o obstáculo estigmatizado pela decisão do Conselho. Quanto ao resto, convém observar que o Conselho declinou sua competência em relação às disposições legislativas que transpuseram uma diretiva relativa ao acesso às redes de comunicações eletrônicas, uma diretiva relativa à proteção jurídica das invenções biotecnológicas e uma diretiva relativa ao tratamento e à livre circulação de dados pessoais. Posteriormente, várias disposições legislativas escaparam ao controle de constitucionalidade na medida em que transpuseram fielmente, por exemplo, diretivas relativas à disseminação voluntária de OGM, ao retorno dos nacionais de países terceiros em situação irregular, ou ao direito dos consumidores. Não devemos decerto tirar conclusões precipitadas desta série jurisprudencial, mas, embora seja verdade que o número de leis de transposição está crescendo, em conformidade com a decisão de 27.7.2006, um número cada vez maior de disposições legislativas escapará, mecanicamente, ao controle de constitucionalidade. Daí a importância estratégica para o Conselho de compensar esse declínio programado pela inserção do direito comunitário derivado em suas normas de referência, a fim de ele abrir um espaço de controle da "exigência constitucional" do respeito das diretivas, não somente pelas leis de transposição, mas também por qualquer lei.

## 9 Aplicação no tempo das decisões do Conselho Constitucional

**Decisão 2010-10 QPC de 2.7.2010**
Consortes C. e outros (Tribunais marítimos comerciais).

2. Considerando que, segundo os requerentes, a presença no tribunal marítimo comercial de pessoal do Estado, pertencente à administração dos assuntos marítimos e que permanece dependente dessa administração a quem incumbe a missão de instruir e processar os litígios perante esse tribunal, descumpre tanto os princípios de independência e de imparcialidade do juiz quanto o direito a um processo equitativo;

3. Considerando, de um lado, que nos termos do artigo 16 da Declaração dos direitos do homem e do cidadão de 1789: "Qualquer sociedade em que não esteja assegurada a garantia dos direitos nem estabelecida a separação dos poderes não tem Constituição"; que o princípio de independência é indissociável do exercício das funções jurisdicionais;

**4.** Considerando que, entre os cinco membros do tribunal marítimo comercial, dois deles são ou oficial da marinha nacional, ou servidor ou empregado público, todos eles colocados numa atividade de serviço e, logo, sujeitos à autoridade hierárquica do Governo; que, portanto [...], nem este artigo nem qualquer outra disposição legislativa aplicável a essa jurisdição estabelece garantias apropriadas para atender ao princípio de independência; que, consequentemente, sem que seja necessário examinar os outros fundamentos, essas disposições devem ser declaradas contrárias à Constituição;

**5.** Considerando que a anulação do artigo 90 do código disciplinar e penal da marinha mercante é aplicável a todas as infrações não definitivamente julgadas na data de publicação desta decisão; que, consequente, a contar dessa data, para o exercício da competência que lhes é conferida pelo código disciplinar e penal da marinha mercante, a composição dos tribunais marítimos comerciais deverá ser a mesma que das jurisdições penais de direito comum; [...].

## Análise crítica

Desde 2008, o Conselho possui um grande poder: ao mover o cursor da anulação, e ao apagar mais ou menos a linha de vida da lei censurada, ele pode transformar, torcer, a temporalidade das disposições legislativas invalidadas. E, ao fazer isso, ele pode melhor ajustar sua decisão de acordo com a diversidade das situações que a ele se apresentam no âmbito do contencioso da QPC. Esta faculdade de "modular" a temporalidade quando é pronunciada uma censura está organizada pela segunda alínea do art. 62 da Constituição. Esta disposição estabelece uma distinção entre duas situações. A primeira é aquela em que o Conselho decide adiar, ou não, a entrada em vigor da decisão de anulação. É a primeira questão colocada pelo juiz quando deve julgar: a partir de que momento a decisão "surtirá efeito". A segunda situação é uma variante. Uma vez escolhida pelo juiz a data de entrada em vigor da decisão – imediata ou diferida –, ele deve fazer uma outra escolha: a anulação incide sobre situações passadas, pendentes e/ou futuras? Ele pode, portanto, apagar, mais ou menos, os efeitos da lei anulada, ou até mesmo manter seus efeitos por certo tempo. Em princípio, as decisões do Conselho Constitucional entram em vigor no dia de sua publicação. E, em termos concretos, a censura pronunciada por ocasião desta decisão é aplicável naquele momento.

O primeiro poder do Conselho em matéria de modulação reside precisamente em sua capacidade de dissociar estes dois momentos, ou seja, de separar a data de publicação e a data de entrada em vigor da decisão. Importa salientar que este adiamento da entrada em vigor não diz respeito apenas às decisões de anulação. O Conselho pode de fato adiar a entrada em vigor das reservas de interpretação, sem mesmo censurar a disposição que está na origem do litígio (por exemplo, nº 687 DC). Coloca-se então a questão seguinte: qual é o interesse de adiar a data de entrada em vigor de uma decisão se os problemas de conflitos de leis no tempo são simplesmente postergados para uma data posterior sem serem resolvidos? A resposta é dada pelo próprio Conselho: dar tempo ao legislador; tempo para analisar a anulação, por enquanto, virtual, para repensar a lei, para medir as consequências, para pôr em andamento o processo normativo, para corrigir a inconstitucionalidade ou para preencher o vazio legislativo deixado pela lei censurada. Nas palavras do Conselho, "é necessário adiar a data da anulação deste artigo a fim de permitir ao legislador apreciar o seguimento a dar a esta declaração de inconstitucionalidade".

Portanto, um outro problema se coloca: entre o momento da decisão e a anulação efetiva (uma semana, um mês, seis meses...), o direito aplicável é normalmente o da "antiga" legislação que sobrevive até o prazo fixado pelo Conselho. E esta legislação inconstitucional, contrária aos direitos e liberdades, pode ser mobilizada pelos juízes e pelas autoridades administrativas durante este período transitório, o que cria uma situação, no mínimo, surpreendente. Por exemplo, em sua decisão de 15.3.2016, a Corte de Cassação "cassou" uma decisão da Corte de apelação de Burges porque não havia aplicado as disposições inconstitucionais durante o período transitório! Para evitar esta situação delicada, o Conselho pode – e deve – criar um regime transitório. É aqui que entra a decisão nº 2010-10 QPC. Neste caso, o juiz constitucional decidiu anular "imediatamente", inclusive para os processos pendentes, as disposições que organizam a composição dos tribunais marítimos. Na ausência de novas regras sobre esta matéria, tornou-se impossível, para estas jurisdições, funcionar normalmente. Em vez de diferir a anulação, o próprio Conselho elabora um regime de transição: "para o exercício da competência que lhes é conferida pelo código disciplinar e penal da marinha mercante, a composição dos tribunais marítimos comerciais deverá ser a mesma que das jurisdições penais de direito comum". Ao decidir que os tribunais marítimos serão regidos pelo "direito comum", o Conselho cria assim uma "terceira" norma no silêncio do texto legislativo anulado, e, ao fazer isto, está ele mesmo produzindo, depois da anulação, o direito aplicável a essas jurisdições.

Na mesma ordem de ideias, há casos em que o Conselho pede para a administração tributária aplicar um regime específico no momento da anulação; decidiu, por exemplo, que as aquisições de ações ou de quotas sociais não devem ser consideradas "renda" (nº 2014-404 QPC), ou que as despesas de constituição de garantias são imputáveis nos juros "de mora" e "de atraso" (nº 2014-400 QPC). Quando a anulação é adiada (o que não se verifica no caso em apreço), o Conselho pode também impor às jurisdições afetadas e às administrações a suspensão da tramitação dos processos "até a entrada em vigor da nova lei ou, no máximo, até (o dia da anulação)", caso surjam processos pendentes ou futuros em relação às disposições impugnadas. Mais sutilmente, em sua decisão nº 595 QPC, de 18.11.2016, o Conselho até mesmo decidiu que a disposição em apreço "deve ser declarada conforme com a Constituição antes de 3 de março de 2005, mas, a contar desta data e até 13 de julho de 2010, ser declarada contrária, e, por fim, ser declarada conforme com a Constituição a contar do 14 de julho de 2010 e até a entrada em vigor de sua nova redação resultante da ordenança de 17 de dezembro de 2010"!

## 10  Custódia policial

**Decisão 2010-14/22 QPC de 30.7.2010**
M. Daniel W. e outros (custódia policial).

12. Considerando [...] que o Conselho Constitucional não pode ser provocado a se manifestar sobre uma questão prioritária de constitucionalidade relativa a uma disposição que já foi declarada conforme à Constituição pelos fundamentos e no dispositivo de uma decisão anterior do Conselho Constitucional, salvo mudança de circunstâncias.
[...]
14. Considerando que, em sua decisão acima mencionada de 11 de agosto de 1993, o Conselho Constitucional não examinou especificamente os artigos 63, 63 1, 63-4 e 77 do código de processo penal; que, no entanto, declarou conformes à Constituição as modificações trazidas a esses artigos pelas disposições então sujeitas a sua apreciação; que essas disposições diziam respeito às condições de manutenção de uma pessoa sob custódia policial; que as disposições contestadas garantem, em comparação com aquelas examinadas pelo Conselho em sua decisão de 11 de agosto de 1993, um enquadramento mais rigoroso do uso da custódia policial e uma melhor proteção dos direitos das pessoas visadas por ela;

**15.** Considerando, entretanto, que desde 1993, certas modificações das regras de processo penal e mudanças nas condições de sua implementação levaram a um uso cada vez mais frequente da custódia policial bem como modificaram o equilíbrio dos poderes e direitos estabelecidos pelo código de processo penal; [...]

**18.** Considerando que essas evoluções contribuíram para banalizar o uso da custódia policial, [...]; que elas reforçaram a importância da fase de inquérito policial na constituição dos elementos probatórios com base nos quais uma pessoa acusada é processada; [...]; que essas modificações de circunstâncias de direito e de fato justificam um novo exame da constitucionalidade das disposições contestadas; [...]

**23.** Considerando que nos termos do artigo 34 da Constituição deve o legislador determinar ele mesmo o campo de aplicação da lei penal; que, tratando-se do processo penal, essa exigência se impõe, notadamente, para evitar um rigor não necessário na busca dos autores de infrações; [...]

**25.** Considerando que, em si mesmas, essas evoluções mencionadas acima não descumprem nenhuma exigência constitucional; que a custódia policial continua sendo uma medida de restrição necessária a certas operações de polícia judiciária; que, porém, essas evoluções devem ser acompanhadas das garantias adequadas que enquadram o uso e a realização da custódia policial e que também asseguram a proteção dos direitos de defesa; [...]

**27.** Considerando, entretanto, que, de um lado, em virtude dos artigos 63 e 77 do código de processo penal, toda pessoa suspeita de ter cometido uma infração pode ser colocada sob custódia policial por um agente de polícia judiciária durante uma duração de vinte quatro horas seja qual for a gravidade dos fatos que fundamentam tal medida; que toda custódia policial pode ser prolongada por mais vinte quatro horas sem que essa faculdade seja reservada para as infrações de certa gravidade;

**28.** Considerando, de outro lado, que as disposições combinadas dos artigos 62 e 63 do mesmo código autorizam o interrogatório de uma pessoa em custódia policial; que o seu artigo 63-4 não permite à pessoa assim interrogada, quando detida contra sua vontade, de beneficiar da assistência efetiva de um advogado; que tal restrição aos direitos de defesa é imposta de modo geral, sem considerar as circunstâncias específicas capazes de justificá-la para reunir ou conservar as provas ou garantir a proteção das pessoas; que, de resto, a pessoa sob custódia policial não recebe a informação do seu direito de permanecer em silêncio;

**29.** Considerando que, nessas condições, os artigos 62, 63, 63-1, 63-4, alíneas 1 a 6, e 77 do código de processo penal não oferecem as garantias adequadas para o uso da custódia policial tendo em conta as evoluções acima mencionadas; que, portanto, a conciliação entre, de um lado, a prevenção das violações à ordem pública e a busca dos autores de infrações e, de outro lado, o exercício das liberdades constitucionalmente garantidas, não pode mais ser considerada como equilibrada; que, por conseguinte, essas disposições descumprem os artigos 9 e 16 da Declaração de 1789 e devem ser declaradas contrárias à Constituição;

30. Considerando, por um lado, que o Conselho Constitucional não tem um poder geral de apreciação da mesma natureza que o do Parlamento; que não lhe cabe indicar as modificações das regras de processo penal que devem ser escolhidas para resolver a inconstitucionalidade constatada; que, por outro lado, se, em princípio, uma declaração de inconstitucionalidade deve beneficiar a parte que apresentou a questão prioritária de constitucionalidade, a anulação imediata das disposições contestadas importaria em descumprir os objetivos de prevenção das violações à ordem pública e de busca dos autores de infrações, gerando consequências manifestamente excessivas; que convém, portanto, prorrogar até o 1º de julho de 2011 a data dessa anulação a fim de permitir ao legislador de resolver essa inconstitucionalidade; que as medidas tomadas antes dessa data em virtude das disposições declaradas contrárias à Constituição não podem ser contestadas com base no fundamento dessa inconstitucionalidade; [...].

## Análise crítica

A decisão "custódia policial" de 30.7.2010 permitiu que o procedimento da QPC se tornasse de conhecimento público. Emblemática, a decisão constata uma violação dos direitos da defesa, devido à falta da presença do advogado desde o início da custódia policial e à ausência de notificação do direito de permanecer em silêncio. Quanto ao mérito, o Conselho Constitucional anulou, de forma diferida, o dispositivo legislativo da custódia policial, remediando assim a inércia do poder público que estava relutante em tirar as consequências das condenações da França perante a Corte Europeia de Direitos Humanos.

No campo da efetividade dos direitos e liberdades, o resultado obtido graças à ação conjunta de várias seccionais da Ordem dos Advogados foi considerado um avanço notável. Mesmo que, na prática, as novas garantias só fossem implementadas alguns meses mais tarde (Cass. Ass. Plen. 14.4.2011, nº 10-17049; Lei nº 2011-392 de 14.4.2011 relativa à custódia policial). Para além do mérito, a decisão de 30.7.2010 traz lições valiosas sobre a possibilidade de contestar, em sede de uma QPC, uma disposição legislativa expressamente declarada conforme com a Constituição em uma decisão anterior do Conselho Constitucional. Por princípio, a lei orgânica proíbe o jurisdicionado de agir nesta hipótese. Entretanto, sendo a relação de conformidade de uma lei com a Constituição evolutiva por natureza, o legislador orgânico abriu uma exceção a este princípio, no caso de "mudanças de circunstâncias". No caso em apreço, em seus acórdãos de reenvio, a Corte de Cassação observava que as disposições legislativas sobre a custódia policial "ainda não foram declaradas, em sua totalidade, conformes com a Constituição na fundamentação ou no dispositivo de uma decisão do Conselho Constitucional". Em sua decisão de 30.7.2010, o Conselho Constitucional fez uma triagem entre as disposições reenviadas. Com relação à sétima alínea do art. 63-4 e ao art. 7 do Código de Processo Penal, o Conselho, na decisão nº 2004-492 DC de 2.3.2004, os havia declarado conformes com a Constituição, e nenhuma mudança de circunstâncias foi verificada: a QPC, sobre este ponto, não foi examinada.

No entanto, o Conselho Constitucional constatou uma mudança de circunstâncias que justificou o reexame dos arts. 63, 63-1, 63-4 e 77 do Código de Processo Penal, os quais foram declarados conformes com a Constituição na decisão nº 93-326 DC de 11.8.1993. Portanto, a decisão trazia duas contribuições essenciais: por um lado, o simples fato de realizar este exame da ocorrência ou não de uma mudança de circunstâncias não era tão evidente: no silêncio da lei orgânica, o Conselho Constitucional optou por reexaminar esta condição de acesso ao exercício de seu mister. A primeira condição para o reenvio de uma QPC relativa à aplicabilidade ao litígio cabe precipuamente ao Conselho de Estado e à Corte de Cassação, ainda que o Conselho Constitucional possa intervir pontualmente nesta matéria. A terceira condição relativa ao caráter sério ou novo é avaliada soberanamente pelo Conselho de Estado e pela Corte de Cassação. Com a decisão de 30.7.2010, o Conselho Constitucional realizou um controle preciso da segunda condição de reenvio, segundo a qual, salvo mudança de circunstâncias, uma disposição declarada conforme não pode ser objeto de uma QPC. Portanto, o Conselho Constitucional pode negar a presença de uma mudança de circunstâncias que o juiz de reenvio tinha assinalado, ou substituir uma mudança de circunstâncias, como na QPC levantada pela Sra. Le Pen, objeto da decisão nº 2012-233 QPC de 21.2.2012; por outro lado, o Conselho Constitucional desvela a extensão das mudanças de circunstâncias capazes de permitir o reexame de uma disposição legislativa. Desde a decisão de 11.8.1993, modificações das regras do processo penal assim como "mudanças nas condições de sua implementação" levaram, afirma a decisão de

30.7.2010, "a um uso cada vez mais frequente da custódia policial bem como modificaram o equilíbrio dos poderes e direitos estabelecidos pelo Código de processo penal". Mudanças de circunstâncias de direito com, por exemplo, a generalização, após 1993, do "processamento em tempo real", o que fez com que a decisão do Ministério Público sobre a ação pública fosse tomada com base no relatório do oficial da polícia judiciária antes do término da custódia policial, a qual se torna assim "a fase principal da constituição dos autos do processo com vistas ao julgamento da pessoa acusada"; ou ainda, o aumento do número de funcionários públicos com a qualidade de oficial da polícia judiciária – 25.000 em 1993, 53.000 em 2010, especifica o Conselho – e "a redução das exigências que condicionam a atribuição desta qualidade". Mudanças de circunstâncias de fato, como exemplo, a banalização do uso da custódia policial, "inclusive para infrações menores com mais de 790.000 medidas de custódia policial decretadas em 2009". Em conclusão, "essas modificações de circunstâncias de direito e de fato justificam um novo exame da constitucionalidade das disposições contestadas". E é à luz deste novo contexto jurídico e factual que as disposições contestadas estão sendo censuradas. Evidentemente, a noção constitucional de mudança de circunstâncias dá aos juízes, ordinários e constitucionais, um poder considerável, já que são chamados a apreciar a adequação de uma lei ao seu tempo e considerá-la contrária à Constituição se o juízo não mais encontrar justificativa nos dados factuais com base nos quais foi inicialmente fundada.

    Sem dúvida, há aqui uma ofensa ao princípio da segurança jurídica, na medida em que ela leva a um reexame permanente da constitucionalidade das leis, e ao princípio da democracia eleitoral, na medida em que ela dá aos juízes o poder de decidir sobre a adequação de uma lei com seu tempo. Mas pode ser também perigoso para estes dois princípios que leis que, sob a influência das evoluções sociológicas ou do próprio direito, se tornaram inconstitucionais permaneçam na ordem jurídica. Certamente cientes destes desafios, desde a decisão de 30.7.2010, os juízes da QPC raramente alegam uma mudança de circunstâncias de fato, sem, no entanto, deixar de progressivamente estender o campo das circunstâncias de direito. Além das emendas constitucionais ou das modificações do contexto legislativo, como ocorreu no caso em tela, os juízes agora consideram as mudanças de circunstâncias pretorianas. Assim, diante de uma evolução significativa da jurisprudência do Conselho Constitucional, do Tribunal europeu dos direitos do homem, e até mesmo do Conselho de Estado e da Corte de Cassação, na implementação da lei contestada, os jurisdicionados podem obter o reexame, no bojo de uma QPC, de uma disposição declarada conforme a Constituição.

## 11 Controle da constitucionalidade das interpretações jurisprudenciais de uma lei conferidas pela Corte de Cassação e pelo Conselho de Estado

**Decisão 2010-39 QPC de 6.10.2010**
Sra. Isabelle D. e Isabelle B. (adoção por um casal não casado).

2. Considerando que o artigo 61-1 da Constituição reconhece a todo jurisdicionado o direito de que seja examinado, a seu pedido, o fundamento de que uma disposição legislativa desconhece os direitos e liberdades garantidas pela Constituição; que os artigos 23-2 e 23-5 da ordonança de 7 de novembro de 1958 acima mencionados estabelecem as condições pelas quais a questão prioritária de constitucionalidade deve ser transmitida pela jurisdição para o Conselho de Estado ou para a Corte de cassação e remetida ao Conselho Constitucional; que essas disposições preveem notadamente que a disposição legislativa contestada deve ser "aplicável ao litígio ou ao processo"; que, ao apresentar uma questão prioritária de constitucionalidade, todo jurisdicionado tem o direito de contestar a constitucionalidade de uma interpretação jurisprudencial reiterada dada a essa disposição;

3. Considerando que o artigo 365 do código civil fixa as regras do restabelecimento da autoridade parental em relação a uma criança menor objeto de uma adoção simples; que, desde o acórdão de 20 de fevereiro de 2007 acima mencionado, a Corte de cassação tem decidido de forma reiterada que, quando o pai ou a mãe biológico pretende continuar a criar a criança, a transferência para o adotante dos direitos da autoridade parental que resultaria da adoção pelo concubino ou parceiro do parente biológico é contrário ao interesse da criança e, logo, impede a concessão dessa adoção; que, portanto, a constitucionalidade do artigo 365 do código civil deve ser examinada, não porque esse artigo institui uma distinção entre crianças quanto à autoridade parental dependendo se são adotados pelo cônjuge ou o concubino do seu parente biológico, mas porque tem como efeito proibir, em princípio, a adoção da criança menor do parceiro ou do concubino; [...]

8. Considerando, em primeiro lugar, que a disposição contestada, conforme o sentido que lhe foi dado pela jurisprudência constante da Corte de cassação, impede, pela via da adoção simples, que uma criança menor possa estabelecer um segundo vínculo de filiação com o

concubino ou o parceiro de seu pai ou de sua mãe; que, no entanto, esta disposição não impede de forma alguma a liberdade dos pais de uma criança menor de viverem em concubinato ou de celebrarem um pacto civil de solidariedade com a pessoa de sua escolha; que também não impede os pais de associarem o seu concubino ou parceiro à educação e vida da criança; que o direito de levar uma vida familiar normal não implica que a relação entre uma criança e a pessoa que vive em casal com seu pai ou sua mãe dá direito ao estabelecimento de um vínculo de filiação adotiva; que, por conseguinte, o fundamento de que o artigo 365 do código civil violaria o direito de levar uma vida familiar normal deve ser rejeitado; [...].

## Análise crítica

Na tradição francesa herdada de Montesquieu, a interpretação jurisprudencial nunca é uma fonte de direito e não pode reivindicar o rótulo de "disposição legislativa". A despeito desta tradição, desde os primeiros momentos da QPC, vários jurisdicionados contestaram jurisprudências consideradas contrárias à Constituição. Em sua decisão de 6.10.2010, o Conselho consagrou o princípio de que "ao apresentar uma QPC, todo jurisdicionado tem o direito de contestar a constitucionalidade de uma interpretação jurisprudencial reiterada dada a essa disposição". Esta decisão, lógica, é uma resposta à posição contrária defendida pela Corte de Cassação e, por via reflexa, uma destreza civil, mas defendida pelo Conselho de Estado, confirmada pela decisão de 14.10.2010. Em seu acórdão de 19.5.2010, a Corte de Cassação recusou-se a transmitir ao Conselho a questão relativa à conformidade à Constituição da não fundamentação dos acórdãos dos Tribunais de Júri (*cours d'assises*), com o fundamento de que "a questão levantada tende, na realidade, a contestar, não a constitucionalidade das disposições a que se refere, mas a interpretação dada pela Corte de Cassação em relação ao caráter específico dos acórdãos dos Tribunais de júri que decidem sobre a ação pública". Em outros termos, a Corte considera que a questão de constitucionalidade não é séria por ela incidir sobre a interpretação da lei e não sobre a lei em si!

No acórdão Théron, o Conselho de Estado, para decidir que a questão do descumprimento do princípio da presunção de inocência pelo art. 728-1 do Código de Processo Penal relativo à conta bancária nominativa dos detentos não apresenta um caráter sério, desenvolve uma interpretação neutralizadora deste artigo, exatamente como o Conselho faria: "que o artigo 728-1 não tem propriamente como objeto e não pode ter como efeito de impor às pessoas detidas uma cobrança de seus bens em proveito das partes civis e dos credores alimentares, já que tal medida tem um caráter meramente provisório" (CE, 19.5.2010, Sr. Théron). Assim, o Conselho de Estado interpreta a lei, julga ele mesmo que sua interpretação está em conformidade com a Constituição, e decide, em consequência, que "não há necessidade de remeter ao Conselho Constitucional a QPC invocada". A linha argumentativa é mais sutil do que a da Corte de Cassação, já que se baseia no raciocínio e nos métodos do Conselho Constitucional, mas, no final, o resultado é o mesmo: o Conselho de Estado, como a Corte de Cassação, busca manter o controle, se não o monopólio, da interpretação da lei, recusando-se, na prática, que sua constitucionalidade seja avaliada pelo Conselho Constitucional. O que Sophie-Justine Liéber e Damien Botteghi reconhecem de bom grado (AJDA 2010) quando escrevem, após terem afirmado que a interpretação da lei pelo juiz não obsta seu reenvio ao Conselho: "por outro lado, é pouco provável que tal questão seja levantada, já que o juiz administrativo se empenha obviamente para dar às leis um significado e um alcance conformes com a Constituição".[245]

No entanto, esta solução "combinada" das duas cortes supremas levava a reduzir a QCP à parte congruente. Até onde a vista alcança, do direito civil ao direito administrativo, do direito penal ao direito empresarial, a jurisprudência é hoje uma fonte essencial da regulamentação francesa. Ao apoiar-se nas poucas palavras dos arts. 1.382 e 1.134 do Código Civil, por exemplo, a Corte de Cassação construiu um direito rico, diversificado, sutil, às vezes complexo, podendo naturalmente infringir as liberdades fundamentais dos cidadãos. Excluir essas "regras" equivalia a privar os jurisdicionados de uma fonte ilimitada de QPC. Portanto, em sua decisão de 6 e 14.10.2010, o Conselho Constitucional dirige-se tanto à Corte de Cassação quanto ao Conselho de Estado. E com razão. Com efeito, já que o constituinte quis que uma QPC pudesse ser levantada contra as leis promulgadas e aplicadas há muito tempo, a impugnação do requerente não incide necessariamente sobre a disposição legislativa tal como adotada pelo legislador, mas sobre a disposição legislativa tal como interpretada-aplicada pelos juízes. Este deslocamento do objeto da contestação é precisamente o que distingue o controle de constitucionalidade *a priori* do controle *a posteriori*.

---

[245] BOTTEGHI, D.; LIÉBER, S-J. Le juge administratif, juge constitutionnel de droit commun? *Actualité Juridique. Droit Administratif*, 2010. p. 1355.

No âmbito no primeiro, a crítica só pode incidir sobre a lei "seca", uma vez que ocorre antes da promulgação da lei, antes de sua aplicação, e, portanto, antes de sua intepretação pelos juízes; entretanto, no âmbito do controle *a posteriori*, a crítica incide sobre a lei já entrada em vigor, sobre a lei aplicada, e, portanto, sobre "o efetivo alcance" que o juiz, através de sua interpretação, deu. Querer fazer, ou manter, com base no controle *a posteriori*, uma distinção entre lei "seca", transmissível, e "lei interpretada pelos juízes", intransmissível, é, de um ponto de vista estritamente lógico, impossível de se pensar. A situação teria sido diferente se, aos requerentes de 1958 e de 1974, o constituinte tivesse acrescentado o cidadão, permitindo-lhe ajuizar um recurso direto perante o Conselho antes da promulgação da lei; o controle teria permanecido em uma lógica abstrata. Ao escolher a arguição de inconstitucionalidade no momento da aplicação da lei, o constituinte quis dar ao jurisdicionado o poder de contestar a lei tal como ela havia sido aplicada pelos juízes desde sua adoção parlamentar; o controle sai de uma lógica puramente abstrata para conhecer a lei viva, não a lei parlamentar, mas a lei jurisdicional, aquela que produz efeitos concretos sobre os jurisdicionados. Portanto, o Conselho Constitucional estava perfeitamente certo em construir sua argumentação partindo do jurisdicionado: o seu direito de levantar uma QPC seria violado se ele fosse proibido de contestar a constitucionalidade da interpretação jurisprudencial da disposição legislativa aplicável na lide, na medida em que esta interpretação confere à disposição criticada seu "alcance efetivo". Evidentemente, a decisão de 6 de outubro pode parecer ser outro episódio no complicado diálogo entre juízes judiciário, administrativo e constitucional.

No entanto, o Conselho retoma a jurisprudência da Corte Constitucional italiana, que, após alguns anos de conflito com a Corte de Cassação, renunciou a dar às disposições legislativas uma interpretação concorrente a da Corte, e direcionou seu controle sobre a constitucionalidade da interpretação judiciária da lei. Jurisprudência teorizada pelo então Presidente da Corte italiana, Gustavo Zagrebelsky, com a denominação de "doutrina do direito vivo". Na sequência das decisões de 6 e 14.10.2010, a Corte de Cassação e o Conselho de Estado finalmente aceitaram, por bem ou por mal, que uma QPC seja suscitada contra uma interpretação jurisprudencial. Em sua decisão de 28.11.2012, a Corte de Cassação salientou "que foi decidido que 'todo jurisdicionado tem o direito de contestar a constitucionalidade e o efetivo alcance que uma interpretação sedimentada confere a uma disposição legislativa'", com aspas eloquentes e sem sequer pronunciar a expressão "Conselho Constitucional"! A Corte de Cassação também exige que a interpretação seja... uma interpretação, e não uma "regra jurisprudencial", ou seja, uma simples criação do juiz sem qualquer referência textual. Esta nuance toda bizantina permite ao juiz judiciário descartar alguns "monumentos" do direito francês considerados demasiadamente jurisprudenciais, muito distantes do texto, como exemplo, o regime da responsabilidade civil, assim como uma grande parcela do direito comum dos contratos. As jurisprudências "pretorianas" permanecem assim "fora do âmbito do controle de constitucionalidade", como observa Pascale Deumier.

Ainda é necessário, especifica desta vez o Conselho Constitucional, que a interpretação jurisprudencial seja "constante" e confirmada por uma corte suprema – Conselho de Estado ou Corte de Cassação. Esta constância é, porém, apreciada com certo grau de flexibilidade: por exemplo, no caso da hospitalização de ofício julgada em 2011, o juiz considerou que a interpretação feita pela Corte de Cassação na decisão de reenvio constitui, por si só, uma "jurisprudência constante"! O fato é que, mesmo que os jurisdicionados possam contestar uma jurisprudência no curso de um litígio, o juiz da admissibilidade pode muito bem "interpretar sua interpretação jurisprudencial" para torná-la conforme com a Constituição, e, portanto, recusar-se a remeter à QPC. O Conselho de Estado não hesita em utilizar esta técnica neutralizadora e assim declarar que a questão não é, evidentemente, séria... Deve-se também notar que juiz constitucional tem o poder de emitir, se assim o desejar, reservas de interpretação no que diz respeito às "interpretações jurisprudenciais". É o que acontece quando o Conselho considera que a jurisprudência em questão está indo em uma direção que não está conforme com os direitos e liberdades constitucionais. Para retificar esta contradição, em vez de censurar a disposição em causa, ele pode formular uma reserva visando a alterar o significado dado pelo juiz do texto de lei. Por exemplo, em sua decisão de 30.9.2013, o Conselho Constitucional corrige a leitura feita pelo Conselho de Estado sobre o regime fiscal das indenizações compensatórias, e considera que somente "sua" interpretação é compatível com a Constituição.

## 12 Questão prejudicial ao Tribunal europeu

**Decisão 2013-314 QPC de 4.4.2013**
Sr. Jeremy (ausência de recurso em caso de extensão dos efeitos do mandado de detenção europeu – questão prejudicial ao Tribunal de Justiça da União Europeia).

1. Considerando que a decisão-quadro de 13 de junho de 2002 acima mencionada instituiu o mandado de detenção europeu [...]; que o artigo 17 da lei de 9 de março de 2004 acima mencionado inseriu no código de processo penal os artigos 695-11 a 695-51 relativos ao mandado de detenção europeu;

2. Considerando que, na redação resultante da lei de 12 de maio de 2009 acima mencionada, os dois primeiros alíneas do artigo 695-46 conferem à câmara de instrução a competência de decidir sobre os pedidos das autoridades competentes do Estado membro que emitiu o mandado de detenção europeu [...]; que nos termos do quarto alínea do artigo 695-46 do código de processo penal: "A câmara de instrução decide sem recurso, após ter verificado que o pedido também contém as informações previstas no artigo 695-13, e ter, conforme o caso, obtido garantias à luz das disposições do artigo 695-32, no prazo de trinta dias a contar do recebimento do pedido;

3. Considerando que, segundo o requerente, [...], as disposições do quarto alínea do artigo 695-46 supracitado violam o princípio da igualdade perante a justiça e o direito a um recurso jurisdicional efetivo;

4. Considerando, de um lado, que nos termos do artigo 16 da Declaração dos direitos do homem e do cidadão de 1789: "Qualquer sociedade em que não esteja assegurada a garantia dos direitos nem estabelecida a separação dos poderes não tem Constituição"; que decorre dessa disposição que o direito das pessoas interessadas em exercer um recurso efetivo perante uma jurisdição não deve ser substancialmente prejudicado;

5. Considerando, por outro lado, que nos termos do artigo 88-2 da Constituição: "A lei estabelece as regras relativas ao mandado de detenção europeu em conformidade com os atos adotados pelas instituições da União Europeia"; que, por meio dessas disposições específicas, o constituinte pretendeu remover os obstáculos constitucionais à adoção das disposições legislativas, resultante necessariamente dos atos adotados pelas instituições da União Europeia, relativas ao mandato de detenção europeu; que, portanto, cabe ao Conselho Constitucional, provocado a respeito de disposições legislativas relativas ao mandado de detenção europeu, controlar a conformidade à Constituição dessas disposições legislativas adotadas pelo legislador dentro da margem de manobra

prevista pelo artigo 34 do Tratado sobre a União Europeia, na sua redação atual; [...]

7. Considerando que, para julgar a conformidade do quarto alínea do artigo 695-46 do código de processo penal com os direitos e as liberdades garantidos pela Constituição, cabe ao Conselho Constitucional determinar se a disposição desse texto que prevê que a câmara de instrução "decide sem recurso no prazo de trinta dias [...] A contar do recebimento do pedido" resulta necessariamente da obrigação feita à autoridade judiciária do Estado membro pelo parágrafo 4 do artigo 27 e o c) do parágrafo 3 do artigo 28 da decisão-quadro de tomar sua decisão no prazo máximo de trinta dias após o recebimento do pedido; que, à luz dos termos supracitados da decisão-quadro, uma avaliação acerca da possibilidade de prever um recurso contra a decisão da jurisdição inicialmente provocada após o prazo de trinta dias e que suspende a execução dessa decisão exige que, previamente, seja examinado a interpretação do ato em questão; que, conforme consta do artigo 267 do Tratado sobre o funcionamento da União Europeia, o Tribunal de justiça da União Europeia é o único competente para decidir a título prejudicial sobre tal questão; que, portanto, convém lhe remeter essa questão e suspender o trâmite da ação acerca da questão prioritária de constitucionalidade suscitada por M. F.;

8. Considerando que, tendo em conta o prazo de trinta meses dentro do qual deve o Conselho Constitucional [...], examinar a questão prioritária de constitucionalidade, do objeto da questão prejudicial apresentada relativa ao espaço de liberdade, de segurança e de justiça, e da privação de liberdade a que o requerente está sujeito no processo do qual emana a questão prioritária de constitucionalidade ora discutida, convém requer a aplicação do procedimento de urgência previsto pelo artigo 23 bis do protocolo nº 3 ao tratado sobre o funcionamento de União Europeia sobre o estatuto do Tribunal de justiça da União Europeia; [...].

## Análise crítica

A decisão de 4.4.2013 não é apenas uma inflexão jurisprudencial, ela é uma reviravolta, e ainda mais, talvez, uma criação jurisprudencial. Com efeito, entendia-se que o mecanismo francês de controle de constitucional impedia qualquer possibilidade de recurso aos juízes de Luxemburgo. Em sua decisão de 30.11.2006, o Conselho lembrava ainda:

> devendo decidir antes da promulgação da lei dentro do prazo previsto pelo artigo 61 da Constituição, ele não pode apresentar ante a Corte de justiça das Comunidades europeias uma questão prejudicial prevista pelo artigo 234 do tratado que institui a Comunidade europeia, e que,

de qualquer modo, cabe às autoridades jurisdicionais nacionais, caso necessário, recorrer à Corte de Justiça das Comunidades europeias de um pedido de decisão prejudicial.

Sete anos depois, porém, o Conselho decidiu apresentar ante a Corte de Luxemburgo uma questão prejudicial, suspendendo, portanto, a tramitação de seu processo até a resposta da Corte.

A fim de mitigar a importância desta mudança, alguns poderiam querer circunscrevê-lo ao único controle *a posteriori*; mas, além do fato de agora ocupar um lugar importante no contencioso constitucional, a diferença de prazo para decidir – um mês no controle *a priori*, e três meses para o controle *a posteriori* – não pode ser um argumento pertinente, não apenas porque esta diferença é fraca, não apenas porque o recurso à Corte fará provavelmente com que os prazos de um mês e de três meses sejam "extrapolados", mas sobretudo porque o poder de recorrer à Corte é intrinsecamente ligado à lógica do controle das leis de transposição das diretivas, seja *a priori* ou *a posteriori*. O prazo de um mês para as DC e de três meses para as QPC é uma obrigação imposta pela ordenança de 7.11.1958, que o Conselho lembra em sua decisão de 4.4.2013; mas ele julga que esta obrigação não o proíbe de transmitir uma questão prejudicial, mesmo que este recurso possa levá-lo a decidir para além do prazo de três meses. O Conselho está ciente disso, já que tem o cuidado de pedir à Corte de Luxemburgo que aplique o procedimento de urgência previsto no art. 23 *bis* do Protocolo nº 3 do Tratado de Lisboa, e que, por prudência, ordena a suspensão do processo no que tange à QPC. Este é precisamente o trabalho criativo do Conselho, que redefine o quadro processual estabelecido pelo legislador orgânico: ele ordena a suspensão do processo, que não está prevista em nenhum texto; ele se desprende do cumprimento do prazo de três meses para julgar uma QPC.

Em apoio a esta criação jurisprudencial, é possível invocar a teoria dos poderes implícitos formulada pela primeira vez pela Corte Suprema dos Estados Unidos. Segundo esta teoria, toda instituição deve ter, além das competências que lhe são explicitamente atribuídas, os meios necessários para a consecução de suas competências, pois, mesmo que não lhe sejam atribuídos, esses meios participam da lógica e da eficácia do sistema. Assim, no caso presente, o Conselho não poderia exercer sua competência de controle das leis de transposição das diretivas se não pudesse recorrer à Corte de Luxemburgo. Com efeito, a lógica do sistema cujas propriedades são a exigência constitucional de transposição e a aplicação uniforme do direito europeu implica, mesmo na ausência expressa de habilitação neste sentido, que o juiz competente pela verificação do cumprimento desta exigência possa pedir à Corte europeia que especifique o alcance das diretrizes. Caso contrário, o Conselho não poderia exercer de forma eficaz sua competência de controle: ele "precisa" saber o significado de uma disposição comunitária para dizer se a lei a transpôs corretamente, e, no quadro jurídico atual, em caso de dúvida, ele só pode saber isso suscitando uma questão prejudicial perante a Corte de Luxemburgo. E, ao fazer isso, o Conselho está se atrelando ao sistema jurisdicional europeu.

A questão de direito era simples: tendo a decisão-quadro relativa ao mandado de detenção europeu estabelecido que uma decisão deve ser tomada "no prazo máximo de trinta dias após o recebimento" de um pedido de extensão, a lei francesa, ao dispor que "a câmara de instrução decide sem recurso num prazo de um mês a contar do recebimento do pedido", havia feito uma transposição correta desta exigência? Em caso afirmativo, o Conselho teria que declinar sua competência, já que se recusa a se pronunciar sobre as disposições legislativas "que se limitam a tirar as necessárias consequências das disposições incondicionais e precisas de uma diretiva europeia"; caso contrário, ele podia exercer seu controle sobre uma disposição que é da exclusiva responsabilidade do legislador francês. O Conselho poderia ter considerado que, uma vez que a Corte de Cassação tenha lhe transmitido o caso, é porque havia julgado que a expressão "sem recurso" não resultava necessariamente da decisão-quadro, mas da escolha do legislador. Ele preferiu destacar a imprecisão das disposições da decisão-quadro, colocando-se assim na situação de "ter que" recorrer à CJUE para lhe perguntar, em virtude do art. 267 do Tratado sobre o funcionamento da União Europeia, se os arts. 27 e 28 da decisão-quadro devem ser compreendidos como proibindo qualquer possibilidade de recurso. Depois desta audácia jurisdicional, tudo se desenrolou com diplomacia. Em 30.5.2013, a Corte de Luxemburgo decidiu que a escolha do legislador francês de excluir qualquer recurso não era a consequência necessária da decisão-quadro relativa ao mandado de detenção europeu. E, em 14.6.2013, o Conselho concluiu que ele era competente para apreciar a constitucionalidade desta escolha, e julgou que ela constituía "uma violação injustificada do direito de exercer um recurso jurisdicional efetivo".

Quatro "lições" principais podem ser extraídas desta grande decisão. Em primeiro lugar, ao decidir perguntar à Corte de Luxemburgo se a redação da decisão-quadro deve ser interpretada como excluindo a possibilidade de um recurso contra a decisão de extensão de um mandado de detenção europeu, o Conselho passa da convivência das ordens jurídicas constitucional e europeia para sua incorporação. Mais ainda, para a subordinação do primeiro ao segundo. Evidentemente, o grau de subordinação dependerá do uso pelo Conselho da teoria do ato claro, que permite ao juiz decidir soberanamente que não há dificuldades de interpretação, e, logo, nenhuma obrigação de transmitir uma questão prejudicial à Corte de Luxemburgo. Em segundo lugar, com a decisão de 4.4.2013, o contencioso europeu torna-se um momento do contencioso constitucional. E um momento importante, já que a decisão da Corte de Luxemburgo pauta o prosseguimento do controle de constitucionalidade. Um sistema jurisdicional integrado está se desenvolvendo: um processo contencioso nasce perante o juiz judiciário francês, prossegue perante o juiz constitucional francês pela introdução de uma QPC, e se estende perante o juiz europeu pela remessa de uma questão prejudicial; e a decisão proferida pelo juiz europeu "desce de volta" para os juízes franceses, divulgando seus efeitos sobre o controle de constitucionalidade e, por via reflexa, sobre o julgamento de mérito.

Por fim, não se deve negligenciar a vantagem institucional que o Conselho tira de sua decisão: ao fazer uso do art. 267 do Tratado de Lisboa, ele consolida sua natureza jurisdicional, uma vez que, segundo este artigo, as questões prejudiciais são transmitidas à Corte de Luxemburgo pelas jurisdições nacionais dos Estados-Membros. Logo, se o Conselho recorreu à Corte, é porque ele é realmente uma jurisdição! E uma jurisdição que se alinha no jogo europeu, como as cortes constitucionais belga e espanhola, que também apresentaram uma questão prejudicial perante o juiz de Luxemburgo, ao contrário, porém, da Corte alemã, que muitas vezes é tomada como modelo. A última "lição" abre certamente uma controvérsia teórica. Com efeito, ao atrelar dessa forma o controle de constitucionalidade ao sistema jurisdicional europeu, o Conselho autonomiza o direito constitucional em relação a suas fontes nacionais, e o coloca num conjunto pós-nacional em que está "conectado" com os outros direitos, sendo que o conjunto vai progressivamente se transformando em "direito comum", em "direito constitucional comum". Se isso acontecesse, a decisão de 4.4.2013 não só teria ocasionado uma reviravolta jurisprudencial; ao desmembrar os direitos, teria aberto uma reviravolta de paradigmas jurídicos.

## 13   Casamento para todos

**Decisão 2013-669 DC de 17.5.2013**
Lei ampliando o casamento para os casais de pessoas de mesmo sexo.

17. Considerando que o artigo 1º da lei restabelece um artigo 143 do código civil no capítulo I do título V do livro I do código civil, dedicado às qualidades e condições necessárias para celebrar matrimônio; que nos termos desse artigo: "O casamento é celebrado entre duas pessoas de sexo diferente ou de mesmo sexo". [...]

20. Considerando, em primeiro lugar, que as regras relativas ao casamento se enquadram na sistemática das pessoas; que, portanto, deve ser rejeitada a alegação de que o artigo 34 da Constituição não confere ao legislador a competência para fixar as qualidades e condições requeridas para contrair casamento;

21. Considerando, em segundo lugar, que a tradição republicana não pode ser devidamente invocada para sustentar que um texto legislativo que a contradiz seja contrária à Constituição, sob o fundamento de que essa tradição teria dado origem a um princípio fundamental reconhecido pelas leis da República na acepção do primeiro alínea do Preâmbulo da Constituição de 1946; que, embora a legislação republicana anterior a 1946 e as leis posteriores tenham, até a entrada em vigor da lei ora impugnada, considerado o casamento como a união entre um homem e uma mulher, essa regra, que não diz respeito aos direitos e às liberdades fundamentais, nem à soberania nacional ou à organização dos poderes públicos, não pode constituir um princípio fundamental reconhecido pelas leis da República na acepção do primeiro alínea do Preâmbulo da Constituição de 1946; que, outrossim, deve ser rejeitado a alegação de que o casamento se caracterizaria "naturalmente" pela união entre um homem e uma mulher;

22. Considerando, em terceiro lugar, que, ao ampliar o acesso ao instituto do casamento para os casais de pessoas de mesmo sexo, o legislador considerou que a diferença entre os casais de homem e mulher e os casais de pessoas de mesmo sexo não justificava mais que a esses últimos continue sendo negado o acesso ao status e à proteção jurídica atinentes ao casamento; que não cabe ao Conselho Constitucional substituir sua apreciação pela do legislador sobre como considerar, em matéria de casamento, essa diferença de situação; [...]

29. Considerando, em primeiro lugar, que, pelas disposições do segundo alínea do artigo 202-1 do código civil em sua redação resultante do parágrafo II do artigo 1º da lei impugnada, o legislador pretendeu introduzir um dispositivo específico consoante o qual "duas pessoas de mesmo sexo podem contrair casamento quando, para uma delas

pelo menos, sua lei pessoal, ou a lei do Estado em cujo território possui domicílio ou residência, assim o permite"; que pode o legislador permitir que duas pessoas do mesmo sexo de nacionalidade estrangeira, cuja lei pessoal proíbe o casamento entre pessoas do mesmo sexo, possam se casar na França, desde que as outras condições para o casamento, e em particular a condição de residência, sejam preenchidas; que o legislador, que não é obrigado a adotar as mesmas regras para os casamentos contraídos entre pessoas de sexo diferente, não deu um tratamento diferenciado para pessoas em situações similares; que, portanto, a alegação de violação ao princípio da igualdade deve ser rejeitado; [...].

## Análise crítica

Há algumas questões em que, de repente, o jurista perde sua postura: ele ensinava a neutralidade do direito, ele distanciava ao máximo sua disciplina de qualquer posição ideológica, moral ou partidária, e, de repente, ele instrumentaliza o direito para fins políticos; ele acusava o juiz de governar cada vez que ele criava um princípio constitucional não escrito, e, de repente, ele solicita a esse mesmo juiz que crie um novo princípio fundamental reconhecido pelas leis da República (PFRLR). Assim foi por ocasião do exame da lei relativa "ao casamento para todos". Ela deveria ser censurada com o fundamento de que era contrária ao PFRLR segundo o qual o casamento é necessariamente a união entre um homem e uma mulher.[246] No entanto, esse princípio não se encontra.[247] O que justamente o Conselho reconhece em sua decisão de 17.5.2013,[248] mas com base numa argumentação curiosa.

A invocação da categoria vazia dos PFRLR para contestar a lei relativa ao casamento entre pessoas do mesmo sexo era estrategicamente inteligente, na medida em que não havia nenhum princípio constitucional escrito proibindo a união homoafetiva. Mas, se a categoria dos PFRLR está vazia, o Conselho, em sua decisão de 20.7.1988,[249] estabeleceu os critérios que permitem incluir um princípio nesta categoria constitucional: ele não deve somente ser proveniente da tradição republicana, mas também deve estar contido em uma lei

---

[246] Ver, por exemplo, DELVOLVE, P. Mariage: un homme, une femme. *Le Figaro*, 8 nov. 2012; ROUX, J. Le 'mariage pour tous' et la Constitution: La méthode et le fond. *RDLF*, 6 fev. 2013.
[247] Ver a firme análise de VIALA, A. Un PFRLR contre le mariage gay?: quand la doctrine fait dire au juge le droit qu'elle veut qu'il dise. *RDLF*, 21 jan. 2013.
[248] C.C, nº 2013-669 DC, 17.5.2013, JO 18.5.2013, p. 8281.
[249] CC, nº 88-244 DC, 20.7.1988, R., p. 119.

da República anterior à de 1946, ter sido regularmente afirmado e ser qualificado como "fundamental".

No caso presente, a regra segundo a qual o casamento é a união de um homem e uma mulher tem sua origem no Código Civil, cuja qualidade de "lei da República" pode ser admitida, já que ela foi adotada no Consulado, forma certamente "peculiar" de República, mas definida como tal pela Constituição do Ano X. Da mesma forma, conforme observou o Conselho, esta regra nunca foi alterada pelas legislações posteriores. Logo, permanece em discussão o critério da fundamentalidade. Curiosamente, aos critérios de 1988, o Conselho acrescenta três outros critérios para o reconhecimento de um PFRLR: tem de "dizer respeito aos direitos e às liberdades fundamentais, à soberania nacional ou à organização dos poderes públicos". Porém, o Conselho decidiu que a regra da união heteroafetiva não diz respeito a nenhum destes três ramos. Que ela não diz respeito à soberania nacional ou à organização dos poderes públicos, sem dúvida; mas é, contudo, surpreendente ouvir o Conselho dizer que ela não diz respeito aos direitos e liberdades fundamentais. Com efeito, em sua decisão de 13.8.1993, o próprio Conselho qualificou "o princípio da liberdade de casamento como um componente da liberdade individual".[250]

Indiscutivelmente, ao contrário do que afirma o Conselho, o casamento "diz respeito" aos direitos e liberdades fundamentais. Assim como a liberdade de associação ou a independência dos professores universitários "dizem respeito" aos direitos fundamentais, tendo sido qualificados de PFRLR. E como se o Conselho tivesse com receio de reconhecer um PFRLR na regra constantemente afirmada do casamento heteroafetivo caso a incluísse na categoria "direitos e liberdades fundamentais". Contudo, à luz de sua própria jurisprudência, a continuidade não é, mecanicamente, o critério da fundamentalidade de uma regra. Por exemplo, o Conselho recusou-se a qualificar como PFRLR o direito do solo, ao passo que as leis da República o haviam constantemente afirmado em 1851, 1889 e 1927;[251] igualmente, ele não havia considerado como fundamental o princípio da gratuidade da circulação nas vias públicas, ao passo que ele havia sido estabelecido pela lei de 30.7.1880.[252]

No caso em apreço, o que o Conselho considerou fundamental, em sua decisão de 1993, é "o princípio da liberdade de casamento";

---

[250] CC, nº 93-325 DC, 13.8.1993, R., p. 224.
[251] CC, nº 93-321 DC, 20.7.1993, R., p. 196.
[252] CC, nº 79-107 DC, 12.7.1979, R., p. 31.

a regra do casamento heteroafetivo é apenas uma das modalidades de exercício deste princípio, que não pode receber a qualidade de "fundamental" porque está associada a um momento particular, a uma representação datada da forma "casamento", e também porque ela é uma limitação do exercício do princípio da liberdade de casamento às pessoas de sexo diferente. Por outro lado, a modalidade homoafetiva do casamento não ofende a liberdade fundamental ao casamento; ela estende seu exercício sem infringir a regra do casamento heteroafetivo. Portanto, o Conselho podia recusar-se em enquadrar a da união homoafetiva como PFRLR sem ter que afirmar que o casamento não dizia respeito aos direitos e liberdades. Tanto mais que, à maneira de um *obiter dictum*, ele especifica que "deve ser rejeitado a alegação de que o casamento se caracterizaria 'naturalmente' pela união entre um homem e uma mulher". Sem necessariamente se envolver na controvérsia entre direito natural e direito positivo, o Conselho afirma com vigor que esta *modalidade de casamento* é contingente, histórica, ao contrário do *princípio do casamento*, que é fundamental.

## 14 Fraternidade

**Decisão 2018-717/718 QPC de 6.7.2018**
Sr. Cédric H. e outros (delito de ajuda para o ingresso, a permanência e a circulação irregulares de um estrangeiro).

7. Nos termos do artigo 2 da Constituição: "O lema da República é 'Liberdade, Igualdade, Fraternidade'". A Constituição também se refere, no seu preâmbulo e no seu artigo 72-3, ao "ideal comum de liberdade, de igualdade e de fraternidade". Disto resulta que a fraternidade é um princípio de valor constitucional.

8. Resulta do princípio de fraternidade a liberdade de ajudar outrem, com um fim humanitário, independentemente da regularidade de sua permanência no território nacional.

9. Entretanto, nenhum princípio ou regra de valor constitucional garante aos estrangeiros direitos de caráter geral e absoluto de ingresso e de permanência no território nacional. Ademais, o objetivo do combate contra a imigração irregular participa da proteção da ordem pública, a qual constitui um objetivo de valor constitucional.

10. Cabe, portanto, ao legislador garantir a conciliação entre o princípio de fraternidade e a proteção da ordem pública.

**11.** Conforme reza a primeira alínea do artigo L. 622-1 do código de ingresso e de permanência dos estrangeiros e do direito de asilo, o fato de ajudar diretamente ou indiretamente um estrangeiro a ingressar, circular ou permanecer irregularmente na França é punível de cinco anos de reclusão e de uma multa de 30 000 euros. O 3º desse mesma artigo prevê uma imunidade penal a toda pessoa física ou jurídica que tenha prestado tal ajuda a um estrangeiro quando essa conduta "não tenha resultado em nenhuma contrapartida direta ou indireta e consistia na prestação de conselhos jurídicos ou de fornecimentos de alimentação, de hospedagem ou de assistência médica com o fim de garantir condições de vida dignas e decentes ao estrangeiro, ou qualquer outra ajuda visando a preservar a dignidade ou a integridade física deste".

**12.** Decorre das disposições da primeira alínea do artigo L. 622-1, combinados com as disposições contestadas da primeira alínea do artigo L. 622-4, que toda e qualquer ajuda a um estrangeiro com o fim de facilitar ou tentar facilitar seu ingresso ou sua circulação irregulares no território nacional é penalmente sancionado, sejam qual for a natureza dessa ajuda e a finalidade perseguida. No entanto, a ajuda dada a um estrangeiro para sua circulação, diferentemente da ajuda dada para seu ingresso, não resulta necessariamente em uma situação ilícita.

**13.** Portanto, ao penalizar toda e qualquer ajuda à circulação do estrangeiro em situação irregular, inclusive quando auxilia a ajuda à permanência do estrangeiro e quando é movida por um fim humanitário, o legislador não garantiu uma conciliação equilibrada entre o princípio de fraternidade e o objetivo de valor constitucional de proteção da ordem pública. Por conseguinte, e sem que seja necessário examinar os outros fundamentos levantados contra essas disposições, as palavras "na permanência irregular" que constam na primeira alínea do artigo L. 622-4 do código de ingresso e de permanência dos estrangeiros e do direito de asilo, devem ser declaradas contrárias à Constituição.

**14.** Decorre do 3º do artigo L. 622-4 que, quando uma ajuda à permanência é prestada a um estrangeiro em situação irregular no território francês, sem contrapartida direta ou indireta, por uma pessoa que não seja membro da família próxima do estrangeiro ou do seu cônjuge ou da pessoa que vive maritalmente com ele, somente os atos de conselhos jurídicos beneficiam de uma isenção penal, seja qual for a finalidade perseguida pela pessoa que oferece sua ajuda. Caso a ajuda consistir no fornecimento de alimentação, de hospedagem ou de assistência médica, a pessoa que presta essa ajuda só poderá beneficiar de uma imunidade penal se essa prestação for destinada a garantir condições de vida dignas e decentes ao estrangeiro. A imunidade só existe, para qualquer outro ato, quando visa a preservar a dignidade ou a integridade física do estrangeiro. Entretanto, essas disposições só podem ser interpretadas, sob pena de descumprir o princípio de fraternidade, no sentido de se aplicarem a qualquer outro ato de ajuda prestada com uma finalidade humanitária.

## Análise crítica

Por esta decisão, o Conselho dá vida ao princípio de fraternidade. Ele não cria este princípio, não o inventa, não o escreve. Este princípio estava ali, escrito no art. 2 da Constituição de 1958 para definir o lema da República como "liberdade, igualdade, fraternidade", e no art. 72-3 para reunir no seio do povo francês as populações ultramarinas "num ideal de liberdade, de igualdade e de fraternidade". Não era, portanto, um princípio não escrito; era simplesmente um princípio "adormecido", um princípio que o Conselho não tinha tido a oportunidade de utilizar. E agora, por sua decisão de 6 de julho, ele reaviva este princípio. Ou, mais precisamente, um advogado, Dr. Spinosi, convida o Conselho a recorrer a este princípio escrito para julgar o delito de ajuda aos estrangeiros em situação irregular. Convém refletir por um momento sobre este encontro entre o advogado e o juiz constitucional. Quem fez emergir o princípio da motivação do *quantum* das penas? O advogado! Quem contribuiu para que as pessoas em prisão cautelar a quem foi negado o direito de correspondência por escrito pudessem se beneficiar do direito de exercer um recurso efetivo perante uma jurisdição? O advogado! E, hoje, quem deu uma dimensão normativa ao princípio de fraternidade? O advogado! O advogado não é, segundo a fórmula consagrada, um "auxiliar" da justiça; ele se tornou um ator constitucional, aquele que mantém viva, de forma contínua, a Constituição.

Assim, convidado a utilizar o princípio de fraternidade, o Conselho, no caso em tela, definiu seu significado. Pois, qualquer enunciado jurídico pode ter vários significados, e cabe aos juízes, aos juízes constitucionais no caso, escolher aquele que terá uma dimensão prática para resolver a lide. A contribuição do Conselho é na interpretação prática que ele dá ao princípio de fraternidade, dele extraindo "a liberdade de ajudar outrem, com um fim humanitário, independentemente da regularidade de sua permanência no território nacional". Os termos foram, sem dúvida, sopesados: "com um fim humanitário" significa que a liberdade de ajudar outrem deve ser desinteressada, gratuita – militante talvez? Esta interpretação do princípio de fraternidade se aplica para o caso em que o Conselho teve que resolver; ela não poderia por si só determinar o significado do princípio de fraternidade. Por esta decisão, o Conselho abriu o âmbito de aplicação do princípio de fraternidade, e a ele caberá, dependendo dos casos a eles submetidos, dar a este princípio um significado útil para a solução dos litígios. Concretamente, com este princípio, o Conselho tem os meios para produzir uma jurisprudência mais atenta a respeito dos direitos sociais.

Por esta decisão, o Conselho deu mostras de ponderação. O "despertar" do princípio de fraternidade não é "brutal"; a audácia é compensada pela prudência com que o utiliza. Primeiro, ele lembra que a Constituição não garante aos estrangeiros direitos de caráter geral e absoluto de ingresso e de permanência no território nacional, e que, sendo a proteção da ordem pública um objetivo de valor constitucional, o legislador deve "garantir a conciliação entre o princípio de fraternidade e a proteção da ordem pública". O princípio de fraternidade não é, portanto, um princípio absoluto. Concretamente, ele não poderia justificar a ajuda para o ingresso no território nacional, pois isto resultaria em "uma situação ilícita" (por que o Conselho não diz "ilegal"?!). No entanto, o Conselho julgou que a ajuda para a permanência e a circulação dos estrangeiros no território nacional não pode caracterizar um delito, mesmo que tenham nele ingressado e permanecido de forma irregular. O fato de ajudar um estrangeiro a ingressar no território nacional continua sendo um delito, assim como o fato de ajudá-lo a nele circular e permanecer.

O Conselho é, porém, prudente, pois difere a entrada em vigor de sua declaração de inconstitucionalidade. Só surtirá efeito a contar de 1º.12.2018. Contudo, durante o debate sobre a Lei Colomb, relativa ao direito de asilo e à imigração, os deputados de *La République En Marche* aprovaram, em 22.4.2018, uma emenda que isenta penalmente "qualquer ajuda visando a preservar a dignidade ou a integridade física deste, ou qualquer transporte diretamente ligado a uma destas exceções, salvo se a conduta tenha resultado em uma contrapartida direta ou indireta ou foi realizada com fins lucrativos", e

> quando a conduta impugnada consistiu na prestação de conselhos e de acompanhamento, inclusive jurídicos, linguísticos ou sociais, ou de fornecimentos de alimentação, de hospedagem ou de assistência médica com o fim de garantir condições de vida dignas e decentes ao estrangeiro.

Em outras palavras, a audácia do Conselho é calibrada ao conhecimento dos debates parlamentares que anunciavam uma reescrita do delito de solidariedade. O Conselho deu assim um "peso" a estas emendas parlamentares, que poderão se apoiar na decisão de 6.7.2018 para impor-se ao governo.

Por esta decisão, o Conselho afirma sua função democrática. Cada decisão é tomada num contexto peculiar, e é entendida, é lida, é comentada, à luz deste contexto. No caso presente, o contexto é de um aumento generalizado dos populismos, que sistematicamente desafiam o direito e os juízes. Porém, na história e nas filosofias políticas, esta crítica da razão jurídica em proveito da espontaneidade afetiva nunca abriu para os caminhos da democracia. O direito e os juízes podem evidentemente ser criticados; mas é preciso lembrar aos críticos do direito que, embora sempre seja difícil definir o direito, sempre é fácil saber como é um mundo sem direito. Uma Constituição é um regulador das paixões, aquelas das multidões, que podem se deixar levar pelos demagogos, aquelas dos governantes, que podem se deixar exaltar pelo poder. Neste contexto, a afirmação do valor constitucional do princípio de fraternidade e sua utilização para anular o delito de ajuda para a permanência e a circulação dos estrangeiros em situação irregular são uma ótima notícia.

## 15   Meio ambiente

**Decisão 2019-823 QPC de 31.1.2020**
União das indústrias de proteção das plantas (proibição da produção, do armazenamento e da circulação de certos produtos fitofarmacêuticos).

> 2. Segundo o requerente, [...], a proibição de exportação, introduzida por essas disposições, de certos produtos fitofarmacêuticos contendo substâncias ativas não aprovadas pela União Europeia seria, pela gravidade de suas consequências para as empresas produtoras ou exportadoras, contrária à liberdade de iniciativa. Sustenta a este respeito que tal proibição não estaria vinculada com o objetivo de proteção ambiental e da saúde na medida em que os países importadores que autorizam esses produtos não deixarão de utilizá-los, já que estes poderão ser adquiridos dos concorrentes das empresas estabelecidas na França.
>
> 3. A liberdade de iniciativa decorre do artigo 4 da Declaração dos direitos do homem e do cidadão de 1789.

**4.** Nos termos do preâmbulo da Carta ambiental: "o futuro e a própria existência da humanidade são indissociáveis do seu ambiente natural... a preservação do meio ambiente deve ser buscada assim como os outros interesses fundamentais da Nação... a fim de assegurar um desenvolvimento sustentável, as escolhas destinadas a responder às necessidades do presente não devem comprometer a capacidade das gerações futuras e de outros povos de satisfazer as suas próprias necessidades". Disto decorre que a proteção ambiental, patrimônio comum dos seres humanos, constitui um objetivo de valor constitucional.

**5.** Nos termos do décimo primeiro alínea do Preâmbulo da Constituição de 1946, a Nação "garante a todos... a proteção da saúde". Disto decorre um objetivo de valor constitucional de proteção da saúde.

**6.** Cabe ao legislador garantir a conciliação dos objetivos acima mencionados com o exercício da liberdade de iniciativa. Como tal, pode o legislador levar em conta os efeitos que as atividades realizadas na França podem ter sobre o meio ambiente no exterior. [...]

**10.** Ao impedir que empresas estabelecidas na França participem da venda de tais produto em todo o mundo, e, indiretamente portanto, dos danos que dela podem decorrer para a saúde humana e o meio ambiente, ainda que, fora da União Europeia, a produção e a comercialização de tais produtos viessem a ser autorizadas, o legislador introduziu na liberdade de iniciativa uma restrição que está devidamente vinculada com os objetivos de valor constitucional da proteção ambiental e da saúde e perseguidos. [...]

**12.** Disto tudo resulta que, ao adotar as disposições contestadas, o legislador garantiu uma conciliação que não é manifestamente desequilibrada entre a liberdade de iniciativa e os objetivos de valor constitucional de proteção ambiental e da saúde. A alegação que sustenta o descumprimento desta liberdade deve, portanto, ser rejeitada.

## Análise crítica

A decisão nº 823 QPC de 31.1.2020 marca uma mudança de rumo, pois se trata de uma decisão que consagra de forma inédita a proteção ambiental como patrimônio comum dos seres humanos. Ao ser solicitado para determinar se a disposição impugnada infringia a liberdade de iniciativa, o juiz constitucional consagrou a força jurídica do Preâmbulo da Carta Ambiental, retomando suas palavras e declarando, de forma inédita, que "a proteção ambiental, patrimônio comum dos seres humanos, constitui um objetivo de valor constitucional".[253]

---

[253] CC, nº 2019-823 QPC, 31.1.2020, §4.

Assim, ao elevar o padrão de proteção constitucional em matéria ambiental, o Conselho Constitucional mostra que, quinze após a introdução da Carta no bloco de constitucionalidade, está iniciando uma política jurisprudencial que o legislador terá que levar em conta. Neste sentido, a decisão parece ser o ponto de partida para um controle mais rigoroso da constitucionalidade das disposições legislativas que podem vir a afetar a proteção do meio ambiente. A consagração de tal objetivo poderia, portanto, suscitar novas questões nas salas de audiência, sendo agora as probabilidades de êxito visivelmente maiores. Como o atestam as diversas traduções disponíveis no sítio da instituição (em inglês, espanhol e alemão), esta decisão sinaliza, mais amplamente, a entrada assumida do Conselho Constitucional na era do *constitucionalismo verde*.

No caso em apreço, os conselheiros foram solicitados para se pronunciar sobre a conformidade com a Constituição do parágrafo IV do art. L. 253-8 do código rural e da pesca marítima, na sua redação resultante da lei de 30.10.2018 e aplicável a partir de 1º.1.2020. Esta disposição, fruto de uma emenda parlamentar, visa a prevenir os danos à saúde – humana e animal – e ao meio ambiente, proibindo a produção e a exportação de pesticidas agrícolas, não aprovados pela União Europeia,[254] cuja nocividade foi verificada. A questão submetida ao Conselho era a de saber se essa proibição é contrária à liberdade de iniciativa decorrente do art. 4 da Declaração de 1789, tese esta defendida pela parte requerente, a União das Indústrias da Proteção das Plantas e a União Francesa para os Sementeiros, numa intervenção em apoio. Do ponto de vista deles, havia vários argumentos contra a proibição. Primeiro, devido à gravidade de suas consequências, principalmente econômicas, para as empresas produtoras e exportadoras.[255] Além disso, e as palavras do advogado da parte interveniente são explícitas, sendo que o objetivo perseguido pelo legislador francês não pode ser alcançado enquanto outros Estados continuarem a permitir a circulação dessas substâncias ativas, a proibição "não estaria vinculada com o objetivo de proteção ambiental e da saúde".[256] Concretamente, tal sistema seria, portanto, vão "na medida em que os países importadores que autorizam esses produtos não deixarão de utilizá-los, já que estes

---

[254] A intervenção francesa está em consonância com o quadro europeu, em particular aquele estabelecido pelo Regulamento Europeu nº 1107/2009, de 21.10.2009, que fixa as condições nas quais as substâncias ativas e os produtos fitofarmacêuticos que as contenham podem se beneficiar de uma autorização de comercialização.

[255] CC, nº 2019-823 QPC, 31.1.2020, §2.

[256] *Ibid.*, §2.

poderão ser adquiridos dos concorrentes das empresas estabelecidas na França".[257]

No caso em tela, a consideração das consequências econômicas da decisão – ou *consequencialismo* – não poderia ser completamente ignorada, e isto, independentemente do caráter abstrato do controle da constitucionalidade das leis na França. A questão levantada pelo Conselheiro Alain Juppé no final da audiência o prova claramente: "Eu gostaria de saber qual é realmente a consequência desta disposição sobre a atividade destas empresas, e, por outro lado, em que situação se encontram os esforços destas empresas para desenvolver investimentos dedicados à busca de produtos de substituição".[258] A fim de escapar do raciocínio que leva à primazia da lógica econômica, tanto abstratamente quanto concretamente, e assim declarar a conformidade da medida, o juiz constitucional fez emergir um novo parâmetro de controle. Nem a decisão de reenvio do Conselho de Estado nem os argumentos levantados durante a audiência haviam sugerido que o juiz constitucional adotasse tal solução. Porém, alçar a proteção do meio ambiente ao estatuto de objetivo de valor constitucional permite, no caso presente e para os casos futuros, realizar novas conciliações. Neste sentido, a Alta Jurisdição respondeu de forma positiva à questão do advogado da Associação França Natureza Meio Ambiente, Dr. Benoist Busson: "a que padrão, a que nível as suas Excelências colocam a proteção do meio ambiente?". Se, de fato, se trata de técnica e de estratégia contenciosas, esta elevação inopinada reforça uma lógica filosófica na jurisprudência constitucional: a proteção ambiental não é submetida a uma norma de eficácia. Evidentemente, o atual período de crise sanitária não é o mais favorável para o desenvolvimento da QPC. A despeito deste contexto, a decisão de 31 de janeiro deste ano permite prever o aperfeiçoamento que está por vir quanto às técnicas e argumentações constitucionais, tanto do lado das partes como do Conselho Constitucional.

---

[257] *Ibid.*, §2.
[258] A questão relativa às consequências concretas da disposição legislativa, e, *in fine*, da decisão, foi levantada durante a audiência em aproximadamente 35 minutos e 30 segundos. Este é um dos interesses da audiência pois, como salienta o conselheiro Alain Juppé, "não é muito fácil avaliar as consequências com base nas observações escritas".

# REFERÊNCIAS

AMSON, D. *Histoire constitutionnelle française*. De la prise de la Bastille à Waterloo. Paris: LGDJ, 2010.

BARRET-KRIEGEL, B. *Les droits de l'Homme et le droit naturel*. Paris: PUF, 1989.

BAUDRY, J-L. *Clémence et l'hypothèse de la beauté*. Paris: Seuil, 1996.

BAGEHOT, W. *La Constitution britannique*. Paris: Germer-Baillière, 1869.

BOTTEGHI, D.; LIÉBER, S-J. Le juge administratif, juge constitutionnel de droit commun? *Actualité Juridique. Droit Administratif*, p. 1355-136, 2010.

BOURDIEU, P. La vertu civile. *Le Monde*, 16 set. 1988.

BRUNET, P. *Vouloir pour la nation*. Le concept de représentation dans la théorie de l'État. Paris: LGDJ, 2004.

BURDEAU, G. *L'État*. Paris: Seuil, 1970.

BURDEAU, G. *Une survivance*: la notion de Constitution. Paris: Sirey, 1956.

CAPITANT, R. La coutume constitutionnelle. *Revue du Droit Public*, n. 4, p. 959-970, 1979.

CHEVALLIER, J. La fin de l'État-Providence". *Projet*, p. 262-274, mar. 1980.

CICCONETTI, S. M.; TEIXEIRA, A. V. *Jurisdição constitucional comparada*. 2. ed. Belo Horizonte: Fórum, 2018.

COHEN-TANUGI, L. *Le droit sans l'État*. Paris: PUF, 1985.

COHEN-TANUGI, L. *Les métamorphose de la démocratie*. Paris: Jacob, 1989.

CONSTANTINESCO, V.; PIERRE-CAPS, S. *Droit constitutionnel*. Paris: PUF, 2004.

DELVOLVE, P. Mariage: un homme, une femme. *Le Figaro*, 8 nov. 2012.

DUGUIT, L. *Traité de droit constitutionnel*. Tome troisième: La théorie générale de l'État, suite et fin. Paris: Fontemoing, 1928.

EISENMANN, C. *La justice constitutionnelle et la haute cour constitutionnelle d'Autriche*. Paris: Economica, 1986.

FACCHINI NETO, E.; HENDGES, C. E. J. E a França piscou: a questão prioritária de constitucionalidade e o fim do controle exclusivamente prévio de constitucionalidade. *Revista de Direito Administrativo e Constitucional – A&C*, ano 17, n. 67, p. 153-183, 2017.

FARGE, A. *Dire et mal dire*. L'opinion publique au XVIII siècle. Paris: Éd. du Seuil, 1992.

FAVOREU, L. Actualité et légitimité du contrôle juridictionnel des lois en Europe occidentale. *Revue du droit public*, n. 5, p. 1147-1201, 1984.

FERRY, L.; RENAUT, A. *Philosophie politique*. Paris: PUF, 1985.

GAUCHET, M. *La Révolution des droits de l'homme*. Paris: Gallimard, 1989.

GAUCHET, M. *La Révolution des pouvoirs*. Paris: Gallimard, 1995.

GAUTIER, A. *Précis de l'histoire du droit français*. Paris: L. Larose et Forcel, 1886.

GUIOMAR, J.-Y. *L'idéologie nationale*. Paris: Champ libre, 1974.

HABERMAS, J. *Droit et démocratie*. Paris: Gallimard, 1997.

HABERMAS, J. *La Pensée post-métaphysique*. Paris: Armand Colin, 1993.

HABERMAS, J. *Raison et Légitimité*. Paris: Payot, 1978.

HABERMAS, J. *Théorie de l'agir communicationnel*. Paris: Fayard, 1987.

HAURIOU, M. *Précis élémentaire de droit constitutionnel*. Paris: Sirey, 1930.

HORKHEIMER, M. *Éclipse de la Raison*. Paris: Payot, 1974.

HORKHEIMER, M.; ADORNO, T. *La dialectique de la Raison*. Paris: Gallimard, 1974.

JESTAZ, P. *La jurisprudence*: réflexions sur un malentendu. Paris: Dalloz-Sirey, 1987.

JOXE, P. Entretien. *Le Monde*, 16-17 out. 1994.

KORTMANN, C. Souveraineté et contrôle de constitutionnalité. *La revue administrative*, v. 47, n. 282, p. 574-578, 1994.

LACHAUME, J. F. *Les Grandes Décisions de la jurisprudence*: Droit Administratif. Paris: PUF, 1993.

LACROIX, B. *Le constitutionnalisme aujourd'hui*. Paris: Economica, 1984.

LACROIX, B. Quel sens accorder au mouvement de décembre 1995?. *Les idées en mouvement*, n. 36, fev. 1996.

LEFORT, C. *Essais sur la politique*. Paris: Seuil, 1986.

LENOBLE, J. *Dire la norme*. La pensée juridique moderne e la crise du juge. Paris: LGDJ/Bruylant, 1990.

LENOBLE, J. Modèles de rationalité et crise de la démocratie. *In*: ROUSSEAU, D. (Org.). *La Démocratie continue*. Paris: LGDJ/Bruylant, 1995.

LINOTTE, D. Déclin du pouvoir jurisprudentiel et ascension du pouvoir juridictionnel en Droit administratif. *Actualité Juridique. Droit Administratif*, I, p. 631-639, 1980.

LUCHAIRE, F. *La protection constitutionnelle des droits et libertés*. Paris: Economica, 1987.

LUCHAIRE, F. Le Conseil constitutionnel est-il une juridiction? *Revue du Droit Public*, n. 1, p. 27-52, 1979.

MALBERG, R. C. *Contribution à la théorie générale de l'État*. Paris: Dalloz, 2004.

MALBERG, R. C. *La loi expression de la volonté générale*. Paris: Economica, 1984.

MARIN, L. *De la représentation*. Paris: Hautes Études, Gallimard, Seuil, 1994.

MARIN, L. *Des pouvoirs de l'image*. Paris: Seuil, 1993.

MARIN, L. *Le portrait du Roi*. Paris: Editions de minuit, 1981.

MARTINS, T. P. Da democracia reflexiva: Estado de Direito e vontade geral. *Revista de Estudos Constitucionais, Hermenêutica e Teoria do Direito*, v. 10, n. 3, p. 264-277, 2018.

MICLO, F. Le principe d'égalité et la constitutionnalité des lois. *Actualité Juridique. Droit Administrif*, v. 38, n. 3, p. 115-131, 1982.

MONTESQUIEU. *De l'Esprit des lois*. Paris: Firmin Didot frères, fils et Cie, 1857.

POULAIN, J. *La Neutralisation du jugement*. Paris: L'Harmattan, 1993.

RIALS, S. Entre artificialisme et idolâtrie. Sur l'hésitation du constitutionnalisme. *Le Débat*, v. 64, n. 2, p. 159-175, 1991.

ROSANVALLON, P. *La Crise de l'État-Providence*. Paris: Seuil, 1981.

ROSANVALLON, P. *La légitimité démocratique*. Impartialité, réflexivité, proximité. Paris: Points Essais, 2010.

ROUSSEAU, D. (Dir.). *La démocratie continue*. Paris: LGDJ, 1997.

ROUSSEAU, D. Chronique de jurisprudence constitutionnelle 1992-1993. *Revue du Droit Public*, n. 1, 1994.

ROUSSEAU, D. Constitucionalismo e democracia. *Revista de Estudos Constitucionais, Hermenêutica e Teoria do Direito*, v. 10, n. 2, p. 228-237, 2018.

ROUSSEAU, D. *Droit du contentieux constitutionnel*. 4. ed. Paris: Montchrestien, 1997.

ROUSSEAU, D. La démocratie continue: espace public et juge constitutionnel. *Le Débat*, n. 96, p. 73-88, 1997.

ROUSSEAU, D. La jurisprudence constitutionnelle: quelle nécessité démocratique? *In*: DRAGO, G.; FRANÇOIS, B.; MOLFESSIS, N. (Dir.). *La légitimité de la jurisprudence du Conseil Constitutionnel*. Paris: Economica, 1999.

ROUSSEAU, D. Le Conseil constitutionnel, une assemblée de légistes? *Revue de Science Administrative de la Méditerranée Occidentale*, n. 16-17, 1987.

ROUSSEAU, D. Les Droits de l'Hommes de la troisième génération. *In*: AAVV. *Droit constitutionnel et Droits de l'Homme*. Paris: Economica, 1987.

ROUSSEAU, D. O direito constitucional contínuo: instituições, garantias de direitos e utopias. *Revista de Estudos Constitucionais, Hermenêutica e Teoria do Direito*, v. 8, n. 3, p. 261-271, 2016.

ROUSSEAU, D. O processo constitucional francês. *Revista do Programa de Pós-graduação em Direito da UFC*, v. 38, n. 1, p. 419-428, 2018.

ROUSSEAU, D. Pensar o direito com Habermas? Entrevista de Dominique Rousseau com Jürgen Habermas. *Revista de Estudos Constitucionais, Hermenêutica e Teoria do Direito*, v. 10, n. 2, p. 219-224, 2018.

ROUSSEAU, D. Questions de constitution. *La revue administrative*, v. 47, n. 277, p. 17-20, 1994.

ROUSSEAU, D. *Radicalizar a democracia*: proposições para uma refundação. Tradução de Anderson Vichinkeski Teixeira. São Leopoldo: Editora Unisinos, 2019.

ROUSSEAU, D. Remarques sur l'activité récente du Conseil constitutionnel. *Revue du Droit Public*, n. 1, 1989.

ROUSSEAU, D. *Sur le Conseil constitutionnel*. La doctrine Badinter et la démocratie. Paris: Descartes & Cie, 1997.

ROUSSEAU, D. Viva a QPC! Viva o quê? *Revista Interesse Público*, v. 20, n. 110, p. 139-150, 2018.

ROUSSEAU, D.; VIALA, A. *Droit constitutionnel*. Paris: Montchrestien, 2004.

ROUSSEAU, J.-J. *Du contrat social*. Paris: Flammarion, 1966.

ROUX, J. Le 'mariage pour tous' et la Constitution: La méthode et le fond. *RDLF*, 6 fev. 2013.

SAVY, R. La Constitution des juges. *Dalloz-Sirey*, Chronique XIX, p. 105-110, 1983.

SIEYÈS, E.-J. *Qu'est-ce que le tiers-état?* Paris: Flammarion, 2009.

SIEYÈS, E.-J. Sur l'organisation du pouvoir legislatif et la sanction royale. *In*: FURET, F., HALEVI, R. (Org.). *Les Orateurs de la Révolution française*. Paris: Gallimard, Bibl. de la Pléiade, 1989.

TOCQUEVILLE, A. *De la democracia en la América del Norte*. Paris: Rosa, 1837.

TROPER, M. Justice constitutionnelle et démocratie continue. *In*: ROUSSEAU, D. (Dir.). *La démocratie continue*. Paris: LGDJ, 1997.

TROPER, M. La notion de pouvoir judiciaire au début de la Révolution française. *In*: TROPER, M. *La théorie du droit, le droit, l'État*. Paris: Presses Universitaires de France, 2001.

TROPER, M. *La séparation des pouvoirs et l'histoire constitutionnelle française*. Paris: LGDJ, 1980.

TROPER, M. Les classifications en droit constitutionnel. *Revue du Droit Public*, n. 4, p. 945-956, 1989.

VARAUT, J-M. *Le droit au droit*. Paris: PUF, 1986.

VEDEL, G. Le Conseil constitutionnel, gardien du droit positif ou défenseur de la transcendence des droits de l'Homme. *Pouvoirs*, n. 45, 1988.

VEDEL, G. Neuf ans au Conseil constitutionnel. *Le Débat*, v. 55, n. 3, p. 49-56, 1989.

VIALA, A. Un PFRLR contre le mariage gay?: quand la doctrine fait dire au juge le droit qu'elle veut qu'il dise. *RDLF*, 21 jan. 2013.

Esta obra foi composta em fonte Palatino Linotype, corpo 10
e impressa em papel Pólen Bold 70g (miolo) e Supremo 250g (capa)
pela Gráfica Paulinelli.